主　　　办：北京航空航天大学法学院

学术委员会：
主　任：龙卫球
委　员（按姓氏笔画排序）：
王　锴　　王天华　　龙卫球　　付翠英
任自力　　孙国瑞　　孙新强　　杜　群
肖建华　　周友军　　周学峰　　泮伟江
郑丽萍　　翟志勇

编辑委员会：
初殿清　　康子兴　　泮伟江　　吉冠浩
王天凡　　王永茜　　余盛峰　　翟志勇

主　编：翟志勇　　泮伟江

本卷执行主编：余盛峰

Beihang Law Journal

北航法学

2023年第1卷·总第8卷

泮伟江　翟志勇/主编
余盛峰/本卷执行主编

中国政法大学出版社
2023·北京

声 明 1. 版权所有，侵权必究。
2. 如有缺页、倒装问题，由出版社负责退换。

图书在版编目（CIP）数据

北航法学.2023年.第1卷：总第8卷/泮伟江，翟志勇主编.—北京：中国政法大学出版社，2023.12
ISBN 978-7-5764-1252-9

Ⅰ.①北… Ⅱ.①泮…②翟… Ⅲ.①法学—文集 Ⅳ.①D90-53

中国版本图书馆CIP数据核字(2024)第004455号

书　名	北航法学（2023年第1卷·总第8卷）
	Beihang Faxue 2023 Nian Di 1 Juan Zong Di 8 Juan
出版者	中国政法大学出版社
地　址	北京市海淀区西土城路25号
邮　箱	fadapress@163.com
网　址	http://www.cuplpress.com（网络实名：中国政法大学出版社）
电　话	010-58908435(第一编辑部) 58908334(邮购部)
承　印	北京中科印刷有限公司
开　本	650mm×960mm　1/16
印　张	12.25
字　数	207千字
版　次	2023年12月第1版
印　次	2023年12月第1次印刷
定　价	69.00元

序

公元前7世纪,亚述国王阿淑尔巴尼帕(Aššur-bāni-apli)的一位诗人在赞美太阳神沙马什(Shamash)的诗歌开头写道:"伟大神灵之光,宇宙的光辉照明者,高贵的法官,天上与人间的牧羊人,仿佛它们是您用您的光芒探索世界的楔形文字符号!您不知疲倦地占卜,日复一日地为天地万物做出裁决。"

1696年,莱布尼茨(Gottfried Leibniz)在《新系统及其说明》中设想了一种普遍的语法:"有了这种东西,我们对于形而上学和道德问题就能够几乎像在几何学和数学分析中一样进行推论。万一发生争执,正好像两个会计员之间无须辩论,两个哲学家也无须辩论,因为他们只要拿起石笔,在石板前坐下来,彼此说一声(假如愿意,有朋友作证):我们来算算,也就行了。"

1913年,韦伯(Max Weber)提出著名的法律自动贩卖机理想:"人们从上头丢入事实(加上费用),它自下头吐出判决(及其理由)。"

1999年,劳伦斯·莱斯格(Lawrence Lessig)作出了先知般的预言:"在网络空间中,某只看不见的手正在建造一种与网络空间诞生时完全相反的架构。代码就是网络空间的'法律'。代码就是法律。"

在这四段跨越时空的论述中,我们几乎可以见到当前数字法学研究的所有核心关键词:法律、裁决、符号、计算、机器、代码。换言之,法律从其诞生的第一天开始,似乎就与技术产生了某种密不可分的关系。从其源头考察,法律首先脱胎于人类的占卜技术。卢曼(Niklas Luhmann)就认为,在早期文明的发展中,法律问题普遍表现为占卜问题。在为了占卜目的发展起来的复杂知识中，最早就有了法律的参与。与占卜技术的"吉/凶"二元卦辞类同，法律是在"法/非法"的二元代码中进行罪与非罪的分派。因此，在古巴比伦文明中，实际就形成了两类处理裁决的文本，一类是神的裁决，另一类是人的裁决，神的裁决被称为占卜，人的裁决被称为法典。两者都采用了一种相同的书写方式："如果 X 发生，那么 Y 将接着发生。"正是在这个意义上，卢曼认为，《汉谟拉比法典》实际并不是通常理解的制定法，在"若-则"的形式中，它对应着占卜的通常规则。

因此，如果套用亨利·梅因（Henry Maine）的著名表述："所有进步社会的运动，到此处为止，是一个'从身份到契约'的运动。"我们似乎也可以认为："所有人类社会的法律运动，到此处为止，是一个从'神的裁决到人的裁决'的运动。"只不过，这里的"到此处为止"，我们应当将它限定于数字时代降临之前。而在数字化的"机械降神"（Deus Ex Machina）之后，我们是否可以说，"所有人类社会的法律运动，将是一个从'神的裁决到人的裁决再到机器的裁决'的运动"？

这不禁令人联想到雷德利·斯科特（Ridley Scott）在电影《普罗米修斯》中对神、人与人造人三者关系引人入胜的描绘。在神的裁决、人的裁决与机器的裁决之间，究竟将意味何种微妙而复杂的关系？如果说，神的裁决与人的裁决，展现为法律史上有关神法/人法、自然法/实证法思想传统的持久争论，那么机器裁决的降临，又将在这些古老的法理学命题之外，通过第三种"机器法"变量的介入，引发何种深刻的冲击和挑战？

换言之，一切以"法律与技术"为母题的法理讨论，既呈现于人类法律史的所有演化阶段，涵盖了神判法、人定法与机器法的所有运作过程，以类似占卜术（书写技术）、法教义学（印刷技术）与人工智能（数字技术）的形式展现；与此同时，"法律与技术"议题又尤其凸显于新的数字时代。这个新的"机械降神"时代，可以追溯到二战时期由克劳德·香农（Claude Shannon）与诺伯特·维纳（Norbert Wiener）所主导的信息论和控制论革命。质言之，在香农和维纳的视野下，法律问题可以是有关信息的传输、保真、控制与反馈的数学原理，从理论上来说，通过在随机性中建立离散数学模型，通过在噪音、信道、脉冲频率、运动轨迹之间建立数字关联，通过自我递归的描述、预测和引导的信息技术，可以把一切的法律问题转化为使用代码、算法、程序进行二阶控制的技术性问题。当一切问题都可以借助操作数据的算法规则（如指令集、编程语言、细胞自动机）按照一定顺序计算出结果，法律问题也就成为图灵完备（turing complete）的。包括法律在内的一切规范性领域（ought），都可以经由概率统计、模拟仿真、模型建构、参数调整、模块检验与样本更新，转化为可以进行编码、预测、设计、干预、助推、引导和控制的事实性问题（is）。在这些思潮推动之下，无论是伯尔赫斯·斯金纳（Burrhus Skinner）操作条件性刺激的黑箱理论还是冯·福斯特（Heinz von Förster）的二阶观察非平庸机器，都可以导向一种新的行为主义社会科学方法论，一种具有计算主义冲动的认知倾向开始全面侵入法律领域，从而推动法律治理技术的计算主义转向。

1859 年，卡尔·马克思（karl Marx）在《政治经济学批判〈导言〉》中论及技术与神话的冲突："阿基利斯能同火药和弹丸并存吗？或者，《伊利亚特》能够同活字盘甚至印刷机并存吗？随着印刷机的出现，歌谣、传说和诗神谬斯岂不是必然要绝迹，因而史诗的必要条件岂不是要消失吗？"申言之，当科技成为人类的第二自然，是否不只会毁灭宗教的神圣性（神秘性），或也将毁灭法律的神圣性（神秘性）？我们同样可以追问："忒弥斯能同代码和算法并存吗？或者，《罗马法大全》能够同区块链甚至人工智能并存吗？随着人工智能的出现，法典、法庭和正义女神狄刻岂不是必然要绝迹，因而法律的必要条件岂不是要消失吗？"

从这个角度来说，本辑专题各位作者从不同角度揭示了法律与技术的复杂关系，或许其中正为我们提供了问题的部分答案。

余盛峰
2023 年 12 月 19 日

目 录
CONTENTS

专题

塑造数字身份:通过账户的认证与识别 …………… 胡 凌 / 3

区块链的法治化:技术、风险与规制 …………… 苏 宇 / 25

结构耦合与关系纲要:刑法与科技思辨 …………… 刘 涛 / 44

算法规范的社会理论法学研究:回顾与展望 ………… 曹勉之 / 52

智能时代的数字正义理论——兼论代码之治 ………… 曹建峰 / 59

商用无人机发展中的个人隐私信息保护
——参考美国经验与可行保护路径 ………… 张凌寒 杜 婧 / 65

译文

人工智能系统的
规制 …………… 托马斯·维施迈尔著 马 可译 赵精武校 / 85

组织胡塞尔:论卢曼系统理论的现象学
基础 …………… 阿克塞尔·T. 保罗著 翁壮壮译 / 145

书评

双面雅努斯:传统与实证之间的实践性法律——评《边沁与
普通法传统》及波斯特玛的法律思想 …………… 王永祥 / 171

专 题

塑造数字身份：通过账户的认证与识别[*]

胡 凌[**]

一、引言

数字身份（digital identity）往往被认为是人们在赛博空间（cyberspace）中对外活动的主体形象，用户借由互联网的匿名性隐藏物理世界中的真实身份，由此似乎可以自主地改变身份进行在线活动。[1] 匿名性也成为早期互联网的核心价值之一。[2] 随着互联网作为一种治理工具和经济形态不断扩展，线上与线下世界逐渐融合，可更改虚拟身份的存在变得愈加困难，反而言之，虚拟身份的内涵变得更加确实和唯一。21世纪初"网络实名制"运动仅仅是这一状态的前奏，现在我们对通过手机号码或刷脸进行的真实身份认证、一证一号规则早已见惯不怪。这一过程同时还意味着对在线身份内涵的进一步发掘，即我们的在线身份不可避免地和数字账户捆绑在一起，其塑造受到账户的双重功能——认证（authentication）和识别（identification）——的深刻影响。这种双重影响形成了数字身份的两个看似矛盾的方面：一方面，经由国家赋予和认证，我们首先会拥有一个固定不变的数字基础身份，以便合法地从事在线活动；另一方面，经由商业平台授权使用和识别，我们灵

---

[*] 本文是国家社科基金重大项目《大数据时代个人数据保护与数据权利体系研究》（批准号：18ZDA146）的阶段性成果。

[**] 作者单位：北京大学法学院。

[1] 经典的断言如"在互联网上没有人知道你是一条狗"。

[2] See A. Michael Froomkin, "From Anonymity to Identification", *Journal of Self-Regulation and Regulation*, Volume 01 (2015); Ian Kerr et al. (Eds.), *Lessons from the Identity Trail*: *Anonymity, Privacy and Identity in a Networked Society*, Oxford University Press, 2009, pp. 12-14.

活多变的数字身份又在活动中被源源不断地生产出来,更深入地将我们自身卷入赛博空间微观权力机制的运作过程中。

从某种意义上讲,数字身份在中国的生产与再生产彰显了现代化国家与现代性社会的历史进程:首先,认证作为国家基础能力的基础,是现代国家掌控和动员社会资源的重要治理手段,现代国家的诸多公共职能都需要不断下沉的认证技术来辅助实现,需要对各类社会主体赋予稳定的标识符以便于追踪、观测、预测和调控。[1] 当前的信息技术应用能够实现对企业组织和公民个体身份与活动的认证,这意味着国家现代化治理方式和能力的升级。[2] 其次,现代性(乃至后现代)社会又意味着具有高度流动性的主体、快节奏的生活、变动不居的景观和多元的身份认同。[3] 信息技术进一步加剧了这种碎片化状况。如何能够在高度流动和碎片化状态下,对不同场景下的主体身份进行捕捉、识别、预测和约束,产生不同的商业价值和社会价值,确保陌生人社会中的信任纽带不致断裂,就成为国家和商业力量共同关心的问题。在数据分析基础上,通过对多元身份的识别和塑造,数字商业平台成功地吸纳和驯化了脱离传统组织的大量流动性资源,成为"无组织的组织"。[4] 在回应新问题的同时,国家和平台企业的权力与能力都得到了强化。

数字身份的变与不变都离不开账户,后者是连接赛博空间和物理世界的连结点,意在确保赛博空间中的行动主体和线下行动主体的一致性和身份唯一性,并能够对主体行为进行持续追踪和评价。"账户—数据—算法—评分"机制构成了赛博空间架构的微观基础,[5] 将流动性

---

[1] 参见欧树军:《国家基础能力的基础》,中国社会科学出版社2013年版,第5~6页;赵胜忠:《数字与权力 中国统计的转型与现代国家成长》,江苏人民出版社2015年版,第6~8页。

[2] 一个典型的例子是,国家在20年前打造了"三金工程",其中的"金税工程"第一次将企业认证和计税系统联系起来。而在2018年底,每个公民都可以注册一个个人所得税APP账户进行免税申报,同时需要填报更多个人信息,如租房、家庭构成等。

[3] 参见[英]齐格蒙特·鲍曼:《流动的现代性》,欧阳景根译,上海三联书店2002年版,第56~61页。

[4] See Clay Shirky, *Here Comes Everybody: The Power of Organizing Without Organizations*, Penguin Press, 2008, pp. 12-15. 从政治上讲,大型平台企业目前均被纳入中国网络社会组织联合会,承担一定的社会管理功能("形成网上网下同心圆");从商业上讲,平台企业通过基础服务加强对流动资源的有序管理,通过匹配形成生产供应链。互联网并未像凯文·凯利预言的那样会"失控"。

[5] 参见胡凌:《超越代码:从赛博空间到物理世界的控制/生产机制》,载《华东政法大学学报》2018年第1期。

的监控塑造成这种信息资本主义的核心特征。[1] 在互联网产生之前，账户作为一种个人化的服务形态广泛存在；互联网时代不仅延续了这种因人而异的服务，更通过无处不在的账户体系编织出一整套微观权力机制，促成了赛博空间的不断延伸，最终进一步吸纳物理世界。尽管原初的赛博空间试图建立起不受监控、通过虚拟身份或化身（avatar）进行活动交往的场所，但政治和商业力量都在事实上终结了这类幻想。[2] 由此，账户从一个确保隐私的匿名化中介逐渐转变为落实实名制、强化监控的有力工具，并在功能上区分出认证和识别。随着我们越来越离不开某些核心服务及其账户，这些账户就逐步变成积累基础身份和其他身份的关键连结点，也成为隐私/个人信息（Personal Identifiable Information，以下简称 PII）的基本生产渠道，这表明数字身份和个人信息密不可分。

本文意在探究账户作为两个世界的稳固连结点被何种需求和技术所创设，展示身份认证、识别乃至全新的数字身份如何形成，并讨论当账户变成一种更加智能化的服务时，谁控制我们的数字身份等核心问题。以往关于数字账户及其功能的研究较少，主要集中在实名制政策的历史演变[3]和去匿名化政策对公民隐私、言论的影响[4]等问题，没有区分账户背后认证与识别的不同功能，也没能将数字身份形成与外在的权力关系联系起来。本文将填补这些空白，既可以看成是围绕互联网架构研

---

[1] See Zygmunt Bauman and David Lyon, *Liquid Surveillance*: *a conversation*, Polity, 2012, pp. 34-36; Shoshana Zuboff, *The Age of Surveillance Capitalism*: *The Fight for a Human Future at the New Frontier of Power*, Public Affairs, 2019, pp. 45-46.

[2] 最典型的要数无政府主义者的失败，参见［美］约翰·P. 巴洛：《网络空间独立宣言》，李旭、李小武译，载高鸿钧主编：《清华法治论衡》（第四辑），清华大学出版社2004年版。虚拟现实技术试图恢复这一传统，但失败了，参见［美］杰伦·拉尼尔：《虚拟现实 万象的新开端》，赛迪研究院专家组译，中信出版社2018年版，第24～32页。比特币是另一个20世纪留下来的加密主义遗产，已受到政府严格监管。

[3] 参见胡凌：《中国网络实名制管理：由来、实践与反思》，载巢乃鹏主编：《中国网络传播研究》，浙江大学出版社2010年第10期；胡传平等编著：《全球网络身份管理的现状与发展》，人民邮电出版社2014年版，第12～15页。

[4] 参见杨福忠：《公民网络匿名表达权之宪法保护——兼论网络实名制的正当性》，载《法商研究》2012年第5期。

究的延伸，[1] 也希望推进对在线身份的政治经济研究。[2] 本文第二节讨论数字账户伴随着互联网形态的变化而变化，最终形成稳定内涵，在功能上具有多重属性，而政治和商业的双重力量共同促成了对唯一基础身份加强认证的需求。第三节围绕数字身份认证原理、相关技术政策的演变及其法律问题展开，重点分析政治力量如何塑造数字身份，特别是先于商业消费者身份的公民政治身份，区分了"现实基础身份论"和"虚拟基础身份论"两类不同的国家实践。第四节围绕多元数字身份的识别展开，重点分析数字身份如何成为生产关系中的重要一环，并从账户和架构的角度解释个人信息是如何伴随核心账户生成的；进一步讨论围绕账户进行的利益争夺，即实际控制关系和生产关系如何通过法律规范加以合法化，以及未来如何将账户变成被用户控制的虚拟身份等问题。最后一节总结本文的发现。

二、数字账户的多重性质

（一）数字账户的演进与功能

数字账户起源于20世纪大型主机时代的分时服务，[3] 在商业化时代迅速变成适应互联网分布式结构的交互服务媒介。账户可以区分不同种类的用户，向其提供具有不同权限和优惠的服务（例如，VIP账户可以免于视频广告展示[4]），进而实现个人化精准服务和定向推荐。过去20年中，从PC到移动终端时代的数字账户经历了较大变化，奠定了目

---

[1] 对"账户—数据—算法—评分"微观架构诸要素的其他研究，参见胡凌：《商业模式视角下的"信息/数据"产权》，载《上海大学学报（社会科学版）》2017年第6期；对宏观架构的研究，参见胡凌："论赛博空间的架构及其法律意蕴"，载《东方法学》2018年第3期。

[2] 目前，关于在线身份的研究多见于社会心理学、传播学与政治学，参见Patricia Wallace, *The Psychology of the Internet*, Cambridge University Press, 2015; Sherry Turkle, *Life on the Screen: Identity in the Age of the Internet*, Simon & Schuster, 1995; Julie E. Cohen, *Configuring the Networked Self: Law, Code, and the Play of Everyday Practice*, Yale University Press, 2012; Rob Cover, *Digital Identities: Creating and Communicating the Online Self*, Academic Press, 2015; Anna Poletti and Julie Rak, *Identity Technologies: Constructing the Self Online*, University of Wisconsin Press, 2014.

[3] See Brian Lennon, *Passwords: Philology, Security, Authentication*, Belknap Press, 2018.

[4] 屏蔽广告插件可以通过模拟特定账户权限，访问视频服务器接口，从而单纯触发不带广告的视频流，带来诸多不正当竞争纠纷。

前数字身份形成的基础,也意味着赛博空间的架构发生了较大的变化:其一,在 PC 时代,用户需要通过浏览器登录大量不同的网站,账户管理逐渐变得成本高昂,用户要么不得不记住不同的密码,要么冒风险使用相同的密码(在一个密码失窃后,可能因拖库导致其他账号被盗)。基于此,大型互联网平台逐渐开发出共享账户系统,允许第三方开发者使用该平台账号登录,这既使开发者有能力接触到平台上的大量用户,也可确保平台建设更大范围内多边市场的生态系统,同时可获得来自买卖双方的更多信息。其二,智能终端上的 APP 使各类账户可以永远在线,用户无需重复登录,这大大降低了管理成本,从而改变了 PC 时代需要下线退出的操作状态,也标志着对用户状态进行全天候监控的开始。同时,这会使某些超级 APP 账户及其虚拟身份变得更加稳定,即使用户试图通过 PC 端登录,平台也会鼓励其通过手机端登录加以控制。其三,随着分享经济、物联网的兴起和人工智能技术的发展,智能终端进一步演变成可以控制更多私人生活或其他设备或智能物品的入口,这需要统一账户进行管理和确认,使我们的日常生活变得越来越依赖账户作为中介才能正常进行。[1] 相当多的 APP 都要求事先注册账户,而不允许直接使用其提供的服务,哪怕服务本身是免费的。[2] 这直接导致了公共领域的平台私人化和围墙化(walled garden)。[3] 其四,与之相联系,平台企业对数据价值的发现使它们更加注重账户体系建设,因为这可以集中地积累用户数据,只要用户频繁地登录特定账户,平台企业就能够掌握该用户的全部个人活动信息;个人信息被广泛地理解为免费服务的对价,尽管在用户协议中并未清楚表明。[4] 其五,当平台企业通过开发或并购而提供更多捆绑的服务时,一个账户就可以打通使用更多不同领域的功能,关联、合并和识别更多个人信息,特别是用户可以访问金融账户进行支付和转账,这意味着统一账户的安全性

---

〔1〕 See Jeremy W. Morris and Sarah Murray, *Appified: Culture in the Age of Apps*, University of Michigan Press, 2018.

〔2〕 例如,在公共区域跟帖评论,参见国家互联网信息办公室制定的《互联网跟帖评论服务管理规定》(2017 年发布)。

〔3〕 例如,国内很少讨论数据或信息内容"公开"的边界,因为大家默认公开的数据也不过是通过某种权限访问服务器的回传结果而已,始终没有脱离架构的控制。

〔4〕 一般的用户协议只会写明,收集用户信息只是为了改善服务,不会具体明确如何使用该信息。

标准比原来单一账户要求更高。[1]

从功能上讲,数字账户是一种汇集了权利凭证、数字档案和在线对外活动身份的混合体,有着多重现实起源。

第一,和传统线下享有某种债权的会员卡证一样,账户可以被看成是享有权利、承担义务的凭证和资质:用户按用户协议进行相关权限的操作,平台通过拥有不同权利等级的账户提供差异化服务,用户行为如果超出授权范围,就可能会导致账户功能单方终止。

第二,用户通过账户在平台的服务范围内进行社交、购物、直播、合作等活动,账户可操作的交互功能、虚拟头像、相关个人信息披露等要素作为一个整体构成了用户的数字身份。这些身份可能与线下身份相同,也可能通过一个假名隐匿线下身份。从赛博空间的原初意义上讲,用户在同一平台上可以拥有多个数字身份,即一个线下主体控制多个线上账户,或者反过来多人共用一号,甚至由机器人控制一个僵尸账户,但这些行为会造成用户数据污染、无法精确辨识,以及直接广告收入的减少。平台企业因此有动力确保数字账户和线下主体之间建立起稳定的联系,并逐渐禁止"马甲"的存在。

第三,账户逐渐积累起被称为"数字档案"的各领域大量数据,用户只能有限地控制自己发表在服务公开区域的内容,却无法控制行为的默认记录或元数据。和传统纸质档案相比,核心账户的数字档案能更精确地记录日常行为,通过cookies等技术不断追踪更新,还可抽象成特定分值用于评价用户的过去并影响其未来。所谓的"身份失窃"(identity theft),更多也是因账户隐私或其他数字资产被盗而发生。[2]

第四,账户不仅仅是操作权限,也是一个给定的私人空间和公共空间的混合体。就私人空间而言,账户能够积累个人数据,并展示因人而异的服务架构与界面设计;就公共空间而言,账户通过公共界面和他人产生交互行为,尽管这一领域本质上依赖于私人服务器,但通常被认为

---

[1] 参见周子衡:《账户:新经济与新金融之路》,社会科学文献出版社2017年版。在企业并购中在多大程度上可以合并账户关联个人信息是一个大问题,现实中尚未得到解决,而这在垄断法上也有捆绑服务的嫌疑。

[2] See Nora A. Draper, *The Identity Trade: Selling Privacy and Reputation Online*, NYU Press, 2019, pp. 43-44.

能够实现公共交往和沟通的功能。[1] 这在一定程度上凸显了作为私人服务的账户与参与公共活动的数字身份之间的张力。[2]

(二) 数字身份的三个层次

如前所述,当我们使用"数字身份"这一概念时,实际上涉及三个层次的身份问题,分别涉及和不同的主体的关联:①成为用户"虚拟化身"的在线账户,对外使用假名或匿名活动,在社交合作网络中形成声誉,并需要遵守与平台的用户协议,在平台给予的操作权限中活动,这一层面的身份主要体现用户和平台上其他用户的关系;②平台收集的关于用户的一切行为数据,形成了对用户的多元而细致的数字画像,这主要体现了用户和平台之间的生产关系;③在进入赛博空间并与平台签订用户协议之前的在先主体身份,如果我们把原初赛博空间比作某种"自然状态",[3] 那么这一主体身份就经历了从自然状态到主权状态的转变,国家为行使主权权力和国家能力的需要而从外在赋予用户统一而唯一的基础身份标识符,这体现了国家和用户之间的权力关系。三层身份分别处于不同的权力关系当中,它们的联系如下图所示:

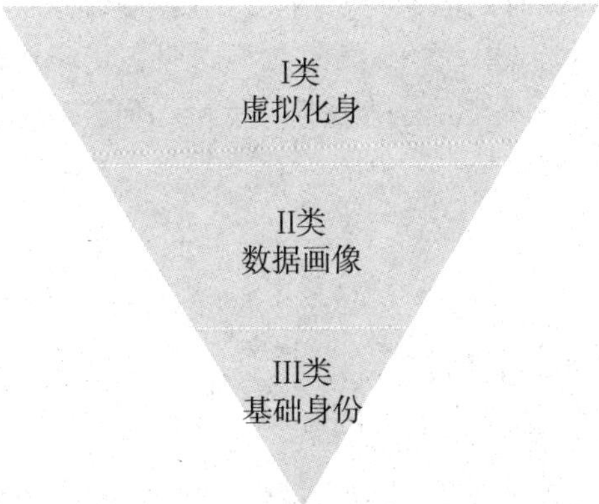

```
        I类
      虚拟化身

        II类
      数据画像

        III类
      基础身份
```

图1　数字身份的三个层次

---

[1] 参见胡泳:《众生喧哗:网络时代的个人表达与公共讨论》,广西师范大学出版社2008年版,第65页;何威:《网众传播:一种关于数字媒体、网络化用户和中国社会的新范式》,清华大学出版社2011年版,第46页。

[2] 例如,微博平台通过"拉黑全网禁评"这样的管理方式会显著影响正常的公共讨论。

[3] 从历史上看,这种比拟未必成立。无论是在欧美还是中国,互联网的生成和普及都是国家行为促成的,所谓的自然状态,只不过是一种理论拟制,但在逻辑上仍然有意义。

在自然状态下，用户通过开设商业服务账户，与其他用户在赛博空间中接触交往，并遵守由私人平台制定的行为规则，由此形成的数字身份强烈依赖于账户，仍然由商业服务赋予和界定，处于零散碎片化状态。[1] 在互联网不断商品化和私人化的过程中，没有商业许可，我们就无法在赛博空间中立足。[2] 然而，网络主权的观念[3]则要求用户在成为消费者之前，需要前置拥有一个具有普遍性的基础数字身份，这一身份既可以继续沿用线下的身份证标识，也可以是通过加密技术创制的新型标识符，这就带来了对唯一固定的基础身份（依托于稳定连结点）的需求。

这一需求的起点实际上是双重的：[4] 从政治上看，现代国家对于基础能力和发展的需求，要求借助信息技术加强对公民个体的认证；[5] 从商业上看，只有确定唯一连结点，才可能更精确地在账户中积累数据、推荐广告。但两者的出发点并不完全相同，国家关心的是赋予互联网行动主体唯一的身份标识符，并借此进行身份认定、追踪和威慑或实现其他种类的公共政策目标，特别是涉及信息安全的活动；而平台企业并不关心行动主体拥有的国家身份信息，它们更多地关心该主体在物理空间中的唯一性（一人一号），以便在不同服务场景中通过数据分析识别其多元身份，提供因人而异的服务。无论如何，政治和商业力量殊途

---

〔1〕 有人认为平台企业力量会影响国家认证能力建设，参见樊鹏：《大型互联网技术公司正在重新定义政府职能》，载复旦大学中国研究院公众号，https：//mp. weixin. qq. com/s/XZ4IOy2ja0_MWjGXGGlpVQ，访问时间：2018 年 4 月 17 日。

〔2〕 通行的用户协议规定，用户只要开始实际使用该网站，就会受到网站用户协议的约束，而无需实际浏览。

〔3〕 关于网络主权，参见黄志雄主编：《网络主权论——法理、政策与实践》，社会科学文献出版社 2017 年版，第 12~28 页；方滨兴：《论网络空间主权》，科学出版社 2017 年版，第 10~18 页。

〔4〕 对政治和商业的双重因素的类似讨论，参见胡凌：《探寻网络法的政治经济起源》，上海财经大学出版社 2016 年版。

〔5〕 关于各类国家认证系统，参见 Carl Watner and Wendy McElroy（ed.），*National Identification Systems：Essays in Opposition*，McFarland Publishing，2004；Jane Caplan and John Torpey，*Documenting Individual Identity：The Development of State Practices in the Modern World*，Princeton University Press，2001；关于国家认证系统与社会经济发展的关系，参见 Alan Gelb and Anna Diofasi Metz，*Identification Revolution：Can Digital ID be Harnessed for Development？*，Center for Global Development，2018。

同归，共同推动真实身份认证的实践，在未来也有相互融合的趋势。[1]正是在这一过程中，我们通常理解的数字身份的内涵正从对外交往的虚拟身份（I类）更多地转向数据画像（II类）和基础身份（III类），而账户也从接受信息服务的简单权利凭证逐渐变成了有能力约束和影响用户行为预期的微观权力机制的一部分，这一双重转向最终破除了互联网早期保护匿名身份的架构。[2]

历史并非完美地按照理论逻辑演进，在中国互联网发展的前15年中，尽管国家试图通过实名制在不同服务领域进行认证，但因实施部门和公共政策目标各不相同而未能有效形成合力；国家缺乏统一的基础信息数据库；PC时代的互联网市场与服务过于分散而导致认证的社会成本高昂。只有在2010年"3Q大战"之后，相关市场受巨头控制力影响而逐渐集中的趋势更加明显，大型平台企业普遍推动第三方开发模式，[3]并实行数字身份认证的基础服务，将账户体系延伸至更广泛的领域。特别是当人人都拥有智能手机时，国家推行全面身份认证的时机才逐渐到来。

三、基础身份认证的政治逻辑

（一）数字身份认证简史

账户是认证用户身份的一个媒介，其目的主要是确保获得某种资格的成员身份的真实性和唯一性。一般而言，能够作为有效身份标识符的物品或信息需要具有普遍性、稳定性和唯一性的特征，从而尽可能地在较广范围内对授权用户进行验证。对国家而言，存在两类可行的标识

---

[1]《中华人民共和国网络安全法》（以下简称《网络安全法》）第24条规定："网络运营者为用户办理网络接入、域名注册服务，办理固定电话、移动电话等入网手续，或者为用户提供信息发布、即时通讯等服务，在与用户签订协议或者确认提供服务时，应当要求用户提供真实身份信息。用户不提供真实身份信息的，网络运营者不得为其提供相关服务。国家实施网络可信身份战略，支持研究开发安全、方便的电子身份认证技术，推动不同电子身份认证之间的互认。"另外，像刷脸这样的认证方式也正在和身份证等其他信息配合使用。

[2] See Lawrence Lessig, "The Architecture of Privacy", 51 *Duke Law Journal*, 1783 (2002).

[3] 这种模式由腾讯不断推动，影响了诸多第三方开发平台。关于"3Q大战"后腾讯的反思，参见蓝狮子编著：《X光下看腾讯》，中信出版社2011年版，第52~56页。

符：①国家为全体公民统一发放唯一的令牌或号码，可以做到一人一号；[1] ②生物特征信息，如人脸、虹膜、指纹、静脉、步态等。[2] 但两者对身份认证的意义略有不同。对前者而言，国家发放的号码代表了主权权力（如统计和认证权力），是现代公民身份的合法性来源，也是他们享有权利、承担义务的权威身份凭证。而对后者而言，生物特征仅能表明该主体在物理和生物意义上是同一个自然人，尽管技术标准也可能需要国家权威确定予以赋权认可。这一区分背后的深层次问题是，当国家权力进入赛博空间时，数字身份认证需要在多大程度上体现网络主权理念、承认赛博空间的特殊性，并在法理上确立虚拟公民身份，同时在技术上加以保障；抑或只是出于便利证明主体是同一个自然人，不承认赛博空间的特殊性，通过原有的身份证制辅以生物信息识别（如刷脸），仅将赛博空间中的身份视为物理世界中公民身份的映射投影。本文将支持第一种思路的实践称为"虚拟基础身份论"，支持第二种思路的实践则称为"现实基础身份论"。

数字身份认证在中国互联网发展的前15年中以网络实名制名义出现，这构成了国家认证的第一个阶段（1994年~2009年）。这一阶段因缺乏整体规划，以具体政策目标为导向，集中反映了"现实基础身份论"，即由中间人依照法律要求，通过传统身份证的在线比对（verification），对主体使用网络服务的资质进行限制。在这一阶段，网络实名制经历了多种服务样态，且和不同管理部门要实现的政策目标密切相关，但无论如何都开始改变了匿名性赛博空间的架构。[3]

1. 大学BBS。这项由教育部门实行的运动影响了相当一批活跃的校园BBS，目标在于约束大学内部师生言论，同时将其与社会用户群体分隔，加强有限数量的组织内部成员管理。

2. 博客与微博。主要由宣传部门推动，试图约束用户理性发布言论，通过提升事后处罚概率的方式加以威慑，但最终效果仍然依赖于直

---

[1] 身份证是现代国家重要的认证权力体现，体现了对其领土上民众的登记与分类管理。类似的文件还有护照，参见John C Torpey, *The Invention of the Passport: Surveillance, Citizenship and the State*, Cambridge University Press, 2018, pp.88-102.

[2] 参见邱建华等编著：《生物特征识别：身份认证的革命》，清华大学出版社2016年版，第5～6页；汪德嘉等编著：《身份危机》，电子工业出版社2017年版，第20～22页。

[3] 详细的历史描述与利弊分析，参见胡凌：《中国网络实名制管理：由来、实践与反思》，载巢乃鹏主编：《中国网络传播研究》，浙江大学出版社2010年版；胡凌：《探寻网络法的政治经济起源》，上海财经大学出版社2016年版。

接约束构成网络传播核心节点的大 V 的行为。

3. 网吧。主要由文化部门主导，主要目标是审核未成年人身份，保护他们远离网吧和网络游戏，同时辅以对网吧行业进行数量管制、连锁经营等举措。在智能手机时代来临后，网吧逐渐衰落，管理效果减弱。

4. 网络游戏。和网吧类似，由文化部门推动，主要为了防止未成年人沉迷游戏。这一举措至今仍在不断强化，也极大影响了网络游戏市场格局。

5. 电话号码。由工信部门施行，意在以底层电信基础服务为起点实现整个网络信息服务的真实身份认证，从而为上层各种增值电信服务提供便利。

6. 电子签名。《中华人民共和国电子签名法》（以下简称《电子签名法》）要求社会公众使用的数字证书应由获得工信部《电子认证服务许可证》的 CA 机构颁发，后者须提供电子签名认证证书目录信息查询服务以及提供电子签名认证证书状态信息查询服务。但实践中，电子签名技术使用成本较高，并未广泛普及，仅限于在金融和电子政务等有限领域使用。

从 2010 年开始，国家全面推动网络主权和真实身份认证，[1] 这一时段可以被视为认证实践发展的第二个阶段。这一阶段面临着移动互联网和物联网的挑战，以及如何将线上认证拓展到广泛的线下场景的关键问题。这一阶段的前提是需要对互联网每一层面的服务提供者和信息资源通过许可方式进行认证，[2] 再通过它们对更加广泛的用户进行身份认证。第一阶段数字认证的普遍做法是，认证活动发生在远程注册账户过程中，服务商将身份证信息提交到全国公民身份号码查询服务中心系统进行核实。为了防止人证分离与对抗抵赖，更高的认证标准要求多次重复认证（或用户手持身份证的照片、其他更多个人信息相互验证），这不仅对于服务商而言合规成本高昂，用户身份信息通过服务商中转也带来了个人信息泄露的风险。尽管政府不断加大惩罚买卖个人信息行为

---

[1] 主要体现在《中共中央办公厅、国务院办公厅关于加强和改进互联网管理工作的意见》（中办发〔2010〕24 号）和《网络安全法》中。

[2] 参见胡凌：《信息基础权力：中国对互联网主权的追寻》，载《文化纵横》2015 年第 6 期。

的力度,[1]但问题本质上仍然在于可识别用户身份的基础信息在各种场景被广泛应用(如金融、医疗、交通),也更容易得到信赖,使得用户身份信息很容易被大规模获取和非法使用,从而降低了身份证作为证明文件的价值。由此,在移动终端时代,平台企业逐渐探索出通过大型平台作为认证代理人的实践路径(从而降低第三方开发者的认证成本),采取双重因子认证等多元化的身份认证手段(如经过实名制认证的电话号码+短信验证码)。随着"账户—数据—评分"的微观架构不断延伸至物理世界,线下活动也越来越多地被纳入认证和监控过程,而且只需要认证一次(APP几乎不退出登录),对用户行为信息的掌控力更强。线下传统认证过程和接受服务的过程在时空上是分离的,而数字认证将服务凭证、身份核实甚至报销凭证的功能完全压缩合并在一起,通过身份证件或刷脸等方式即可完成,大大提升了效率。

尤其是主导线下二代身份证的公安部第一研究所建造了可信身份认证平台(CTID),和微信与支付宝这样的超级 APP 合作推出"居民身份证网上功能凭证"(也称"网证"),这是以身份证制证数据为基础,通过 CTID 签发的与实体身份证芯片唯一对应的电子映射文件。[2]用户只需要在平台相应小程序中申请开通,即可对外展示或通过设备扫描认证。在用户出示"网证"认证时,个人信息不会保留在第三方平台,全部由公安部后台数据库验证后向第三方平台回馈,即可证明自己作为自然人和线下公民身份的唯一性。[3]由于越来越多的人注册了微信或支付宝,这种通过应用平台推动的认证方式较为灵活,能够适应不同终端设备和 APP 平台。可以预见,这种方式将会尽快普及。

表面上看,第一阶段出现的信息安全问题在逐步得到缓解,"网证"能够有效应对线下更多需要验证身份的场景,其实质仍然是在软件应用层依靠巨头平台企业寻找稳定普及的身份连结点,将线下传统身份应用至线上,这是"现实基础身份论"在技术实践中的最新发展。"网证"可能存在一些问题。例如,这一方式多用于线下出示或审核,或者用于巨头平台上的小程序认证,但未必能够用于其他独立的 APP;这一举措

---

[1] 参见《最高人民法院、最高人民检察院关于办理侵犯公民个人信息刑事案件适用法律若干问题的解释》(2017 年发布)。

[2] 具体的描述,参见公安部第一研究所:"一种基于电子法定身份证件实体证生成网络映射证件的方法"发明专利(专利号 2015106291109)。

[3] 参见《"网证"来了!再也不用为证明"我是我"而发愁了》,载 http://www.xinhuanet.com/politics/2018-04/18/c_1122695413.htm,访问时间:2019 年 1 月 28 日。

安置于私人商业互联网服务架构当中，捆绑更多的公共服务，无疑会增强该巨头 APP 的相关市场地位，进一步吸纳更多第三方开发者，借助巨头平台对身份认证功能进行低成本扩展，可能对市场公平竞争产生影响。[1] 等等。尽管如此，支持其推广的现实基础仍广泛存在，因为当下整个网络法体系都围绕着用户的线下身份展开，物理空间中的自然人（而非其在线身份）需要对其线上行为最终负责。

同时，深层次的理论问题仍然存在，即为落实网络主权，是否有必要在用户进入赛博空间之前赋予其独特、唯一的加密公民身份（在传统身份证数据基础上加以转化），以便将物理世界的真实身份和数字身份加以区分。这种思路隐含了赛博空间和物理空间不同的主权权力表现，不仅承认赛博空间作为一种独立的领域，也赋予自然人在先的身份合法性，即确认是中华人民共和国公民而非其他国家公民进行在线活动，从而赋予了自然人主体确实的虚拟世界法律地位。带有这种思路的实践采取了一条不同的技术路线，即公安部第三研究所推动的 eID。不同于第一研究所的"网证"，eID 在身份证号码基础上以加密技术手段重新为用户生成作为公民身份的数字标记，并采取了一条硬件层面的发展路径，即将加密数据信息置于手机芯片或其他实体卡证的芯片中，将手机或卡片变成连接自然人主体和应用程序的可信中介。[2] 在理论逻辑上，eID 更强调国家赋予自然人以法定身份标识的前置程序，即"实体社会中自然人身份在数字空间的映射，是自然人在数字空间获取数字服务时代表其主体身份的数字标记的集合"，并清晰地构建了一整套数字身份的技术标准。[3] 这清楚地表明了国家塑造基础数字身份的意图不单单是传统公民身份的映射投影，这对于一个不断扩张的赛博空间而言，是具有积极意义的尝试。如果这一"虚拟基础身份论"道理确实有可能实现，那么其是否能真正普及仍然取决于硬件和实体载体的社会成本。如果对于用户而言成本过高（例如，只安装在特定种类的移动终端上），适用的范围无疑会受到限制；同时，eID 也需要解决如何服务于大量在线服务过程的身份安全认证问题。此外，和"网证"类似，这

---

〔1〕 这个道理和第三方支付获得牌照许可的市场效应类似，参见胡凌：《从开放资源到基础服务：平台监管的新视角》，载《学术月刊》2019 年第 2 期。

〔2〕 eID 已经与华为合作，在 Mate 20 系列 4 款手机中载入 eID 芯片技术。其他领域的合作扩展信息，参见其网站 https://eid.cn。

〔3〕 参见公安部第三研究所：《eID 数字身份体系白皮书（2018）》，载 https://www.mpaypass.com.cn/Download/201809/12104342.html，访问时间：2022 年 2 月 17 日。

一举措会加强智能手机厂商对运行于其上的 APP 应用的话语权,某种程度上也会提升该品牌手机的市场竞争优势。

(二) 平台型国家建设

数字身份认证需要新的硬件和软件基础设施,这不仅是网络主权的体现,也是增强信息基础能力的要求。例如,机场、火车站大量的刷脸设备,遍及各处的公共摄像头都代表了新型信息基础设施的兴起,而每个人的智能手机也成为这一网络化基础设施的终端。这意味着国家在管理赛博空间事务活动的同时,也在不断进化,越来越成为一个平台型国家。尽管传统政府负有重要的基础设施建设功能,但仍受制于物理空间的地域分割和属地化管理影响,像公共交通、能源这样的基础设施仍然是本地化导向的。赛博空间的特征在于由平台促进的网络连通性和提供泛在基础服务,在诸多数字基础服务(如支付、物流、云计算、AI、纠纷解决)已经率先由巨头平台打造、提供的时候,[1] 由国家独立实施的数字身份认证就十分重要,国家也有能力将这类基础设施延伸至公民个体,进一步整合全国市场,同时通过数据集中的方式强化中央政府的权力,[2] 试图将整个国家变成一个层级不同的超级政务和公共管理平台,进而超越传统中央和地方分权的时空边界。这一平台的前提条件和功能在于:①电信基础设施和移动终端的广泛普及,使得人人可以通过终端远程访问公共服务;②电子政务建设理念和实践已经成熟,经过十多年建设,数字政府观念深入人心;③地方政府成为平台上的服务端,源源不断地将社会行为数据化,并推动数据内部共享和外部开放,逐渐打造公共政务数据平台;④摄像头、传感器帮助捕捉公民在公共区域内的活动,基于社会信用积分推动信用社会建设,且联合惩戒可以跨地域实现,有更强的威慑力。[3]

身份证在这一过程中的功能多少发生了改变。在网络实名制探索过程中,不同部门主导的身份认证实践不断体现和拓展现代身份证的若干功能:①身份证明。身份证首先代表了国家授予自然人的公民身

---

[1] 参见胡凌:《平台基础服务》,载《学术月刊》2019 年第 2 期。2018 年 12 月的中央经济工作会议重新定义了基础设施建设,把 5G、人工智能、工业互联网、物联网定义为"新型基础设施建设",并将基础设施建设列为 2019 年重点工作任务之一。

[2] 参见交通运输部:《网络预约出租汽车监管信息交互平台运行管理办法》(2018 年发布)。

[3] 从社会信用角度对平台型国家的讨论,参见胡凌:《数字社会权力的来源:评分、算法与规范的再生产》,载《交大法学》2019 年第 1 期。

份，体现一种政治身份，从而彰显主权权力。公民凭借此标识符有权参加公共事务、获得公共服务，如选举、公共医疗保障、金融服务、公共交通服务等。〔1〕②查验与出示。在特定场合，人民警察依法执行职务且出示执法证件的，公民需要向警察出示身份证件。例如，针对有违法犯罪嫌疑的人员，依法实施现场管制；发生严重危害社会治安突发事件，在火车站、长途汽车站、港口、码头、机场或者在重大活动期间设区的市级人民政府规定的场所等需要查验身份。〔2〕③追踪与威慑。实名制的原初逻辑便是按照"后台实名，前台自愿"原则，通过真实身份认证进行追踪，进而对潜在违法行为进行威慑。〔3〕政府可以通过身份证追踪到犯罪嫌疑人使用特定服务的轨迹（如酒店、公共交通、网吧等），还可以通过人脸识别、步态识别技术进一步在公共区域内增加可供认证身份的连结点。〔4〕一旦被广泛应用于接受私人服务的场合（如商场），身份认证即可成为履行安全保障义务的重要方式。〔5〕这些功能越来越多地通过一次性的终端认证联系在一起，既是身份识别过程，又是行为记录追踪过程。随着适用的场景不断扩展，这一权力将涵盖更广泛的领域。后台记录不仅仅能够用于信用惩戒，更容易形成威慑。从这个意义上说，国家最早将居民身份证变成了一个全国范围内的超级账户，除了赋予公民身份，还在该账户下积累数据，便于事后追查。〔6〕

平台型国家建设的核心问题之一是，如何将得到认证的统一公民数字身份经过授权的加密技术安全地扩散到无处不在的硬件、软件上，并

---

〔1〕参见《中华人民共和国居民身份证法》（以下简称《身份证法》）第14条。

〔2〕参见《身份证法》第15条。人脸识别功能一旦具备了查验和识别功能，就会在实际上突破这一条关于警察出示执法证件的规定。公安部2016年起草的《公共安全视频图像信息系统管理条例（征求意见稿）》中没有关于作为一种行政行为的身份识别功能的内容，多个省市的类似文件也没有规定。因此，这种识别方式需要更好地设计知情同意的正当程序。

〔3〕最近的发展，参见《网络安全法》《具有舆论属性或社会动员能力的互联网信息服务安全评估规定》《互联网用户账号名称管理规定》《移动互联网应用程序信息服务管理规定》《互联网跟帖评论服务管理规定》以及《信息安全技术 社交网络平台信息标识规范》。

〔4〕通过刷脸识别，公安部门已经在多场张学友公开演唱会中抓获在逃嫌疑人。

〔5〕参见《中华人民共和国侵权责任法》（以下简称《侵权责任法》）第37条〔已失效，现行规定为《中华人民共和国民法典》（以下简称《民法典》）第1198条〕。

〔6〕See Pramod K. Nayar, *Citizenship and Identity in the Age of Surveillance*, Cambridge University Press, 2015, pp.34-46.

适应飞速变化的互联网，同时将认证权力与侦查、取证等权力适当分离。[1] 网络实名制的两个阶段都还没有能够完全解决这一问题，甚至可能导致数字认证权力的割裂。这一割裂不仅存在于公安部内部，也存在于中央和地方、国家和企业之间。

四、商业导向的数字身份识别

（一）价值生产与身份生产

一旦确立了唯一的基础身份，账户的重要功能便是平台企业对个人多元社会身份的识别。单一的公民身份反映了自然人由国家认可的政治身份；而多元社会身份则散落在不同领域，产生于不同的社会网络中。当互联网不断延伸至各个场景（无论是服务领域还是私人空间），面对大量无序的社会资源和流动性用户时，平台企业都有动力进一步识别在不同场景下用户的具体身份和偏好，从而提供精准的服务。"识别"这一术语很容易被理解成一种对客观真实人际关系和社会身份的科学发现，但除了"发现"，平台企业还有能力进一步按照各种标准对用户加以分类和预测，通过引入更多生产性资源实现商业创新，进而构建更多新型网络，将用户不断纳入更加复杂的网络中，促成用户新的社会身份的生产与再生产。[2] 从这个意义上说，用户的多元数字身份是在用户和平台企业之间的生产关系中塑造的，而非自动生成的。这种权力机制不仅是基于过去的，更是面向未来的；不仅是识别，更是基于识别进行行为管理，最终服务于提高生产效率的目标。身份识别的具体方式包括：

1. 标签与分类。通过对用户在不同场景下的行为进行数据分析，根据其可能的偏好为其贴上不同标签，并根据定向广告或推荐的效果进行动态调整。根据一些关键性标签将用户分类，赋予其账户不同权限和利益。[3]

---

[1] 本文尚未讨论针对企业（如个体工商户）的身份认证，电子证照、电子印章和一网通办是平台型政府为企业提供公共服务的基本要件。

[2] 有关识别和认证关系的不同看法，参见 Jim Harper, *Identity Crisis: How Identification is Overused and Misunderstood*, Cato Institute, 2006, pp. 23-25.

[3] See David Lyon, *Surveillance as Social Sorting: Privacy, Risk and Automated Discrimination*, Routledge, 2002, p. 54.

2. 监控。尽可能不间断地对账户的公开行为和私密行为进行记录，以便获得对该账户及其使用者的更多信息。[1]

3. 大众评分与声誉。单纯的身份认证只能确保进入网络的流动性资源的身份真实与唯一，但无法解决进入之前的真实性问题，也不能完全解决需要多次博弈后沉淀下来的信任问题。[2] 认证带来的事后追踪和惩戒效果十分有限，仍然需要在各类网络中使用诸如评分和声誉这类工具，根据账户的对外行为，利用用户和服务提供者相互打分的方式，积累起对用户的外部声誉评价，作为管理账户行为的有效指标，甚至可以塑造社群中的社会规范。[3]

4. 内部积分与征信。根据账户的对内行为，通过汇总、挖掘用户各方面的使用数据，进行评分式奖励或惩戒，以便适时引导用户对某种值得奖励的行为的更多投入，并进一步上升为更加正式的所谓"大数据征信"。[4]

5. 算法分析与歧视。算法的设计往往隐藏在幕后，但会通过不透明机制在更大范围内影响我们的认知和选择；甚至可以通过特定种类的数据识别出用户试图隐瞒的某种社会身份，从而隐性地进行区别对待，使社会身份的匿名程度进一步降低。[5]

6. 在回音室中塑造自我。推测用户的偏好并自动推送类似产品、服务或广告，[6] 不断在账户内增强回音室效应，使用户无法接触到更

---

[1] See Christian Fuchs and Kees Boersma, *Internet and Surveillance: The Challenges of Web 2.0 and Social Media*, Routledge, 2011, pp. 78–84.

[2] 从这个意义上说，区块链技术无法有效解决这一制度性问题。参见 Paul Vigna and Michael J. Casey, *The Truth Machine: The Blockchain and the Future of Everything*, St. Martin's Press, 2018, pp. 156–163.

[3] 类似的研究，参见 Xin Dai, "Toward a Reputation State: The Social Credit System Project of China", 载 https://papers.ssrn.com/sol3/papers.cfm? abstract_id=3193577，最后访问时间：2018 年 4 月 17 日；胡凌：《在线声誉系统：演进与问题》，载胡泳、王俊秀主编：《连接之后：公共空间重建与权力再分配》，人民邮电出版社 2017 年版，第 118~130 页。

[4] 美国的例子，参见 Josh Lauer, *Creditworthy: A History of Consumer Surveillance and Financial Identity in America*, Columbia University Press, 2017.

[5] 例如，John Cheney-Lippold, *We Are Data: Algorithms and the Making of Our Digital Selves*, NYU Press, 2017; Cathy O'Neil, *Weapons of Math Destruction: How Big Data Increases Inequality and Threatens Democracy*, Crown, 2016.

[6] 遗憾的是，个性化推送以及定向广告都没有被写入《中华人民共和国电子商务法》（以下简称《电子商务法》），该法第 18 条仅规定了个性化搜索结果，效果有限。

多异质信息,形成逐渐闭塞的身份。[1] 同时,社会、社交与公共性的内涵被商业价值导向彻底改变了。[2]

7. 身份创设。通过 APP 获取用户手机通讯录访问权,将电话号码(及其背后唯一绑定的用户)纳入新的虚拟世界,在用户同意之前率先进行社会关系和偏好推荐的模拟,而真实用户的实际注册不过是对这一模拟的确认。[3]

互联网创新无疑将人们从流动性较弱的线下场景中解放出来,使人们有机会接触到大量信息和机遇,在广度上扩展了社会身份形成的渠道。但问题在于,对平台企业而言,这种扩展的主要动力不只是增进接触、交易与合作,不同场景中多元的社会身份究竟是什么本身并不重要,重要的是它们需要被转化为生产性的身份、产生利润和经济价值。只有那些能够为平台带来价值的身份才值得被识别和强化,而那些无法带来价值的分享(哪怕是打着"分享经济"的旗号)和伦理实践则会逐渐被排除出平台。上述举措不仅仅是平台的自我规制手段,更是促进生产、增强平台通过账户对劳动者的人身从属性和控制力的措施。[4]

(二)个人信息如何取代隐私

数字身份的形成有赖于个人信息的积累、披露和交换,用户在账户中积累的大量数据成为平台企业的宝贵资产,同时,这些数据中也有相当一部分会被界定为法律保护的"个人信息"(PII)或"隐私"。从形式法治角度看,目前的法律主要从人格权角度对个人信息进行保护,确保使用个人信息(特别是敏感个人信息)的知情同意,或抽象地对个人信息权进行分类,提供列举性解释,而越来越少地单独讨论隐私保护,研究者也在努力探索不同场景下的账户数据的权属如何在不同层面

---

〔1〕 See Joseph Turow, *The Daily You*: *How the New Advertising Industry Is Defining Your Identity and Your Worth*, Yale University Press, 2012; Jaron Lanier, *Ten Arguments for Deleting Your Social Media Accounts Right Now*, Henry Holt and Co., 2018.

〔2〕 See Greg Goldberg, *Antisocial Media*: *Anxious Labor in the Digital Economy*, NYU Press, 2018.

〔3〕 围绕社交网络的不正当竞争也体现了这个思路,参见胡凌:《新浪微博 vs. 脉脉:理解社交类应用不正当竞争》,载经略网刊微信公众号, https://mp.weixin.qq.com/s/pJc-ADDHR6XkUo1UvbdBtg, 访问时间: 2018 年 4 月 17 日。

〔4〕 See Jeremias Prassl, *Humans as a Service*: *The Promise and Perils of Work in the Gig Economy*, Oxford University Press, 2018, pp. 34-48.

上实现分割保护。[1] 从赛博空间架构的演进来看，从隐私到个人信息的转变并非偶然。[2] 物理世界中的隐私观念依赖于物理架构的保护，带有浓厚的空间特征（"不受打扰"）。但随着各类技术渗入日常生活和私人空间，可控空间本身被逐渐消解，隐私逐渐变成更加流动性的信息，被理解为处于不同的关系当中，并具有场景化的价值。[3] 按照这一标准，用户的数字隐私（无论是在线活动还是充满智能家居的私宅活动）无疑需要和服务提供商分享，并期待它们更好地保护这些信息，不会滥用。这进一步导致了在赛博空间中用户不再拥有物理世界中的私人空间，隐私本身作为一种主体性特征逐渐消亡，取而代之的是用户不得不仰赖和信任无法控制的平台企业，在它们提供的服务领地中生产作为生产资料的个人信息。[4]

按照"能够单独或结合其他信息识别个人真实身份和行为"这一标准定义，受到法律保护的个人信息范围会很广泛，因为通过大数据分析或结合其他信息识别到用户的具体身份是很容易的。[5] 因此平台企业有动力进行广泛的争辩和游说：①要求通过建立更加限缩的敏感个人信息规范来降低合规成本；②要求法律确认其作为数据搜集者（以及因技术投入作为劳动者）对"数据池"享有财产权利；[6] ③要求法律承认其对匿名数据进行加工的财产权利；[7] ④主张其对用户数据的分析只限于账户范围内，并不涉及物理世界中的真实主体，因此也就和电话号码、家庭住址这些和人身安宁权相关的信息区别开来；以及反过来⑤主张法律规定的"识别"实际上指通过对敏感个人信息的界定，获知物理世界中主体的身份情况，而并不涉及数字账户内的数据分析活

---

〔1〕 参见范为：《大数据时代个人信息保护的路径重构》，载《环球法律评论》2016年第5期。

〔2〕 参见张新宝：《从隐私到个人信息：利益再衡量的理论与制度安排》，载《中国法学》2015年第3期。

〔3〕 See Daniel J. Solove, *Understanding Privacy*, Harvard University Press, 2010, pp. 34-36.

〔4〕 参见金耀：《个人信息去身份的法理基础与规范重塑》，载《法学评论》2017年第3期；戴昕：《数据隐私问题的维度扩展与议题转换：法律经济学视角》，载《交大法学》2019年第1期。

〔5〕 参见岳林：《超越身份识别标准——从侵犯公民个人信息罪出发》，载《法律适用》2018年第7期；岳林：《个人信息的身份识别标准》，载《上海大学学报（社会科学版）》2017年第6期。

〔6〕 参见胡凌：《商业模式视角下的"信息/数据"产权》，载《上海大学学报（社会科学版）》2017年第6期。

〔7〕 例如，淘宝诉美景公司大数据产品不正当竞争纠纷。

动,更不会涉及上文提到的身份再生产。换句话说,账户作为赛博空间与物理世界的连结点,能够有效屏蔽平台企业对产生在账户以及虚拟世界中的用户数据的影响。这一思路看上去和上文讨论的"现实基础身份论"十分接近,即只要求承认主体在物理世界中的相关(基础)身份应当得到法律保护,而账户之内的空间属于用户协议管辖的自治范畴,从而为通过算法的数据分析挖掘(吊诡的是,这带来的结果是不断产生我们无法控制的新身份)奠定了合法性基础。[1]

不难看出,现有的法律路径在真空中讨论个人信息权,简单地将某些种类的信息列入应当受保护的范围(尽管可能达成共识),而其余的由个人生产的信息即使能够用于个性化推送,只要进行了匿名化处理,且没有干扰到用户的隐私与安宁即可。这一角度在法律上有可操作性,但在逻辑上默认了账户作为商业服务内容的现状。这意味着,法律实际上只是保护个人信息不被脱离了生产架构(以及账户控制)非法使用,而经过一揽子知情同意授权的平台企业对合法数据的处理则几乎不受约束,可以持续不断地分析账户内活动的数据。数据形成的财产权利边界在事实上也十分清楚,即用户并不拥有通过账户产生的数据收益,还需要反向授权平台企业免费使用自己创作的作品。[2]

账户与架构的视角揭示了,个人信息通过账户及其服务经由用户的劳动不断被生产出来,最终塑造了多元的虚拟身份,账户没有隐私可言,实际的广告与商品精准推送仍然会直接展示在账户中,形成因人而异的视图界面,并对用户的预期和选择产生影响,用户无法拒绝。在个人信息权的法律界定过程中,用户对于账户(以及赛博空间)本身孱弱的控制力和话语权最终确保了平台企业的数据财产权利。

(三)数字账户(及身份)的法律控制

更进一步而言,账户及其背后的控制或生产过程已经深深影响了数字身份的形成,这些权力关系需要法律的承认和保护。[3]账户虽然是一个服务凭证,但随着互联网服务变得更加复杂,平台企业仍然有充分的动力通过法律对账户进行控制,方式包括但不限于利用法律技术涵盖

---

[1] 这是网络法思潮中一贯的主张,即例外论(exceptionalism)。

[2] 参见胡凌:《商业模式视角下的"信息/数据"产权》,载《上海大学学报(社会科学报)》2017年第6期。

[3] 这是网络法形成的核心逻辑,参见胡凌:《"非法兴起":理解中国互联网演进的一个视角》,载《文化纵横》2016年第5期。

账号密码、用户有权操作的权限，以及累积下来的行为数据等组成部分。账户的基本法律结构可概述如下：

在通行的用户协议中，通常对账户使用设置了较高的限制，即账户只能向唯一的用户提供服务，账户使用权不得转让和继承，特别是当账号也由服务提供商提供的时候。[1]

账户内积累的数据无法进行复制和转让。[2]

直到最近，用户才获得了在电子商务平台上注销账户的法律权利，尽管我们仍然不知道账户内积累的数据是否会被真正彻底删除。[3]

平台开发出一整套管理用户行为（如封号、禁言等）的机制，也会通过展示经验等方式为这一在线身份赋予声誉价值，进而实现劳动管理和交易匹配。

智能账户的服务虽然被称为"个人助理"（PA），但仍然是通过数据分析向用户提供服务，并非真正的代理人。[4]

上述列举都表明，账户的法律演进原理在于将赛博空间中的账户和物理世界中的用户（及其数字身份）在法律上尽可能分离，即强调账户属于平台的服务，用户对产生在账户中的有价值的数据不拥有权利，这意味着平台企业使用用户数据的一切分析挖掘试验都只会关联到账户，而不会直接关联到物理世界中的本人，产生的价值也与用户在分配意义上无关。在既有的生产关系下，法律关系的松散反而有利于平台对用户价值的获取。这种模式的直接结果便是，匿名数据的分析仍然可以对用户产生影响，持续地进行监控，并通过账户将其纳入信息资本主义生产体系。

这一问题仍然是开放的，在"虚拟基础身份论"看来，用户不仅应当具有赛博空间中的基础身份，也应该拥有围绕这一基础身份建构、展开的基本权利（如删除权、知情权、选择权、解释权以及财产权利等）。这些基本权利的核心在于能通过账户进行自主决策和操作的空间，即那些积累诸多数据的核心账户（它们可能比电话号码和家庭住址更具有人身性），也可以帮助我们基于传统隐私理论（如不受打扰与合理期

---

〔1〕例如，QQ的账号体系和淘宝虚拟店铺转让的争议，形成了关于虚拟财产的诸多讨论，参见岳林：《网络账号与财产规则》，载《法律和社会科学》2016年第1期。

〔2〕那些试图代理用户进行数据转移的操作往往会被认定为不正当竞争。

〔3〕参见《电子商务法》第24条。

〔4〕参见张翼成、吕琳媛、周涛：《重塑：信息经济的结构》，四川人民出版社2018年版，第56~58页。

待)对个人信息,进而是身份识别与控制的架构边界进行重新解释,最终实现通过控制账户争取赛博空间中相对独立的自主空间这一目标。[1]

五、结语

本文简要描述了数字身份如何受到政治和商业力量影响而形成,数字账户在这一过程中起到关键的连结点作用。在物理世界和赛博空间相对分离的时代,存在两种不同的身份管理状态和思路,随着赛博空间的逻辑不断覆盖物理世界,更为严格的身份认证与追踪将无处不在,但身份认证仍然游离于两种思路之间,而身份识别以及背后的经济利益则强烈依赖于其中一种。本文希望由此深化我们对赛博空间性质的认识,特别是各类不同的力量如何将这一空间变成围绕生产和控制展开的现代性场所;以及深化对数字身份的生成过程的理解,观察不同权力如何通过法律要求塑造数字身份,在法律关系和生产关系上认清账户的实质,从而更好地探究如何通过法律方式争取和扩展我们在赛博空间中基于账户的自主空间。

---

[1] 限于篇幅,本文无法就此问题展开讨论。欧盟 GDPR 在这个方向上进行了探索,但其效果仍然有待观察。

区块链的法治化：技术、风险与规制

苏 宇[*]

一、问题的提出

近年来，区块链的相关问题日渐成为社会经济发展的一个焦点。通过各种平台交易比特币及其他数字代币的热潮不断高涨，根据国家互联网金融安全技术专家委员会发布的报告，2017年7月，国内比特币交易成交额为301.7亿元，占全球总交易量的30%；与此同时，手机和网络黑客勒索比特币的现象层出不穷，各地政府及企业建设区块链的工作逐渐起步，各地企业参与区块链平台开发及应用的现象也日益多见，逐渐将"区块链"这一概念带入大众的视野。

区块链已经受到我国政府的密切关注。2016年10月，工信部发布《中国区块链技术和应用发展白皮书（2016）》，对区块链的定位和发展提出了系统的要求。2016年12月，国务院印发的《"十三五"国家信息化规划》中在"强化战略性前沿技术超前布局"部分中明确要求："加强量子通信、未来网络、类脑计算、人工智能、全息显示、虚拟现实、大数据认知分析、新型非易失性存储、无人驾驶交通工具、区块链、基因编辑等新技术基础研发和前沿布局，构筑新赛场先发主导优势。"2017年，国务院及其办公厅在发布的《国务院关于进一步扩大和升级信息消费持续释放内需潜力的指导意见》（国发〔2017〕40号）、《国务院办公厅关于创新管理优化服务培育壮大经济发展新动能加快新旧动能接续转换的意见》（国办发〔2017〕4号）、《国务院办公厅关于积极推进供应链创新与应用的指导意见》（国办发〔2017〕84号）等多个文件中，提及"区块链"概念的试点应用或技术利用。这就意味

---

[*] 作者单位：中国人民公安大学法学院。

着国家已经正式认可并高度重视区块链的建设与发展工作。在雄安新区，区块链已经被引入房屋租赁领域，"中国建设银行、链家、蚂蚁金服等机构参与了这一租房模式的建设。其中，蚂蚁金服是核心区块链技术提供方，链家和中国建设银行则提供房源租赁信息等服务"。对于数字货币，国家更是给予了充分的关注。在2018年"两会"期间，时任中国人民银行行长周小川表示，人民银行在三年多以前就开始组织数字货币研讨会，随后成立了数字货币研究所，最近和业界共同组织分布式研发，研发到一定程度后会进入测试阶段；同时指出数字货币等技术应该服务于实体经济，央行不支持将其当作虚拟资产炒作。区块链与相关数字货币（或数字代币）的巨大影响，已经逐渐在国家经济金融秩序中体现。

在世界范围内，区块链带来的影响更为深远。2017年，日本已经通过修改《支付服务法案》承认了比特币和其他数字货币作为支付手段的合法地位；近几年来，其他一些国家也开始陆续承认数字货币（代币）交易的合法性；委内瑞拉政府还专门成立了区块链部门、发行了政府主导的数字货币"石油币"。区块链及与之相伴的智能合约、数字代币已经在金融、商贸等领域掀起巨浪，迫使我们必须正视区块链的存在和发展。

然而，区块链本身的技术壁垒使得它迟迟没有被社会充分了解，许多人可能只知道与此相关的"比特币"以及数字代币的"狂欢"，而不知道数字代币背后的区块链有可能带来一场影响全社会的技术革命。区块链的兴起带来了全方位的深刻影响，一些区块链技术领军企业不仅把区块链用于比特币交易、国际支付、P2P、保险等金融领域，更重要的是扩展到艺术品交易、供应链管理、医疗卫生、税收、房地产、媒体，甚至投票选举领域，其影响力也进一步延伸到医疗健康、教育、能源等各个方面。除比特币外，ETH、ETC、EOS、XRP、ANS、GNT、QTUM等超千种数字代币也开始吸引大量的交易。与经济领域区块链的热度相比，国内法律领域对区块链的研究尚亟待加强，区块链及其应用的法治化已经成为一个我们必须认真面对的新课题。

二、区块链的含义与特征

2016年10月，中国区块链技术和产业发展论坛在工信部信息化和软件服务业司和国家标准化管理委员会工业标准二部的指导下发布了

《中国区块链技术和应用发展白皮书（2016）》，对区块链作了一个总体意义上的描述："区块链是分布式数据存储、点对点传输、共识机制、加密算法等计算机技术在互联网时代的创新应用模式。"这个描述还远构不成区块链的定义。不过，该论坛还发布了《信息技术区块链和分布式账本技术参考架构》（以下简称《参考架构》），其中2.2.1将区块链界定为"一种在对等网络的环境下，通过透明和可信规则，构建不可伪造、不可篡改和可追溯的块链式数据结构，实现和管理事务处理的方式"。这个定义已经刻画出了区块链的若干突出特征，最主要的特征包括以下五点：

第一，对等网络的环境。区块链首先是一种去中心化的存储机制。由于使用分布式核算和存储，不存在中心化的硬件或管理机构，因此任一节点的权利和义务都是均等的，系统中的数据块由整个系统中所有具有维护功能的节点共同维护。三代P2P网络技术的发展为区块链的去中心化奠定了基础。

第二，透明和可信的规则。区块链技术（比特币）的原始论文是公开的，它的规则能够完全被外界知晓；数字代币在发布时一般会首先发布白皮书，其源代码也一般在网络社区上开源共享。许多智能合约及其架构也是开源的。区块链的核心规则对公众开放，理论上只要有相应的计算机编程技术基础，就可以清晰地了解相关的所有规则。

第三，难以伪造和篡改。区块链技术采用非对称密码学原理对数据进行加密，同时借助分布式系统各节点的工作量证明等共识算法形成的强大算力来抵御外部攻击、防止区块链数据被篡改和伪造，还有多重盲签名等技术来保证交易的安全，因而具有较高的安全性。其中，最为典型的例子是比特币所运用的算法，这种算法具有三点特征：①解决每一个题目（可对应一个区块的确认和数字代币激励的发放，即所谓的成功"挖矿"）则自动生成数值随机的下一个题目（对应下一个区块）；②解题成功需要命中难度相当大的随机数值范围，消耗高昂的算力成本；③从当前的哈希数回溯猜中上一个哈系数的概率极低，几乎不可能。以更专业的视角看，区块链的密码学基础是哈希函数，它有抗原像攻击、抗第二原像攻击、抗碰撞攻击三种性质，对于输出长度为n的哈希函数，实现三种攻击要求的理论计算复杂度在$2^{n/2}$至2^n之间，易言之，通常情况下，如区块链所采用的哈希函数输出长度为256，则逆向破解其哈希函数输入值的计算量（2256）将达到人类现有算力所不能承受的级别。因此，区块链单向延伸，而且此前的数据不能被改写。单个机构或个人如试图制造假区块，在没有极强算力支持的基础上，将因无法提供正确的哈希值链条而得不到区块链的确认。但是，区块链的数据并非完全不可被篡改和伪造，极端情况下还是有可能遭遇一些攻击，比如下文提及的51%算力攻击和基于自私挖矿策略连续发布的区块攻击，但这要求集中的全网算力达到非常高的门槛，对于一个大型区块链项目而言，伪造和篡改数据是非常困难的。

第四，可追溯。区块链采用带有时间戳的链式区块结构存储数据，从而为数据增加了时间维度，具有极强的可验证性和可追溯性。这种带有时间记录的数据是分布式地存储在大量不同节点的，任何一项已经被完全确认的记录都可以得到追溯和验证。

第五，块链式数据结构。块链式数据结构是基于分布式账本（distributive ledger）建立的、由各种数据块连成单一链条或分叉链条的一种结构。分布式账本即《参考架构》2.2.5所指的："可以在多个站点、不同地理位置或者多个机构组成的网络里实现共同治理及分享的资产数据库。"

具有这些特征的区块链又可以分为公有链和私有链。所谓"公有链"（public chains）和"私有链"（private chains），实际上基本相当于广域链和局域链，前者是世界上任何个体或机构都可以发送和有效确认交易、记账权，完全由公开的共识算法决定的链条；后者又分为联盟链（consortium chains）和完全私有链（private chains），主要被应用的是联盟链，即在有限的若干节点之间基于某种共识算法维持的分布式加密记录系统，所有主体都需要经过一定的准入机制、获得许可才能进入，多数用于一定类型的商业交易。联盟链之间可以基于侧链技术连接以转移数字资产，但一般不能实现数据和信息的共享。完全私有链（亦称"专有链"）基本上不属于本文讨论的范围，因为它只相当于个人的一个分布式存储系统，而在此系统之中共识算法之类的重要技术并没有充分体现其功能和意义。

区块链技术已经在对互联网的底层技术与理念进行迭代，有着比肩TCP/IP协议的重大意义。TCP/IP协议的意义在于通过将目标数据分解成有地址信息的数据包并在传输后重组，保证信息传递的完整性、有效性和灵活性，而区块链的意义不仅在于保证信息生成、变化和记录全过程的真实性及完整性，还在于维系一个多元的、有创造力的价值生成系统和信任机制。这一系统是通过一定的逻辑层次展开的。《参考架构》通过"四横四纵"的层级结构描述了区块链系统的典型功能组件：从逻辑层面上先是由存储、计算和对等网络构成基础层,接着通过共识机制、账本记录、数字签名、加密、时序服务、智能合约等构成核心层,随后通过账本管理、接入管理和账本应用构成服务层,最后通过用户功能、业务功能和管理功能构成用户层,并确定了开发、运营、安全、审计和监管(合一)的四大跨层功能。其中,区块链的核心层——共识机制和智能合约及其衍生应用,正在重塑社会的信任机制,并对整个社会经济秩序发挥着日益重要的影响。

三、区块链技术的应用与信任的重塑

区块链本质上只是一种共享总账的分布式加密账本,但是由于它相当难被篡改、被伪造,保护交易的私密与可靠,以及具有完全的可验证性和可追溯性等,逐渐成为一个受到广泛信任的技术平台。各种信息的所有者不断地将信息存储到区块链上,然后被竞争性的"挖矿者"(或其他记录者)花费一定的算力加以确认,形成一条巨大的信息链。参与区块链的所有节点都成为维护区块链内部记录真实性、可靠性的监管者,类似于"私人检察总长"(private attorney general)的角色。由一个个哈希值联结的区块链不断向前延伸,长链凝聚着对记录真实性与可靠性的网络共识;每一个信息的修改都将中断所有的后续连接,不被平台的其他节点承认,进而失去其有效性;恶意攻击者或伪造记录者理论上只有掌握全网过半的算力、打败其他所有节点不间断的工作成果,才能从某一个特定区块开始伪造出更长的链条,从而得以修改过去的记录。这对于大型的区块链而言是非常困难的,且耗费成本之极度高昂使攻击者缺乏合理的经济动机。在需要特别保密的情况下,每一个信息所有者还可以通过私钥查看并且只能看到自己的信息,保证了信息读取的便利性与可靠性。在此基础上,区块链的记录保持着全网的信任,而智能合约与数字代币这两个核心应用又进一步扩展了此种信任秩序,使区块链的影响远远超出了自身的技术内容。此外,程序开发者还可以基于区块链平台,利用分布式计算和存储的优势开发各种应用程序。这些应用都是运用区块链的技术优势,通过对信任的重塑来建立高效、便利、无中介的社会活动秩序,也引致了重要的外部性问题及对其加以监管的需要。

智能合约的出现对交易秩序甚至整个社会信任体系都有着根本意义上的革新。它只需要将合约转化为双方都能接受的标准化计算机程序,通过广泛地分散在全网多个节点以及受加密系统保护的分布式存储，这个合约不再需要中介和担保，节省了大量的交易成本；满足合约中预设的交易条件时，系统自动执行其中一种交易处理方式，不需要中介和执行机制，大大降低了由于保证信任的而产生费用。这样，大量具有信任和信用风险的合同就可以通过区块链签订和执行。例如，某种商品从原产地运往目标港口的过程中，所有的生产、收购、储藏、运输、检验、通关等信息可能有数十种之多，而且掌握在不同主体手中，现在这些信息（包括相关的电子单据）全部可以即时记录在区块链上，由于已经记录的数据难以被篡改、伪造、完全可追溯并能实现全网共享，我们可以非常方便地进行可信任的期货交易及各种相关的支付过程，预设智能合约进行有安全保障的连续交易，甚至替代信用证贸易结算等繁琐的传统结算方式进行结算，避免了贸易单据造假、在寄送过程中丢失、处理时间过长等风险。一些银行已经开始寻求用区块链相关应用取代传统的信用证贸易结算方式，或简化信用证的审查手续，大大提升了国际贸易的资金周转速度和贸易效率。同样地，P2P住宿、汽车租赁、健康档案建设等需要连续追踪人、物或设施的状态变化与信用的事项也开始被区块链所吸纳，生成难以篡改、不可抵赖的事实与信用记录，推动了信任和交易的发展。在此，区块链重塑了社会的信任体系，将分散的、耗费时日的、需要借助各种中介实现的社会信任机制集中到一个有保障的技术平台上，同时实现信息共享。因此，它能够衍生出多种多样的功能，甚至大部分有关信任和记录的问题都可以通过区块链加以解决，包括电子档案、个人信用、商品和服务认证、金融衍生品交易、遗嘱、贸易结算等众多问题，甚至从人的出生到死亡的整个记录证明与有特定权限的查询机制，都可以期望通过区块链所提供的信任、共享与针对性保密机制解决。区块链与大数据、人工智能的结合，更是为衍生产品和服务的发展提供了丰富的创新空间。

在去中心化的信任机制基础上，数字代币（digital tokens）的出现形成了去中心化的金融活动和一定程度上的金融秩序。对于公有链而言，区块链的可靠性是由散布在整个网络的所有参与计算、储存和确认的节点共同保障的，激励这些节点参与链条维护与发展的动力则是根据一定规则（工作量或资产证明等）发放的"数字货币"，一般称为数字代币。目前世界范围内基于区块链的数字代币已超千种，在首次发行（ICO）或被基于共识算法发放到节点以后，数字代币相互之间还可以通过一定的机制进行交易，也可以与许多国家的法定货币进行交易。这些数字代币本质上是私人发行的特殊商品，或者不存在具体的价值基础，或者以平台自身的计算力资源或存储资源等为价值基础（如GNT）；但是它们由于有区块链平台作为信任的依据，有共识算法、算力和耗费大量资源的分布式计算作为信任的技术保障，能够一定程度上保证交易的信用，它们也日益成为实际上的交换媒介、价值尺度和支付手段。虽然目前能支持这些数字代币直接购买的商品或服务仍然较少，而且它们所代表的价值量尚无一定的核算依据，也缺乏国家信用或贵金属储备等背书，匿名化、去中心化的网络平台对此能够提供多大程度的保障尚存疑问，但它们也已经成为金融领域一股新兴的力量，其合法性得到了多个国家的认可，社会影响也日渐凸显。

除此以外，区块链作为技术平台本身的存储、记录和计算功能，也在日益发挥着不可忽视的作用。区块链因其受信任而被期许越来越多的价值附加、承载越来越多的社会功能。一些区块链平台已经允许使用者运用多种计算机语言进行开发，作为一个基础平台运行各种计算机程序并向用户提供服务。现有的一些区块链已经完全可以兼容多种应用的运行，包含计算服务、网络游戏、代币发行、商业贸易、商品认证、文化教育等，成为一个基于分布式加密存储技术平台而又无所不包的网络社区。在未来，区块链也有望发展成为功能完备、可靠的网络基础平台，并且与云计算深度结合，发挥更大的社会作用。

但是，区块链在迅速发展的同时也出现了许多隐患，限制了其社会功能的充分发挥，并且有可能导致更大的法律和社会风险；区块链衍生应用的一些乱象，也需要通过法律的手段加以调控。区块链的建设与发展已经无法忽略法治化的需要。

四、区块链的法治化需求

区块链发挥它的社会功能，依赖于若干重要前提条件和关键的衍生机制，在这些前提条件和衍生机制之中，某些薄弱环节和外部性必须受到法律重视。首先，对于采用某些共识算法（尤其是采用"工作量证明"机制，即POW机制）的区块链而言，区块链的安全是由一定的算力结构来保障的，必须能够保证避免拥有超强算力的攻击者出现。其次，区块链的安全保障需要极强的算力基础，而算力主要以大量的机器设备（"矿机"）及惊人的电力消耗作为保障，如何合法合理地调控矿池算力、降低耗电量，避免过度消耗能源和资源，已经成为一项至关重要的制度挑战。再次，区块链的衍生功能很大程度上依赖于已经用计算机程序表达的智能合约，合约本身就涉及内容合法性、格式合同问题、合同类型问题等一系列民、刑法问题，需要对智能合约本身作系统的法律调整。又次，区块链衍生的货币体系涉及国家的金融秩序，还可能引发金融、外汇、税收等一系列制度风险，许多交易形式和交易内容既需要获得法律的授权，又需要受到法律的限制和约束。最后，在国家秘密不连接入区块链的前提下，区块链所包含的大量信息可能涉及个人隐私的传播，防止它们被攻击和泄露也是制度建设必须考虑的问题。

（一）对算力攻击的防护

对于区块链的安全问题，最直接的保障是基于哈希函数之类的加密算法。在基于哈希函数的加密算法中，任何一个节点被篡改以后，后续所有区块的哈希值都会发生变化，伪造的区块就会被识别和排除。比特币系统所属的区块链采取的是延后确认的方法，即一个新的哈希值头部 h1 被计算出来时，不立即予以承认，而是需要往下继续计算 N 个哈希值的头部，网络才对 h1 予以承认；N 是比特币创始人中本聪基于泊松分布的概率模型设定的，需要攻击者掌握全网一半以上的算力才比较有可能实现；但如果有攻击者以整个网络上过半的算力发动攻击（即所谓的"51%算力攻击"），就有可能直接伪造出一条最长的区块链；51%算力攻击，理论上甚至有可能重写自"创世区块"起的整个区块链。这是区块链的最大技术弱点，特别是采用 POW 机制作为共识算法的区块链，更容易遭受算力攻击。集中整个互联网上参与计算的过半算力对于主流区块链而言非常困难，因为参与相关区块链"挖矿"工作的总算力已经远远高出个人或单一参与企业的算力，需要若干大型矿池的联合才能取得，而且还不能保证攻击必然成功。但是，矿池还可以通过另外一种方法造假，即采取所谓的"自私挖矿"策略，在 25%算力的基础上，就能够夺取局部的信息真实性定义权和链条发展的主导权；在赌博式的攻击中，还有机会利用更低水平的算力争夺新增链条的主导权。

区块链算力攻击的防护主要是基于经济理性人假设，基于许多区块链的现有设计，在正常情况下发动算力攻击的成本超过收益。易言之，严格意义上的算力攻击，利益动机并不充分。区块链的算力已经远远超出了个人或普通企业所能提供的范围，全球算力主要分布于拥有巨量算力的若干大矿池。有学者在分析比特币的例子时指出，只有几大矿池联合，才具有发动 51%算力攻击的实力，普通个人或机构实施 51%算力攻击的可能性越来越小。但是，矿池持有大量比特币，51%算力攻击会严重伤害人们对比特币系统的信任度，会导致比特币价格暴跌，矿池持有的比特币会变得一文不值。正常情况下，矿池出于自身的利益，不会用51%算力攻击收回自身交易出去的比特币，反而会主动规避持有比特币比例过大的情况。对于 POS（Proof of Stake，权益证明算法）、DPOS（Delegated Proof of Stake，委任权益证明算法）机制支持的区块链尤其如此。不仅如此，算力攻击需要花费的成本本身就是高昂的，尤其是在大额交易需要一定量确认的机制保护下，维持高算力进行攻击，追赶最长链条的电力，硬件和沟通成本都相当高昂。但是，这并不等于在极端异常的情况下，为特别的动机所驱使，部分矿池会使用51%算力攻击或25%算力私自挖矿的策略对区块链造成破坏的情形不会发生。此外，对于技术门槛和汇集算力总量不高的小型区块链，算力攻击是完全可能的。基于几大矿池的算力对分散的个别节点的算力已经形成了显著优势，"去中心化"的设计甚至面临沦为空洞口号的风险。

鉴于算力攻击有可能对区块链造成整体的破坏，从而对网络社会秩序造成极大的干扰，攻击者可能在短时间内获取巨额利益，仅仅依靠《中华人民共和国治安管理处罚法》《中华人民共和国刑法》的事后惩处是不足的，必须深入区块链自身法律制度设计的层次，防止已经生成并被多次确认的区块中的信息受到更改。在此，我们需要根据不同的共识算法，设计不同的防范制度，除了相关平台本身采取的防范机制以外，还要为涉及国家利益或重大公共利益的区块链提供一定的法律保障，特别是设定对算力攻击的发现、记录和追溯机制，规定一定情形下为维护公共利益而可以采取的应急措施（如增加确认数要求、启动硬分叉、暂停交易、锁定关键区块等），防止算力攻击对整条区块链造成巨大的破坏。

（二）对能源消耗的限制

区块链要产生正向的社会效益，必须考虑其收益与成本的关系，尤其是对于区块确认越来越慢、参与算力越来越高、消耗能源越来越大的某些区块链而言，是否需要设定法律限制，是我国将面临的重要挑战。由于主要区块链的维系和发展需要惊人的算力，某些区块链消耗的电量极其庞大，需要集中大量的"矿机"进行持续不断的运算，一枚比特币的电费成本约为7200元；至2017年底，有报告称每年"挖矿"的耗电量已经超过大多国家的耗电量，大约与保加利亚的耗电量相当。据报道，我国四川省已经成为全球比特币"挖矿"资本最聚集的地方，而电费成本是最主要的考量。出于节省铺设线路成本以及用电便利性方面的考虑，比特币"矿场"大多直接建在水电站内部，如四川大渡河沿线（枯水期则迁移到新疆、内蒙古等地）。部分情况下，用电量已经影响到需得到优先满足的民生用电需求。考虑到比特币"矿场"算力大部分已经集中在中国，对于其他重要区块链，中国也有不可忽视的参与度，一定程度上的能源消耗限制是保证能源安全和民生用电的关键制度。此项制度事关社会公平和重大公共利益，不能仅仅通过价格手段进行调控，因为"矿场"可以通过支付高昂的电价去谋取"挖矿"的利润，我们也必须考虑《中华人民共和国电力法》（以下简称《电力法》）中对用电的优先性要求和公共利益的其他需要。例如，《电力法》第49条规定："县级以上地方人民政府及其经济综合主管部门在安排用电指标时，应当保证农业和农村用电的适当比例，优先保证农村排涝、抗旱和农业季节性生产用电。电力企业应当执行前款的用电安排，不得减少农业和农村用电指标。"除了保证这些明确的优先指标外，国家也应该在制定《电力法》第14条所要求的电力发展规划和电力产业政策时适当平衡区块链发展的需要与社会民生用电、其他产业用电的合理需求，对部分有重要战略意义的区块链提供专门的电力支持，通过合理的规划适度利用发电站的剩余电力，但同时也在制定明确的规划、政策的前提下，对其用电作出符合比例原则的限制。此外，国家还可以基于资源节约的考虑，主动、积极地发展和支持基于POS或DPOS等其他工作证明机制的区块链平台，并规定一定的初始节点结构，既避免过度消耗能源，又避免众多有权节点的实际垄断者制造"去中心化"的假象；甚至基于国家信用主动实现共识机制的部分中心化，建立国家有权节点直接提供部分工作证明和私人节点提供多元工作证明的合作机制，不受所谓"去中心化"理念的刻板束缚，最大限度地平衡效率与安全的要求。

（三）智能合约的法律保护机制

区块链最重要的衍生应用是智能合约（smart contract）。根据《参考架构》2.2.6，智能合约是指"以数字形式定义的能够自动执行条款的合约"；而在区块链技术领域，智能合约是指"基于预定事件触发、篡改、自动执行的计算机程序"。智能合约本质上是一段自动执行的代码，满足一定的外界条件后自动执行。智能合约本身的存在一定程度上依赖于数据标准化和网络爬虫或其他工具自动抓取数据的功能（通过自动状态机完成），如果需要人工辅助认证数据或条件，那么不能称为严格意义上的智能合约。使用智能合约进行的交易，需要交易双方均认可智能合约的代码，这是需要专业能力的。根据我国当前阶段的国情，在智能合约从IT、金融等专业界别向全社会发展的同时，引入法律保护机制非常必要，其中，最重要的是防欺诈机制和容错机制的引入。

在未来，智能合约有可能成为社会管理和社会生活的基本工具之一。智能合约本身是有区块链技术作为信任机制的，但其对应的自然语言界面尚需要解决信任问题；对于非专业人士使用智能合约的需求而言，防欺诈机制是非常重要的法律保护措施。非专业人士无法充分理解代码、算法或数据结构，但能够阅读正常的文字说明。因此，有必要引入文字说明责任机制，并将说明本身整合到区块链中，要求智能合约平台的应用开发者面向不特定用户开放使用时必须取得一定的经营资质，并且在用户使用智能合约时提供清晰、完整的文字说明，并对因文字说明模糊、错误或缺失而造成的后果负法律责任。

同时，标准化的智能合约也需要容错性质的特别防御机制。合约（尤其是涉及大资金的众筹项目）在设计时一旦对自身的漏洞没有充分的估计和防御，遭受黑客攻击的后果可能是灾难性的（如著名的以太坊DAO项目受攻击事件）。不仅如此，每次交易均广播于区块链的智能合约受信任水平较高，但由于区块链确认速度和区块大小的限制，为了加快交易的进行，很多交易在最终结算以前是通过闪电网络（lightning network）等链外机制进行，而闪电网络（以及一些暂时存放交易资金的"热钱包"）本身的安全是缺乏区块链技术作为保障的；它也很大程度上冲击了区块链技术所宣称的"去中心化"特征，理论上不需要全网过半算力就可以攻击闪电网络。目前，这些智能合约基本上是在专业界别运行，一旦扩展至全社会，在某些涉及重要公共利益或可能引发较大社会风险的项目上，就必须有强有力的容错设计，立法上也有必要对此提供一定的强制性防御和应急处理措施；特别是针对"闪电网络"等各种不直接、立即向区块链广播的交易中间过程，应当有补充性的第三方记录、备份和追踪机制，防止篡改交易数据、转移非法所得。

此外，国家也有必要根据智能合约的特性，考虑专门的合同法原则和规则，特别是对合同类型的界定以及对欺诈、重大误解、显失公平等标准在智能合约中的应用作出指引性的规定，并且防止利用智能合约的形式实施违反国家强制性规定的交易或进行实质上的赌博等违法犯罪活动。

(四) 数字代币交易的规制与保护

数字代币的发行带来了大量的法律问题。首先,数字代币的发行量、发行种类和交易规则都是由私人设定的,彼此之间也没有协调,许多数字代币的涨跌幅波动均相当剧烈,有可能给国家的金融和外汇带来巨大的冲击,如果完全不加以法律约束,数字代币有可能直接冲击法定货币的地位,影响市场的货币供应量、流通速度和汇率等,从而影响国家金融安全和宏观调控的效果。其次,数字代币的持有和交易是匿名化的,其来源和去向也不易被追踪,可能成为敲诈勒索、洗钱和其他刑事犯罪的助力,此前曾发生的黑客锁定手机勒索比特币事件就是一例。再次,数字代币的税收问题也值得关注,买卖和持有数字代币所产生的收益,应当按照何种类别进行征税?对去中心化的交易平台及"矿工"获得的币又如何征税?这是值得研讨的问题。不仅如此,交易平台本身的可信任性也成为问题,大多数参与购买代币的投资者并不熟悉直接交易的规则,遂通过交易平台进行交易,但交易平台本身并不是区块链或智能合约的一部分,容易引发新的违约问题和失信风险。最后,这些数字代币还可能进一步衍生出相关的金融衍生品交易(如数字代币期货),需要进行金融衍生品交易的规制。

我国法治实践中已经遭遇了数字代币的一些问题。2013 年,中国人民银行等五部委就发布了《中国人民银行、工业和信息化部、中国银行业监督管理委员会、中国证券监督管理委员会、中国保险监督管理委员会关于防范比特币风险的通知》(银发〔2013〕289 号),该通知第 1 条就明确,比特币"不是由货币当局发行,不具有法偿性与强制性等货币属性,并不是真正意义的货币。从性质上看,比特币应当是一种特定的虚拟商品,不具有与货币等同的法律地位,不能且不应作为货币在市场上流通使用",并在第 2、3 条明确要求"各金融机构和支付机构不得开展与比特币相关的业务""加强对比特币互联网站的管理"等。2017 年,中国人民银行等七部委又发布了《中国人民银行、中央网信办、工业和信息化部、工商总局、银监会、证监会、保监会关于防范代币发行融资风险的公告》,该公告第 1 条指出代币"本质上是一种未经批准非法公开融资的行为,涉嫌非法发售代币票券、非法发行证券以及非法集资、金融诈骗、传销等违法犯罪活动",禁止代币融资交易平台开展法定货币与代币、"虚拟货币"相互之间的兑换业务及部分相关业务。同年，司法裁判中也出现了有关比特币借贷的较为复杂的案件。2018年初，中国人民银行又发布了《关于开展为非法虚拟货币交易提供支付服务自查整改工作的通知》等文件，进一步加强了对非法虚拟货币交易的打击。伴随区块链而出现的代币发行、交易与其他民事活动正日益引起监管层的注意。在世界各国不断承认数字代币及其交易的合法性的整体趋势下，我国应当如何抢占数字金融秩序全球主导权、激发金融和经济活力，又应当如何防范金融风险和相关社会风险的发生，仍然未有立法或学理层面上的定论；相关问题非常复杂而专业，涉及金融、网信、公安、外汇、税务、工商等多个领域，需要国家在立法层面进行统筹处理，既引导数字代币和数字货币在法治的轨道内发展，又限制其负外部性的影响。

此外，数字代币或货币的交易、支付（转移）与储存平台容易受到黑客的攻击，虽然我国目前已经禁止了非法的数字代币交易平台，但不排除未来可能出现合法的存储、交易与支付平台。如何限定交易平台的运营条件与技术资质、如何保障这些平台的安全，也需要提前进行试验性的制度布局与规则设计。

（五）个人隐私的保护

区块链的信息不能被篡改和删除，一旦有用户发布（甚至是匿名发布）有关个人隐私的信息，区块被确认后将进入被保护的分布式存储状态，相关信息将被散布于全网，引发不可逆的损失。部分区块链平台在设计时，或许是出于对防篡改特性的信心，未考虑设定审核信息发布和删除人为传播或误传的隐私信息的机制，这就使得隐私保护成为区块链发展中必须解决的难题。显而易见，如果没有强有力的外部管制或救济，区块链和数字代币系统自身没有动力去解决这个问题；着手解决这一问题，又需要在技术上不损害区块链的防篡改特性、去中心化特性，不至于对整个区块甚至整个链条产生破坏，这就需要技术防御机制和人为干预机制的结合。

以上种种问题实际上已经超出了传统治理模式的能力范围，对区块链的规制必须从"技术行政法机制"和传统行政法机制两方面同时着手，而这正是传统公法所未具备的内容——将法律的界面从大体上基于自然语言系统发展出来的规范语言向人工语言系统扩展，并且建立人类行为规范和代码两个层面的规制结构。

五、深层思考：区块链与双层规制结构

从人类行为规范和代码两个层面对区块链进行规制之必要性，深植于区块链的深层法理内涵之中。

区块链不仅仅是一个技术性的项目，更是一种凝聚了参与各方共识、包含基础约定的平台。区块链平台可以登记和认证身份、生成和积累信誉、记录和传输信息、开发和运行程序、设计和执行交易、进行投票和选举，可以对匿名化的虚拟社会进行记录和编码，并使得所有参与者都在同一套共识机制下进行工作和交流，而且拥有彻底的"基于数字的治理"的技艺。因此，甚至有人已经提出了"区块链宪法"和"比特国"（bitnation）的主张，并建立了相关网站。由此看来，区块链实际上是网络主体在虚拟空间订立基础约定的一种行为，这种基础约定尽管不能在严格的意义上被称为"社会契约"或者"宪法"，但也有着创建规范处境的意味。"一切法都是处境法"（situationsrecht），区块链创造者生成了某种类似于规范处境的基本规则和交往平台，也进而为区块链内部的各种后续活动奠定了最基本的制度共识及准则。从这个意义上看，部分区块链的创造在某种程度上类似于在虚拟空间中"制宪"，区块链的白皮书（或类似的宣言）相当于它的"宪法"；随着区块链所承载的网络社会功能越来越丰富，白皮书中的基本规则就越来越显示出它对平台内部有如根本法一般的约束力。当然，在虚拟空间中，一个主体也可以创建、参与或退出多个区块链、多重技术约定，但每一个公有链在诞生之时就被期望共享、开放、制度化地持续运行下去，每一个平台上的各种后续行为又都是在遵守其基本规则的基础上实施的，一般不会发生基本规则变更的情况。

不仅如此，主要区块链的基本规则都是以白皮书或论文的方式公开的，其中的"根本法"同时是以清楚无误的形式由计算机程序予以表达和执行的。这种由程序表达和执行的基础秩序还有一种"平行多中心治理"（polycentric governance）的鲜明特征，遵循着埃莉诺·奥斯特罗姆（Elinor Ostrom）为公共池塘资源（Common Pool Resource, CPR）治理所设计的若干原则。如果人类社会未来的信息化程度进一步加深，如果信息社会的宪法形态不同于传统社会的宪法形态，区块链的白皮书将能很好地弥补公法学传统理论在想象力和视野方面的不足，并且提供大量的实践经验以资参考。

这种"社会契约"并非是以参与者们转移全部力量或权利为基础而建立的自治性协定，参与者们并没有放弃他们在网络上的其他权利或力量，只是在区块链平台内遵守共同的基本规则。无论是以算力为基础的 POW、以资产为基础的 POS、以资产和选票为基础的 DPOS 或者其他算法，都可以被看作是网络平台自治形式的一种尝试。由于程序和算法保证了相关的"权利义务"在区块链上被自动执行，这种自治形式似乎不需要任何形态的法律承认，而在虚拟空间中自成一体。这对于我们的法律体系而言是一个相当陌生的事物。

无论是公司、社会组织、基层自治组织还是其他原本私人自治色彩较为浓厚的领域，现代法律都对其进行干预以保障各方的合法权益和公共利益的实现，但是区块链平台不仅自行生成了跨国界的"规范处境"，其中的参与者还很少呼吁法律的介入，甚至部分项目——例如，以太坊著名的众筹项目 DAO（Distributed Autonomous Organization，分布式自治组织）本身就是以自治性的理念构建的智能合约秩序。在这个空间中，计算机代码代替了法律，程序代替了执行者，处罚、许可、强制、奖励与给付都隐含在代码之中，严格界定和精确赋值的各种变量代替了所谓的"不确定法律概念"，裁量问题则几乎不存在，除需要保密并且依照预先公布的规则加密的私人信息外，要求数据尽可能地公开透明。每一条区块链就是一个从零开始塑造的基础约定，这可以被视为某种逻辑严密、作用恒定的"不完全社会契约"，它无意于结束战争状态或汇集自然权利，只集中了部分算力和资本，却不仅可以承担相当丰富的社会服务，还可以确认事实、界定平台内的权利和义务、（自动地）作出裁断并"铁面无私"地执行奖励与处罚。当然，参与者在区块链之间可以自由选择和迁徙，这种"千高原"式的虚拟契约性平台正日益构成网络世界的真实影像。它们拥有不同于现实世界的运作机制和内在逻辑，在凝聚共识的同时，最大限度地保持了结构化的自由选项以及在各种平台之外可能被称为"代码剩余空间"的个人自由——在基础约定和平台应用不断扩展的未来，整个网络空间剩余的个人自由，除去严格结构化、程序化的选项以外，就是在既定代码体系以外未被定义和调用的各种潜在变量、函数。随着线下数据的不断采集、日益标准化，线上的数据不断汇集、日益结构化，个人在其中也日益呈现出一种格式化的面孔。在这个意义上，"不完全社会契约"虽然不要求我们转让全部的（网络）自然权利与力量，但定义了我们的有效行动方式和能力，并且排除了自治代码体系以外的内容。它本身基本上是自我定义、自发运行的，除非遇到重大危机或障碍，项目方不会对区块链作人为的干预（如人为启动硬分叉或升级模块）。

在这种前提下，对区块链的规制措施必须从技术防御和人为干预两个渠道同时着手，同时通过"纸面法"和"代码法"，才能有效治理这一新的秩序空间。这是因为：首先，区块链作为一种技术平台，在项目建立以后在全球范围内运行所面临的各种风险，有可能远远超出建立项目之时的预估，对风险的控制很大程度上并不依赖于人的决断，而依赖于预设的代码和程序、依赖于基础约定的内容；它所建构的秩序具有整体性和自治性，完全采取人为干预的方式进行管制，将可能完全破坏或否定这一整体，从而构成不成比例的干预。其次，区块链技术平台的代码中通常只包含了一些协商式或网络表决的治理规则，有最基本的自治功能，却很少有包含能够处理紧急状态的决断机制——尤其是对其外部风险而非内部问题的决断规则，这就更需要承受外部风险的国家与社会保留对区块链相关活动的最后控制权，而人又必须通过代码去控制区块链平台内部的活动。最后，区块链平台往往是通过预设的代码和程序跨国界、全球化持续不停运行的，与一国内部的宪法和法律并不在同一个逻辑维度上，主权国家基于人类行为规范进行的规制未必能够起到最佳的效果；但是，区块链在本国内部的运行需要通过一定的节点和程序进行，对这些节点和程序进行监控并设立若干基于计算机程序的自动防御机制是可行的，而这些防御程序也需要针对基础约定的特性进行兼容性设计；在未来，随着区块链技术的进一步推广和深化，为了防止滥用防御程序而过度限制正常的社会经济生活，还需要有针对防御程序本身的原则和规则约束。从更具操作性的层面上，对于这种特殊的自治空间和未来生活形态，我们的法律或许需要对如下几点作出回应：

第一，允许区块链在一定范围内存在和发展，但需要预判和限制其外部风险的发生，并保留应急干预措施。在防御机制完备的情形下，单纯就区块链的内部事务（在平台上开发的其他应用除外）而言，它们确实已经由自动运行的程序和规则维护起来，所有参与者预先知晓整套规则（至少是有条件并且被假定预先知晓整套规则）并自由选择加入，其内部事务一般不需要国家的积极干预；法律主要需要应对的是区块链运行给国家金融秩序、外汇管理制度、能源安全、网络主权等带来的外部性，在进行周密观察、适度调控的同时，为区块链的发展留出充分的空间，允许区块链自己生成和维护有活力的内部秩序（从中或许还能获得应对社会经济新问题的重要灵感），但保留对非法迅速聚集和转移财富、利用分布式计算运行恶意程序、大规模泄露商业秘密或隐私信息等极端情形的防御程序系统和应急处置手段。对于部分功能重要但潜在风险巨大的区块链，法律还可以从代码层面要求配置强制性的内部风控程序模块或设置特定的仲裁节点。从更深远的意义上看，"去中心化"和网络共治的理想背后也隐含着算力资源所有者或集中持币者在"不完全社会契约"背后的更大治理权力及网络自治理想，必须防范这种权力可能对中心化的国家主权（尤其是金融主权和网络主权）产生的侵蚀。但是，即使我们需要对代币发行和集中交易平台采取严厉的限制措施，也应为区块链的其他激励手段和建设方式留下必要的空间，使我国在应用以太坊（ethereum）等国际上较为成型的区块链的同时，也有效地促进本土区块链（尤其是公有链）体系的建设和发展。

第二，维护区块链的竞争发展平台，有条件地保障多种公有链的竞争、开放和持续运行。由于区块链依赖于公开的基础约定，为了保证其运行的稳定性和社会信用，项目方一般很少主动、积极地进行规则的调整；外部竞争和优胜劣汰而非内部治理将成为区块链的生命力之源。现有的各种公有链虽然已经发展了近十年，但相对于人类历史所允许区块链达到的高度而言，仍处于最初始的阶段，只有自由竞争能够让区块链有丰沛的生命力，也才能发展我国自身有足够竞争力和可靠性的区块链体系。鉴于监管制度的路径依赖和区块链的各种外部性，在未来的中国，对区块链的全面监管是必然的，但应当从法律层面明确建立创设区块链、发行代币、进行法币交易和币币交易、创设智能合约等方面的实体法规则和监管程序制度。我们有必要建立区块链备案登记、实时数据监测、异常动态预警和结构性风险提示制度，对部分全国范围内承担特殊职能的公有链还可以实行特别许可制度，但应尽可能地在区块链相关风险传递的逻辑结构中，通过有效的风险评估和计算机程序设计，使监管措施实现精准后置。在风险即将发生之前的节点预设应急程序、紧急控制措施和法律责任机制，既可以避免过度的事前审批监督，又不至于令风险实际发生乃至迅速扩大。

第三，发展多层次、多类型的区块链体系，保证平台供给能够满足多元化的社会需求，在此基础上构建和完善区块链共识，构筑整个网络社会的多元化基本约定体系。区块链不应当仅仅是发行代币的公有链，也应当包括不发行代币的私有链和各种联盟链；既包括商业性质的区块链，也包括公益性质的区块链，并鼓励符合一定条件的区块链之间通过实行预先约定的、不损害商业秘密和个人隐私的数据交换、验证或整合，形成数据记录群，推动大数据战略的实施。通过一定的制度保障联盟链、私有链与"私有云"的安全结合，这也是推动云计算发展的有益基础。

第四，由政府主导建设公立的若干区块链，强化社会信任体系建设，动员各种社会力量参与区块链运行，也防止过度地由资本和算力界定网络空间的权力。此种公立区块链不仅仅是用于社会公共生活信息的记录和数字货币的发行，更重要的是以公立的公有链融合全社会的参与，增强虚拟空间中的公民意识和社会的凝聚力。公民并不仅仅是被动地卷入区块链技术及其应用之潮流，也可以通过自身参与记录来获得计算资源、发展区块链平台。但是，这要求我们对区块链的机制设计进行重大革新。因为资源和算力的失衡以及众多黑客技术的存在，通过计算机系统进行确认、记账而取得收益的行为很容易被少数参与者垄断，易言之，区块链平台所缔造的"不完全社会契约"是一个很容易产生巨大非法赢家的"不平衡社会契约"。对此，就未来一些与公共利益关系密切的区块链项目而言，我们既可以通过一定条件下和一定范围内的反匿名化手段改造参与者的行为结构，也可以直接改造收益结构；既可以从技术规范上通过有编码、可追踪、可控制的数字货币对单一IP地址或网络账户进行一定时段内有额度限制的支付以避免造假者、攻击者迅速获取和转换收益，也可以通过发放边际效用递减的物品或者具有人身专属性质的福利待遇对真正分散的记录行为进行激励，避免收益和资源在公立区块链平台的过度集中，也为即将到来的人工智能时代中收入水平处于平均线以下的人群增加收入、服务社会提供新的途径。更重要的是，这有利于形塑一种新的公民精神，使公民在技术创新的浪潮中能够及时形成与技术发展趋势相符的社会精神与行动能力，也避免区块链沦为资本与代码逐利的游戏，使其可以在智能合约和数字代币等传统功能以外承载更丰富的社会意义。

六、结语

区块链对网络内外的影响均是深远的。它是一个重塑信任机制的平台，以信任为纽带、以激励增进信任的工作为核心机制，带来了智能合约、数字代币以及其他系列衍生应用，正在逐步释放巨大的潜能。区块链所隐含的巨大经济利益、较高技术含量和错综复杂的外部性问题，使系统性、针对性的法治化进程显得尤为必要。在这一过程中，我们需要认识和扩展区块链所蕴含的潜在规范价值,为这一兼具价值性与技术性的代码平台在新时代的社会与经济发展中发挥促进作用奠定法律制度的基石。

结构耦合与关系纲要：刑法与科技思辨

刘 涛*

当代刑事司法难免会遭遇科学技术对法律程序与实体的"质疑"，科学技术作为现代社会生产社会知识的系统，也不免和同样产生社会事实与意义构建的刑事法体系产生互动乃至冲突。在社会功能演化的背景下，无论是刑法还是科技都无法完全排斥对方的理性和逻辑，两者处于共生的状态。本文试图以系统论为框架，对两者间的这种共生状态及其演化趋势进行初步阐明，并借此企盼学术同仁予以商榷和批判。

一、概念与认知的自我生成：法律与科技结构耦合的前提

科学并不是定义外部世界与社会真实的唯一权威。科学系统依赖的是对科学研究真或非真的判断，是对预设进行数据检验的系统运作过程。科技系统的构建（认识论）以其假设为基础，并且建立在其系统内部证成这种假设的能力之上。从系统运作封闭的视角来看，科技系统的自我演化并不是通过对处于系统外部的真理进行"发现"的结果。科学观察以自身的概念体系（concepts）展开。这并不是说科技系统的沟通仅仅以概念构成，而是表明，科技从一般性的社会沟通中分化出来，依靠的是其特有的概念体系。通过对概念的二阶观察，与法教义学相似，基于概念的融贯性与一致性在科技系统中逐渐形成。基于概念自我指涉形成的沟通，科学沟通因此也无法避免一种悖论，从而也就无法声称自身具有超越社会系统的价值和意义。科技系统不能成为现代社会宗教的替代品。

进一步而言，因为同为封闭的社会沟通系统，科技沟通并不能够直接"介入"刑法体系的运作。正如托依布纳所言，我们应当将法律系统

---

* 作者单位：南京师范大学法学院。

对真实的构建与科技系统对真实的构建看成是具有竞争性的社会语义。刑法在确认某项法律运作（立法或司法）时，其无法像自然科学一般，透过实验数据进行客观的验证以及量化呈现。刑法运作在方法上需要借助抽象价值与规范目的的辩证过程。在系统理论下，两者之间需要解决的是兼容以及托依布纳所言的互相理解与认知（mutual learning）。

不过，系统论上的社会诸领域的互相理解和认知并不是建立在一种实体性的规范认同上，也就是说，在科技系统与刑法体系之上并不存在一个共同的基础规范或价值引导。现代社会的系统间的协同机制通过"程序的制度化"（institutitonalization of procedures）达成。这种制度化的合法性并不在各个系统中达成价值共识，程序只要求最低限度的运作条件。刑事司法裁判的最终结论在程序化制度的搭建过程中将不可能在事前得到明确的预测。不过，也正是这种不确定性增加了参与诉讼各方对程序性制度的认可。另外一方面，程序化下的合法性认同，则可以减少互为环境的科技与法律的互相"敌视"。

即使有了程序性的制度构建，刑法系统与科技系统间的耦合所具有的高度的选择性、偶在性也依然无法消除。也就是说，我们无法在事前清楚，在何种具体的情况下，科技会影响刑法正当性与刑法理性等的构建。在法律职业者看来，科学知识可能对解决刑事司法问题并无助益，但也有可能对刑法体系的认知活动产生影响。甚至，正如卢曼所言，在常规司法案件中，科技的介入不是有助于减少，而是增加了审判的不确定性。

在波斯纳看来，法律与科技的冲突在当下越来越凸显，而其症结在于科学技术的发展脚步已经大大领先于法律教义理论的更新速度。这给所有的法律，特别是司法实践者带来了巨大的冲击。对司法而言，一个重大的挑战在于：基于快速的科学技术发展，如何更加理性地改造并适用那些明显已经过时的法律理论和教义。我们将结合刑法运作中存在的与科技系统进行互动的例证对波斯纳提出的疑问和担忧作出系统理论的回答，从而来分析和判断刑法教义理论是否如其所言——在刑事司法实践中已经不能满足社会科技的进步。以及，如果这种状态得到证实，我们是否需要通过对刑事司法系统进行改造来满足社会的需求？刑事司法是否应当以科学技术进行重构？

二、刑事司法中的专家证据

引起我们关注的是刑事司法中的专家运用。信息收集在法律过程中的不完整性以及案件事实的多样性决定了法律执业者在工作中需要求助专业领域的专家学者帮助其在有限的时间和证据条件下，建立起对案件事实的认知。在一些案件中，获取专家证言甚至是法律的强制规定。尽管作证专家的意见有可能并不能够得到所属研究领域的一致认同，而且专家并不是利益中立的裁判者，相反是有着鲜明个体、集体（所服务的机构）或行业利益倾向的职业人，但是作为法律工作的辅助者，同其他证据规则的践行者一样，专家运用也是保证司法过程稳步向前推进中一种"无奈的妥协"。但是，这种"无奈的妥协"在实践中似乎已经成为一种"妥协下的失败"。

我们来看一看科学证据在刑事实践中的应用。其中较为著名的例证是美国刑事司法中的道伯特规则（Daubert Rule）。这一规则是美国联邦最高法院对科技证据进入法律程序的认证规则。在此规则下，法官有权决定是否将"科技证据"呈献给陪审团。所谓的科技证据必须满足相关性与可靠性（relevance and reliability）条件，这一条件要求法官必须保证专家证词与待证事项具有相关性，并且这种相关性是建立在可靠的基础之上的。科技证据与专家证言证词必须使用科学的方法（scientific method）作证。而科学的方法被认定为建立假设，并在假设的基础上进行验证，由此来证成或证伪其假设。且用科学方式作证得出的结论只能是非决定性的（nondeteministic）、非排他性的（non-exclusive）、有弹性的（flexible）有关一般性问题和事实的观察。科学方法得出的结论意味着这种结论是可以证伪的、可以被推翻的并且是经过同行检验的（peer-reviewd）。

不过，有关的研究表明，这一司法规则并没有在司法实践中得到严格遵循。即使是在那些被称为是简单和常规类型的案件中，道伯特规则也被弃而不用。法官对专家证言的接纳在实践中并非以科技领域的实证与同行标准为导向，从而经常接受和认定那些在专业领域看来充满疑问的专家证言证词。有实证研究表明，无论是检方还是辩方在挑选专家作证的过程中都存在偏向，而这种偏向无疑也会影响科技证词在刑事司法过程中的呈现方式和效力。

道伯特规则的流变乃至弃用说明了在刑事司法中呈现"科技真相"

的困难。在系统理论之下，我们认为这是由于刑事司法程序的运作的时间、事实与社会维度与科技系统存在明显区分。

刑事司法对证据的认定时间相对于日常科研环境中所允许的时间大大缩短；作证的专家面对的是对所证事项没有太多基础性理论知识的对象（法官和陪审团）；专家在法庭的作证方式也和其科研方式很不相同，即使是对书面证言证词，刑事司法程序也提出了相较于一般科研更多的限制。刑事司法与科学研究在上述话语呈现（discourse presentation）上的不同使得任何进入刑事司法程序作证的专家必须根据司法的维度对所要陈述的待证事项进行必要的浓缩（over-simplification），而且必须遵守法律的程序规则。

因此，由于系统在时间、事实与社会维度上的差异，我们应当谨慎对待专家证言。这也是我国刑事司法的立场。我国刑事诉讼法虽然也有专家证人出庭的相关规定，但是从专家证人出庭的申请、鉴定和检验的案件证据和事实内容，以及专家证言的效力来看，我国对专家证人证言还是持较为谨慎的态度。例如，《最高人民法院关于适用〈中华人民共和国刑事诉讼法〉的解释》（以下简称《刑诉法解释》）第100条第1款规定，因无鉴定机构，或者根据法律、司法解释的规定，指派、聘请有专门知识的人就案件的专门性问题出具的报告，可以作为证据使用。在美国刑事诉讼中，"被害妇女综合征"，即受到家暴的妇女的科学证据，在刑事辩护中，也只能说明特定妇女在受到长期家庭暴力的情况下，在面对未来可能出现的严重暴力的假设下，可能存在的心理状态。这种专家证据不能作为判定正当防卫等出罪事由的法定根据，即不能从这些证据中直接推论，妇女在新的家庭暴力出现之前，就对其丈夫采取反击，是一种"法律上"合理的举动。从"法律角度"来看，被害妇女的行为满足了正当防卫的时间与主观要素条件。科学（犯罪学）上的被害人学，是从犯罪现象的互动性入手的，而刑事司法的逻辑是对惩罚的对象作出评价。从中可以看到，专家证人证言只具有补充法定证据的效力，而且不可以作为定罪量刑的依据使用。

不过，法院也可以依职权聘请专家证人，这在一定程度上解决了法官审理中面临的技术难题，但是专家证人证言也仅仅是一种"信息"，而不可能成为司法过程的决策前提，也就是自我指涉沟通的组成部分。且从相关法院对法律和司法解释的适用情况来看，专家证人不能对超出鉴定意见或与案件处理无关的问题进行解答。我国司法系统对专家证言较为保守的态度在一定程度上对于保护诉讼参与人不受经过裁剪的专业知识误导起到了关键作用,因此,是值得赞赏的。

三、刑事司法鉴定的困境

科技系统与刑事司法更为日常的接触体现在司法鉴定中。对案件立案、侦查、起诉乃至最终的审判与执行,都有司法鉴定的参与。在我国刑事司法中,司法鉴定带来了大量的上访案件。上访案件可以被视为科技系统与刑事司法系统结构耦合过程中产生的"失败"例证。

一方面,当前我国的司法鉴定确实存在腐败和滥用职权问题,从而破坏了司法鉴定中运用科技话语和手段进行证据鉴定的效力,更使得当事人(包括被害人及其家属以及被告人)对鉴定过程和结论产生怀疑,进而引发对司法过程的信任危机。这种"不信任"一旦形成,想要通过司法的救济予以弥补将非常困难,而且还会带来系统性的影响,产生殃及效果。例如,有的案件中,死者由于自身心脏病死亡,家属甚至也认同鉴定意见,不过由于上访思维"惯性",为了得到大笔赔偿,当事人家属不断上访。重复、越级、暴力上访乃至牟利性上访也就不难理解了。进而,司法系统也会对上访群体所表现出来的理性产生怀疑(甚至质疑其精神状态),并产生恶劣的截访等情况。

另一方面,即使不存在腐败问题,司法鉴定由于内嵌于刑事司法体系中,因此,也会产生和专家证言相似的对科学事实的简化问题。也就是说,在法律系统中的"鉴定"已经不再以科学系统的运作逻辑呈现。这一问题不仅仅存在于我国刑事司法中。

正如相关判例所述,没有相关专业医学知识,任何法官或者陪审团都无法建立起合理的标准判断事实。但是,医学研究无法直接进入刑事司法系统。以谋杀案件为例,行为人的行为在刑法上被一系列的法律系统流程、程序和关系包裹,医学语义不可能成为主导的话语。在刑事司法中与在医学沟通中,杀人案件的意义是不同的。法律将杀人行为构建为一种非法行为,通过侦查、起诉、审判沟通去完成对案件事实的构建与规范的价值判断;医学上对杀人案件的分析则不是,或主要不是为了解决规范上的"归责"问题,而是将杀人行为看成具有医学证据的事件(杀伤的程度、解剖学意义上的砍杀部位)。

这些医学语义在传统刑法理论中通常被视为"描述性"的构成要件要素,也就是不需要进行"价值判断"。但是,在系统理论看来,有关行为人伤害的"事实"判断,已经是刑事司法系统的沟通,而非一种具有医学语义的沟通。因此，也可以认为刑事司法中的概念，即使与医学上的概念在用语上吻合，但是其已经是一种"规范性"，而非"描述性"的构建。

刑事鉴定中的另一个例证也可以说明：刑法中的"精神病"受到医学（心理学）意义上的"精神病"概念的影响，但是，正如美国最高法院判例所指出的，这两种有关精神病的概念——由于刑法运作和医学运作对个体责任与个体能力的评判标准存在差异——"存在本质区别"。美国刑事法实践中，精神病抗辩事由在20世纪的剧烈变动，甚至被个案影响、左右的标准变动，也在一定程度上说明，医学标准的演进，并不能直接促动罪责阻却的发展。

我们还可以通过一个案例来具体说明系统理论的上述观点。在一起追打小偷进而造成其死亡的案件裁判中，有这样一段话："法院审理后认为，对于谭某的行为与许某某的死亡后果之间是否存在因果关系的问题，根据法医鉴定，许某某的死因是自身疾病引发脑血管破裂导致的脑出血，许某某患有高血压等疾病是主因，其他外界因素是诱因，即许某某的死亡是主因与多种诱因共同作用的结果。鉴定人认为外伤作用导致许某某头部剧烈摇摆从而使血管受到一定程度的牵拉，是许某某脑血管破裂的诱因之一。从案发的情况来看，许某某原本在正常行走，遭到谭某殴打后倒地不起直至死亡，正是谭某的暴力行为导致许某某的身体产生应激反应，诱发许某某病情骤变而死亡。因此，谭某的行为与许某某死亡结果之间具有刑法上的因果关系。"

这段看似是根据"科学鉴定"的案件说理并非是科学研究意义上对死亡结果的"沟通"，其最终的论证目的在于确定行为人的刑事责任。对于物理性的"牵拉"行为，法院并非将其看作一种身体动作的"描述"，而是对其赋予了价值判断。在事实的认定中，并非不存在规范的语言。例如，在上文所述案件中，法院就认为许某某偷水果并逃跑的行为是"正常行走"，而不是"逃跑"，因此，也就在规范上潜在地否定了谭某追击的合法性。虽然在对"法律问题"的阐释中，法院对正当防卫的限度进行了说明，但是在一定程度上，事实的认定，也就是司法过程对医学鉴定的重述，决定了行为人责任的认定。在"因果关系异常介入"的刑法教义学中，医学鉴定仅仅是判断行为人责任的一种信息，医学上的因果关系不同于刑法上的因果关系。医学的科学话语和逻辑在此"服务"于刑事审判。这也是为什么我们将这些医学伤情鉴定称为"司法"鉴定，而非临床诊断。

四、关系性纲要：破解司法中科学认知的难题

通过上述例证我们发现，波斯纳所认为的司法面对科学技术的"滞后性"在一定程度上是刑法体系自我指涉效果的体现，两者并不需要在系统沟通的事实、社会以及时间维度上保持一致。现代社会的功能分化产生并容纳这些系统间的差异。但与此同时，我们又不能忽视波斯纳观察到的司法困境。如果刑事司法在运作的过程中，在面对高度复杂的技术性问题时在认知上保持封闭，那么司法活动的社会认同也会成为问题。如何建立两种系统可靠且稳定的结构耦合是现代刑事司法，而非仅仅我国司法体系所面临的难题。

突破现有的证据认定框架和诉讼两造的对抗模式，则是建立系统间结构耦合的可行途径之一。法官不仅应当承担中立裁判的角色，而且作为认知开放的刑法体系的行动者，法官应当主动学习，在必要的情况下，应当引入法庭的独立证人。在信息时代，法官也可以运用互联网等手段自主对待证事项进行认知和学习。当然，为了保证司法过程的中立性和公开性，上述由法官和法庭独立展开的针对待证事实的调查应当向控诉两方公开。在诉讼对抗中建立双方，乃至三方的合作平台。在这个意义上，对"当事人进行主义""法院消极中立"等理论或原则，应当持谨慎态度。在我国，《中华人民共和国刑事诉讼法》（以下简称《刑事诉讼法》）及相关司法解释，特别是申请调查取证权，为这种结构耦合的构建和发展提供了规范支撑与制度支撑。实践中，完全可以在保证诉讼程序公平性的前提下，扩展法院依职权调查取证的范围、扩大适用的频率。比如，与科技创新紧密相关的知识产权司法审判中，依职权调取证据就和权利实现紧密相连。在近年来此领域审判的纲领性文件《关于加强知识产权审判领域改革创新若干问题的意见》第2条"完善知识产权诉讼制度"第1款中，便强调"发挥专家辅助人作用，适当加大人民法院依职权调查取证力度……适当减轻权利人举证负担……"。当然，除了依职权取证，"组织"这种社会沟通形式，在构建不同系统之间稳定结构耦合上也发挥着关键的作用。比如，在我国，律协这一组织及其享有的一定国家政策层面的优待，对于律师获取专业证据而言，是具有益处的。

系统理论提出的现代司法的关系性纲要（relational program）构建也对解决科技与法律结构耦合问题具有启发意义。关系性纲要超越系统设定的框架和结构，同全社会范围的"可理解信息的传递"这样一种

日常语言成就相联系。日常语言构成了一种在全社会循环的语言的开放媒介。关系性纲要将法律变成促使各系统自我改变的催化剂，促使系统完成"反思"目标，即成为一种"会学习的法"。

关系性纲要意味着法律不直接进入对各种证据和事件的判断，而是将其交给其他社会系统完成。关系性纲要试图通过建立一般性的程序规范来弥合不同社会子系统间理性的差异。关系性纲要所展现的法律规范不再是禁止和激励（prohibition and incentives），而是"程序性的规制"（procedural regulations）。当然，这并不意味着国家不参与关系性纲要的构建。法院对关系性纲要的构建与决策都要全程参与，以弥补当事人之间信息和经济资源的差异。在关系性纲要中，对于事实的构建采取系统间"合作"的混合沟通模式（hybrid discourse）。不过，上述改造是法律系统内部的构建，因此，最终的判断结构依然通过法律的符码（罪与非罪、合法与非法）呈现。

关系性纲要对于简化当下刑事司法中面临的技术事实的复杂性具有益处。我们通常认为，在控辩双方之间，特别是在庭审的过程中并不存在合作。双方的合作是对双方当事人利益的减损。但是在系统理论看来，刑事司法的过程并无预先设定好的模式，根据社会复杂性的变化和增加，竞争性与对抗性的刑事司法过程对于发现案件事实而言并无益处。将"事实"问题理解为各种系统参与进来的合作，而非当事人之间的对抗，对于司法正义的实现具有益处。关系性纲要也可以避免，或者说至少缩减对刑事司法各个阶段进行监督的成本，而将如何分配参与者的角色与功能作为核心问题对待。关系性纲要的构建也可以理解为一种刑事司法中的"分权"模式，只是这种查证事实中的权力分配，更多强调的是一种对各种社会系统理论的尊重和认知，并且分配事实认定责任的最终目的是实现刑事司法各方的合作。例如，美国通过大陪审团（grand jury）进行的案件与证据审查制度在一定程度上反映了"合作性"的司法模式，打破了专业人员对司法决策的垄断，使得司法与地方性的个体情感与交往方式相联系。"普通法国家的陪审团享有法外开恩的特权，可以置既有法律不顾而径直宣告被告人无罪。这种制度能够使社会在严格遵守法律的同时，避免对不具有可谴责性的被告人进行实际惩罚，成为普通法体系内特殊的救济渠道。"基于系统结构耦合形成的关系性纲要包括法律与科技系统的互动，可以借鉴现有制度进行扩展和创新。面对日益复杂的"技术社会"，面对网络时代的责任认定难题，关系性纲要提出的思路和方法具有广阔的应用前景。

算法规范的社会理论法学研究：回顾与展望

曹勉之[*]

一、数字化的算法：一场范式演变

算法是否可以被称为一种法律呢？算法深刻地影响了人类的日常生活，如果和法律类比，算法也在通过提供法则来建构秩序，算法同时又不必然具有民主性；如果和法律相较，其也可算作现代平等社会的异数。社会生活正在被算法所提供的法则所建构，这种建构的效应我们至今无法清楚地衡量。在最近的几个时代，革命性的技术改变已经改变了人们的日常生活，具有"颠覆性"。人类对于历史和现实，时间和空间的理解也已经随之转变。

众所周知，数字化的全球扩张开始于二战之后，是所谓现代跨国秩序的重要组成部分。数字化影响了人类的价值观塑造，改变了人类的活动半径和生活方式，更成为理解现代生活可能性的重要表征。法律框架中的国家与个人关系、政府与市场关系，都在数字化的背景下不断重构。数字化的颠覆性意义在于，它改变了产业布局，影响了社会结构，塑造了文化心理。比如，苹果公司的电子设备影响了用户对多种设备的认知，谷歌公司的搜索技术改变了用户对搜索结果的期待。

然而，在这个过程里，算法始终是一只黑箱子，我们并不知道这个黑箱子里面如何运作，以及长此以往运作下去的效应如何。托马斯·科尔曼（Thomas H. Cormen）指出，算法可以被认为是"任何定义明确的计算过程，它将一些值或一组值作为输入，并产生一些值或一组值作为输出。因此，算法是将输入转换为输出的一系列计算步骤"（2009）。在数学和计算机领域，算法被定义为一组在相应条件下完成给定任务的

---

[*] 作者单位：上海交通大学法学院。

指令。可以看到，算法的范围本来可以非常广泛，历史也本应更加悠久。与其说算法正在冲击法律，不如说算法早已对法律形成了影响，展开了作用。我们今天强调算法的重要性，不如说是因应数字时代中算法的效应急剧扩张的现实。

数字时代的算法扩张体现在很多个方面。在我们讨论元数据、网络协议与规则、接口代码、服务默认设置的时候，算法都在提供一套如何处理给定数据，根据何种程序处理数据，以及如何产出数据的方案。在这个过程里，社会价值就被悄悄地纳入算法的讨论中，提供数据的人是千差万别的，处理数据的程序设计是因人而异的，识别数据的视角是多种多样的，最终算法本身成了载体，程序员本人成了工具，"别有用心"的政治家、企业家们借助他们的手笔，指数化地扩大影响。

对于系统理论家来说，算法毫无疑问是系统运作的实例。如果算法可以产生期望，而这种期望又是可以通过某种方式加以识别和观察的，那么理解了期望就可以看懂数字化的社会后果。然而，解读期望就不再仅仅需要技术专家的专业知识了，它反而在呼唤更多的法律专家和社会科学家的加入。这是因为，算法无法产生社会规范，而只能提供指令。这里只能通过法律与社会的方式去探究算法的社会影响，并且提供一套足以和程序员竞争的算法研究视角。

为什么外行的算法研究反倒显得格外重要了呢？如我们所察觉到的那样，专家知识的建构受益于人类对知识的分类体系，而这种体系是历史、社会的演化形成的。今天我们所重视的算法知识，并不具有先天的优越地位，而算法知识之外的其他专家知识，同样无法主张其相对于算法更加重要。甚至可以说，知识并不是社会演化的"奇点"，即使算法知识爆炸，也无法通过知识去主张新的社会规范。为此，不妨说算法的发展首先促进了算法法律的发展。这种算法规范的意义在于在社会和技术之间架起桥梁，在不同群体间形成转译。

二、算法发展与算法规范性

以往对算法与法律的研究集中于数字化发展带来的技术创新对后续商业模式的影响。这些技术创新包括超文本传输协议（HTTP）、对等计算（P2P）和区块链技术等。这些技术的发展造就了一系列的新经济形态，如共享经济、区块链和比特币、优步、Airbnb、人工智能。根据凯文·凯利（Kevin Kelly）的说法，这些发展可谓对经济和社会的制度设置和技术配套提出了革命性的要求。

技术创新的一个重要产物是同构于人际网络的市场平台,这些平台汇集讯息,促进沟通,反过来增加了买卖机会,而这个虚拟的网络反过来架空了商业的中间环节,实现了所谓的"没有中间商挣差价"。这样一来,提供市场平台的公司拥有了往往只有民族国家才可以获得的信息,而他们在获取、处理和生产信息能力方面又具有比民族国家更好的前景。这也引发了各种担忧,如国家安全、社会稳定方面,平台公司可以完成过去只有国家才能承担的任务。甚至有观点指出,这种平台公司已经成为新的主权实体,拥有超出政治国家的力量。从经验数据上看,大型平台公司在提供公共服务方面的能力已经超出部分小国的政府,而且由于公司财政方面的更加灵活的筹资方式,跨国公司在可见的未来里拥有超出民族国家的能力并非天方夜谭。

在算法问题研究中,科学家扮演了重要的角色。然而近年来,社会和人文科学的研究者也不甘示弱,引发了一次新的研究爆炸。比如,微软公司的新英格兰研究院近年来一直在汇编算法方面的文献,通过检索可以发现,人文社科学术在算法问题上的研究主题类似,研究方法也缺乏创新。综合来看,遇到的主要问题在于对待数字问题方面的无能为力,即缺乏有效的将算法转化为法则的理论方法。

笔者认为,在社会系统理论的协助下,不妨将规范概念的使用范围扩大到包括技术和其他系统产生的期望上去。这一创新或许将为一个新的研究领域提供条件,即数字化的社会后果。在多元规范性的视角里,规范这个词汇本身可以被作更加广泛的理解。不但通常所谓的法律是一种社会规范,超法律的规范与次法律的规范同样应当被纳入讨论过程中。例如,在我们所熟知的法律多元问题领域,不仅国家法具有规范性,跨国的商事、物流、金融规则同样具有规范性,同样地,俗成的民间法、习惯法和社群习惯也可被纳入规范加以探讨,这样的话,所谓的法律多元就被转化成了多元规范性的问题,没有必要去讨论多元法律如何定于一尊的问题,而应该务实地关注多元法律共存共生所带来的影响。

不仅于此,和传统分化的社会领域可以推导出各自的规范性期望不同,由于绩效指标的存在,不同系统间可以出现类似的规范期望,即算法的期望。算法期望的理论来自于对话语的表演性(performativity,又称施为性)的探索。根据表演性的理论,在自我指涉的层面,仍然可以看到功能系统的表演性和建构性,而这种表演和建构,在不同的社会领域和系统功能间都有所体现。这种"以言行事"的施为性实际上指引出一条反本质论的规范路径，即具有施为性的语言产生规范，而非反过来。如果这样，那么在不同系统里都广泛涌现的"表演"，如经济领域的绩效数字、法律领域的对抗辩论，尤其是算法程序的中立"人格"化的形象，都可以被认为在生产规范期望。

算法期望的提出旨在为算法本身的系统化提供更加坚实的社会基础。如果说算法规范本身可以成为独立的体系，那么算法规范将成为一种与康德意义上的自由意志无关，也与黑格尔意义上的国家强制无关的规范。规范性后果是技术本身所决定的，因为它被技术本身编码，受技术的影响而建构，无论是活生生的自然人，还是没有生命的法人，都无法介入算法本身的规范。技术历史学家梅尔文·克兰茨伯格（Melvin Kranzberg）在他的第一个技术定律中的界定可以用来揭示这个问题，算法既不好，也不坏，更难称得上中立。他在1986年的作品中指出，"技术与社会生态的相互作用过程是这样的：技术发展经常会对环境、社会和人类造成影响，其后果远远超出技术设备和实践本身的直接目的，当被引入不同的背景，或放在不同的情况下，同样的技术可能会产生截然不同的结果"。因此，克兰茨伯格无疑是在暗示，存在一种一阶和二阶规范性。第一个是技术的规范性，它是精确的；而另一个是社会的规范性，则是多元的。正如阿德里安·麦肯齐（Adrian Mackenzie）所指出的那样，"算法选择和强化一种以牺牲其他人为目的的排序"（2006），但这种排序可能不是人类程序员所期望的排序。算法规范是人们所服从的规范；这在很大程度上不在他们的控制之内。它们既不是命令也不是禁止，而是指引或限制。

三、算法规范的法律问题

由此而言，算法规范的两个法律理论问题需要得到重视。其一，算法设计者对算法的专业知识造成了算法构成中的排他性内容，由此将引发对于算法民主性的质疑。设计算法的专业人员并非天使，他们有自己的好恶。无论这些专业人士有着怎样的美好诉求，这种诉求都可能因为主观上的偏颇而遭到批评和反对，进而造成对算法本身的质疑。其二，算法的运作还应当处理好公正问题，因为进入算法机会的不平等可能造成消费者和商业体关系的不平衡。在大众媒体施加影响的条件下，消费者的选择并非主观能动的结果，而是信息流塑造的结果。算法有着强大的信息处理能力,足以影响消费者的判断,提供消费导向,反过来加剧了消费者在商家面前的不利地位。

我们完全可以说,市场的供求关系本身正是一种"算法",在算法技术的加持下,商家有能力将来自四面八方的信息汇聚融通,影响供与求各方的决策。随着依据算法生成内容的网络传播的兴起,算法的用户,无论是自愿还是非自愿的,都已经进入了一个让自己能够满意的场域,沉迷于自己所需求的信息。由于算法的建构是如此不透明,我们已经无从理解算法对社会传播施加影响的过程,但是我们却能够看到,这种不够民主的、造成商业理性过度扩张的算法,给社会的发展带来了新的变数。

算法规范的理论问题的研究,毫无疑问需要"社会理论法学"作为支撑。因为规范需要描述性的、经验性的角度的观察,而不是通过规范性或证成性的方式理解。规范为理解社会提供了基础。规范的研究则可以识别和理解人类行为背后的驱动力。如果借助卡尔·波普尔(Karl Popper)三个世界的视角,即规范性的、社会学的和社会心理学的视角,则分别构成三种不同的本体论层面,产生不同的认识论影响。规范的构成可以用以下方式描述,它们由三个维度组成:①意志和价值观;②知识和认知;③系统和可能性。既有的规范运作模式大致是这样的,它们是由某种形式的意志或价值所启动的,并通过知识来将规范加以落实,其实现过程中不可避免地受到接受者对规范的认知的影响,规范实施的结果最终取决于实施规范规定的可能性。这在很大程度上取决于社会为不同功能而演化出的系统。与社会规范相比,算法规范的有趣之处在于它们的起源与数字化相关,后者为不同目的生成新系统。这些体系依次影响意志和价值。

作为算法和算法规范的结果,权力的重心似乎正在从政治系统和宪法转移到技术架构和算法。可以看到,权力的范式转移是权力机制本身的数字化和大规模使用算法的结果。劳伦斯·莱斯格(Lawrence Lessig)指出,从数字的角度来看,通过管理空间的代码以及该空间外部的法律规则来定义规则(2006),这在技术方面不是一个新现象。然而,数字化的重要性已经从根本上增加了。

自古以来,技术一直具有规范性含义。值得注意的是,技术与古典法律思想(Classical legal thought)具有某些相同的特征,这可以成为通过规范来解码算法的角度。算法语言建立在有条件的句子上,即如果存在特定的条件,则应遵循某些后果。然而,古典法律与技术之间的区别在于，古典法律的规范在相当程度上是公开透明且足以为大众所获知的，即使法律解释存在自主空间，这种空间在相当程度上是可以预期的，而技术算法则是建立在专家知识的基础上的，对于绝大多数技术专家之外的人来说，对算法的理解空间是非常巨大、难以预期的。这样一来，随着数字化对算法的增强效应，技术的复杂性得到了提高，算法规范开始指数化增长。

莱斯格认为，近年来算法规范问题的重要性越发显著，这体现在算法对政治权力演变和民主制度演化的领域的入侵，尤其是通过改变政治和民主的社会条件，影响政治走向和民主结果。将数据分析应用到政治选举中的做法并不少见，然而建构性地运用数据，通过数据塑造大众心理和认知，从而影响选战结果的做法却在近年来层出不穷。

例如，2013年创建的剑桥分析公司（CA）邀请定向营销方面的专家加入团队，试图借助消费者心理的塑造经验来推动政治走向。他们认为，既然可以通过社交网络呈现出的消费者倾向来定向营销，为什么不能借助同样的逻辑来定向造势？这个公司通过收集不同来源的个人数据，借助软件算法进行分析，并试图预先判断个人行为。目前，CA所设计的软件已经获得了世界性的关注，它可能涉嫌的操纵选举的行为被多国执法机关尤其关注。据媒体报道，剑桥分析公司的身影遍布退欧公投、美国大选的过程中。即使上述报道被未来的事实推翻，围绕算法规范的讨论目前也已经在国际范围内展开。

CA案例的难题在于算法和社会规范之间的交叠和碰撞。如我们所了解的，算法无非是通过收集不同来源的个人数据以展开分析，从而预测人的行为。然而，如果人的行为受到他所接收到的信息的影响，那么算法本身也可以介入并且塑造人的行为。在这个过程中，算法本身已经不再是法律意义上的客体，而具有一定的主体地位。

在多元规范性的视角下，算法主体地位并不是法律赋予的，而是算法自我赋予的。这是因为，虽然是程序员设计了算法，并识别了人的倾向或者塑造了人的行为，但是程序的用途并不由程序员本人决定。算法虽然借助了程序员的手笔才得以成为一行行输入设备的代码，但程序员本人却不能对算法未来的走向有主观上的把握。是算法，而不是程序员在实现算法本身的规范效应，虽然程序员在其中扮演了不可或缺的角色，但如不承认算法的主体地位，将难以对这个算法的后续效应负责。

通过CA案例我们可以看到，数字化对于算法的冲击使得算法本身形成了传统技术和新技术的断代划分。传统技术虽然也涉及算法问题，但算法本身是工具，算法的规范性后果取决于算法如何被使用，而新技术的特点在于，算法本身的设计就提供了规范性。比如，传统的环境污染问题可以被认为是工业化的负面效应，从而在工业化本身的发展中加以减少或克服；然而在数字社会中，以转基因技术为代表的新兴产品，其环境影响已经无法通过发展技术本身来控制，技术本身所进行的编码已经开始影响这一技术未来的发展路向，他们恰恰印证了社会系统理论的预言——自我决定、自我创生。算法规范不但能够自我调节，还可以自我创造。

四、结语

借此，本文大胆提出未来算法规范研究的几个重要问题，希望能为同类问题的讨论提供思路。这些问题包括：其一，算法如何在数字化的背景下产生它自己的规范；其二，当这些规范出现后，金融市场、消费者权利、医疗保健和劳资关系等特定领域，会出现哪些相关的后果；其三，随着大众传媒对于国家和民主的弱化作用，还有哪些社会规范可以为算法提供规范性支撑，这些支撑将推动算法走向哪条发展道路；其四，旧规范和新规范之间的冲突将如何化解，社会多元规范性的现状是否会延续下去。这些问题，笔者相信，将在未来的一个阶段成为国际范围内算法规范研究的热点和难点。

智能时代的数字正义理论
——兼论代码之治

曹建峰[*]

一、法律与科技之关系和互动的四个阶段

法律与科技之间的关系是复杂的,彼此以多种方式相互影响。这一复杂关系一般地表现为法律与科技之间的独立性和依存性,它们或多或少都规范着人们的行为,是社会交往——现实的和虚拟的——之秩序赖以形成和维持的基石。

随着现代信息通信技术尤其是互联网的发展,两者之间的关系发生了显著的变化,技术对法律的补充和增强作用开始逐步彰显。律师、法官等法律人以及政策制定者在其日常工作和活动中,越来越依赖数字信息和软件工具(无论智能与否)。与此同时,技术创新也带来一系列挑战,最终需要法律共同体予以解决。一般而言,法律与技术之间不断演变的复杂关系可划分为四个阶段。

第一阶段是法律信息的数字化。这表现为将纸质载体上的信息转变为计算机可读的信息。法律数字化是法律智能化的第一步,可为更复杂、更智能的法律信息处理和分析奠定基础,从而支持智能化、自动化的决策。如今,这一阶段进展良好,大量的法律法规和判例在线提供,公众可免费获取。在我国,中国裁判文书网代表着这一阶段的努力成果。

第二阶段是法律决策的智能化和自动化。到目前为止,大多数法律信息学研究以"将法律规范翻译成计算机代码"为关注焦点。律师、法官等法律人以及政策制定者利用计算机程序(如专家系统),检索、分析、对比法律规定和判例,从而构建适当的论证,作出更好的决定。

---

[*] 作者单位:腾讯研究院法律研究中心。

法律决策的智能化和自动化困难重重，原因是多方面的，包括人类语言的模糊性、法律规范的灵活性要求、法律决策的事实依赖性以及技术上的障碍和难题。尽管存在这些挑战，世界范围内的政府机构和商业组织仍在不断开发特定知识领域（如医疗、税收和金融监管）的智能系统（如针对税收、会计和信用评估的软件），从而将这些领域的决策工作完全自动化或者部分自动化。

笔者在《"人工智能+法律"十大趋势》[1]一文中，结合国内外法律行业的新发展，尝试总结出了法律行业正在发生或者即将发生的一些新趋势，涉及法律检索、法律文件审阅和生成（如合同审查和起草）、机器人法律服务、诉讼和纠纷解决、法律援助以及在线法院。在笔者看来，从早期基于规则的专家系统（将法律专家的法律知识和经验以逻辑规则的形式转变为计算机语言），到以大数据、云计算以及深度学习等人工智能技术为支撑的自主系统，人工智能等新兴技术对法律和法律行业更深远、更广泛的影响才刚刚开始。

第三阶段是代码之治（rule of code）。相比事后救济性质的法律执行，规则可被事先执行，从而产生第一位的规制作用。这涉及两个方面：将法律规则嵌入代码（例如，在数字环境下，版权法有关数字权利管理和技术保护措施的规定被嵌入代码，从而阻止人们擅自复制或者传播受保护作品），通过代码进行规制（regulation by code）。随着互联网的兴起和普及，新兴的规制手段越来越多地依赖软法（如服务条款和技术规则）来规范人们的行为。由于越来越多的社会交往开始依赖软件，或者由软件控制（如网络社交、网络购物以及在线支付），技术不仅帮助人们作出决策，而且直接执行法律的或者非法律的规则。软件由此在特定网络环境中规定什么可为，什么不可为。

一般而言，在网络空间，相比通过法律规制，通过软件和代码规制不仅更常见，而且更高效。劳伦斯·莱斯格（Lawrence Lessig）在其著作《代码：塑造网络空间的法律》（Code and Other Laws of Cyberspace）[2]中，将这一理念称为"代码即法律"（code is law）。代码之治的优势在于，相比由法院和执法机构等第三方事后执行法律，规则可被事先执行，且难以违反。此外，传统的法律规则在本质上具有灵活性

---

[1] 参见曹建峰：《"人工智能+法律"十大趋势》，载《机器人产业》2017年第5期。

[2] 参见［美］劳伦斯·莱斯格：《代码：塑造网络空间的法律》，李旭、姜丽楼、王文英译，中信出版社2004年版，第7页。

和模糊性，与之不同的是，技术规则高度形式化，几乎不存在模棱两可的地方，从而清除了司法的自由裁量空间。但这可能引发新的问题。例如，可能难以平衡相互冲突的规则和价值（如版权技术保护措施和版权合理使用），因为它们的适用需要人类专家作出权衡和取舍。

第四阶段是法律的代码化。这是更进一步的代码之治。这是一种全新的规制路径，可被称为"法律即代码"（law is code）。在这一阶段，代码不仅被用来执行法律规则，而且被用来制定和阐明规则。技术进步可能使法律规则和技术规则之间的界限变得更为模糊。例如，基于区块链技术的智能合约既可被用来支持法律合同，又可被用来取代法律合同。从纯技术的角度来看，智能合约可被用来效仿或者模仿法律合同的功能，从而将法律转变为代码。在这个意义上，区块链代码就是法律。例如，得益于区块链技术的透明性和不可改变性，通过将数字复制件连接到区块链，数字作品的稀缺性和可转让性可被修复，从而有望在数字环境下引入首次销售原则，且无需依赖合同或者法律方式。总而言之，由于区块链、人工智能等新兴技术与法律之间的融合，自动化的法治正在到来，这不仅意味着自动化的法律执行，而且意味着高效和透明性，但最终也可能削弱个人自由和自治，因此，必须慎重对待。

二、法律行业未来发展趋势助力数字正义

在上述四个阶段之下，由于受到大数据、人工智能、区块链等新兴技术的影响，法律和法律行业呈现出一些新的发展趋势。在《从律师到法律机器人，法律行业未来二十年的机遇和挑战》[1]一文中，笔者提出，未来20年的法律行业必然围绕着人工智能和大数据，机器人和人工智能将成为法律系统的主要进入点，主导法律实践。这表现为三个显著的趋势：

第一，法律自动化，表现为从法律文本向法律代码转变，使得代码之治成为可能。这正是前文提出的法律与科技之关系的第三和第四阶段。随着机器人和人工智能的发展，人类社会中的法律、道德等规则将不断被嵌入智能系统，并得到自动执行。换句话说，代码不仅规定什么可为，什么不可为，而且体现并自动执行法律规则。这意味着，在未来

---

〔1〕参见曹建峰：《从律师到法律机器人，法律行业未来二十年的机遇和挑战》，载知乎网，https://www.zhihu.com/column/p/31763620?utm_id=0，访问时间：2022年2月21日。

的智能社会，如果把人类社会事务交给机器人和人工智能系统来管理，侵权、违约和其他违法行为将大为减少，因为发挥法律规则之作用的代码或者被代码化的法律规则将不允许这些行为发生，而非像传统司法一样采取事后救济或者制裁的形式。此外，由于信息社会记录一切、互联互通的特征，证明侵权、违约和其他违法行为的成本将显著降低。届时，法律系统将以自动化、智能化的方式高效地运行。

第二，数字正义，表现为以在线化、智能化的方式预防和解决纠纷。法院系统存在一些不足，无法有效应对不断增长的纠纷。笔者认为，传统法院是工业时代的结果，在线法院是互联网时代的产物。如今，互联网上的纠纷与日俱增，传统法院无力应对，人们开始探索新的纠纷解决机制。在线争议解决机制（Online Dispute Resolution，以下简称ODR）、在线法院等都代表着这方面的努力，旨在实现数字正义。数字正义的理念不仅在于以更高效、更便捷、更廉价的方式解决纠纷，实现最广泛的正义，更在于预防纠纷，实现无讼社会。这是数字正义区别于事后补救性质的传统正义的最大特征。在大数据和人工智能的帮助下，人们不仅可以更高效地解决纠纷，而且可以事先预防并阻止纠纷，同时，制定出更精准和更有效的法律规则来规范人们的未来行为，司法将从被动反应的模式进化成智能解决纠纷和主动预防纠纷相结合的新模式。

第三，智能法律服务，表现为从法律人向"法律人+法律机器人"转变。当前，法律机器人的优势在于数据处理和分析以及基于数据的预测，且在大数据、算法和算力的推动下，法律机器人将持续实现水平提高和技术改进。相反，留给人类法律专家的将是涉及人际关系、需要创造力以及面向未来的法律事项。人工智能与法律服务的结合，法律人与法律机器人之间的协同，将是一个显著的趋势，也将是未来在法律市场胜出的法宝。可以肯定的是，人们正在迈入智能法律服务的新时代，无论是律师、法官等法律人，还是普通消费者，都将受到或多或少的影响。人们对正义、纠纷解决、正义实现方式等概念的理解也将被重塑。

三、数字正义：重塑智能时代的纠纷解决和纠纷预防机制

一方面，长期以来，关于法律与技术之关系和互动的讨论一直忽视了技术对纠纷解决的重大价值。直到最近这些年，在线解决纠纷机制在电商等网络平台的流行和成功才使法院开始关注这一领域。

现在看来，法院中的纠纷解决和法院外的纠纷解决一样，在技术和途径方面都在经历三个重大转变。其一，从物理环境向虚拟或者半虚拟环境的转变。完全在网络平台上运行的法院，以线下亲临和在线活动相结合的方式运行的法院，逐渐削弱了法院诉讼程序长久以来以物理边界和特殊空间为代表的标记。其二，从人类干预和决策到自动化程序的转变。自动化程序的使用降低了成本，增强了处理案件的能力。在法院中使用 ODR 也涉及将算法引入司法决策程序。算法可以抑制法官的自由裁量，增加一致性并减少偏见。因此，可以巩固"正义"及"正义实现方式"。但与此同时，算法也可能带来偏见并挑战我们对正义的渴望。这在很大程度上取决于我们能否严格地监控这类算法的运行方式及指导算法设计的价值。其三，从以保密性为价值追求的纠纷解决模型，到以预防纠纷为目的收集、利用、再利用数据的纠纷解决模型的转变。由于法院越来越多地依赖数字技术和 ODR 程序，它们开始视数据为纠纷解决程序的一个核心特征。换句话说，这是从传统司法向大数据司法的转变，基于人工智能等技术的数据处理和分析活动在纠纷解决、预防、预测以及未来法律规则制定方面开始扮演重大角色。

由于软件在组织、解决和预防纠纷方面扮演着越来越重大的角色，司法程序的本质正在发生改变。诚然，我们对正义内涵的理解有望被重塑。总之，人们正在塑造新型诉讼程序，其特点包括：更少对抗性、更灵活、更有活力、更透明、更高效，以及更平衡。以此方式部署技术的法院正向着数字正义的目标奋进，同时，增强"正义实现方式"（access to justice）和"正义"（justice）、效率和公平。

然而，考虑到互联网和人工智能时代持续增多的纠纷数量，纠纷解决方式还远远供不应求。对于人工智能、区块链、大数据等新兴技术能够为纠纷解决和预防做什么，人们需要达成共识，并努力推动技术与纠纷解决和预防的进一步融合。英国学者理查德·萨斯坎德（Richard Susskind）预言，"ODR 将被证明是一项颠覆性技术，将彻底挑战传统诉讼当事人和法官的工作。长期来看，我期待它成为解决除最复杂和高价值纠纷之外的所有纠纷的主导方式"。笔者认为，在不远的将来，这很有可能成为现实。

另一方面，在过去的几十年中，通过代码规制已成为一种越来越受欢迎的方式。如今，随着互联网等数字技术的广泛应用和渗透，代码能够以各种方式调节和约束人们的行为。特别是在互联网上，代码已被多次应用于实现不同的权利和义务，并将价值观植入，对我们产生了深远的影响。区块链技术的出现是向广泛应用技术监管迈出的重要一步。然而，我们至少应当谨慎审视自动化法律治理的前景，虽然它可能会开辟新天地，但是其后果我们则根本无法预见。最为重要的是，通过自动执行法律，我们可能会获得更高的效率和透明度，但最终也可能会牺牲掉人类的自由和民主。

正如莱斯格所说的那样："未来，代码既是实现自由和自由主义理想的最大希望，也是其最大的威胁。我们既可以设计、建造、编程出一个网络空间，用以保护那些我们坚信的核心价值；我们也可以设计、建造、编程出一个网络空间，任由这些价值消失殆尽。我们没有中间道路，也没有万全之策。代码不是被发现的，而是被创造的，而且只能由人类创造。"

诚然，区块链、人工智能等新兴技术可以支撑起智能时代的数字正义，代码之治在很大程度上可以补充法律的功能，成为规范人们行为、维持社会秩序的重要方式。人们为此欢欣鼓舞。但是，我们也应当看到，当法律规则与技术规则之间的分野进一步模糊时，我们也可能面临技术和代码的暴政，因此，不得不审慎对之。最后，归结起来，人类社会进步的两大支柱——法律与技术——之间应当互相促进，互相制衡。这正是法律与技术之间的独立性和依存性关系的意义所在。

商用无人机发展中的个人隐私信息保护
——参考美国经验与可行保护路径

张凌寒　杜　婧*

一、引言

2018年3月21日,中国民用航空局发布《民用无人驾驶航空器经营性飞行活动管理办法(暂行)》(以下简称《管理办法》),其中规定了商用无人机的申请程序及注册登记义务,表明我国已经开始建立无人机安全问题的处理路径。但是,商用无人机仍缺乏对个人隐私信息的保护机制。对于以信息收集和商业化为主营业务的信息依存类企业而言,商用无人机是信息产业链中的关键信息收集平台。搭载高清摄像头的无人机如同可移动的监控,无声地悬停在建筑物窗边收集大量个人信息。在这样的背景之下,对于普通的技术受众而言,无人机商业化自然发展的后果可能是隐私信息的"死亡"。2015年至2016年,美国各州发生多起无人机侵犯隐私信息的案件。在堪萨斯州,一男子报警称其邻居的无人机在男子的女儿卧房窗边出现;在迈阿密州,一女子报警称在其哺乳时有无人机在其窗边窥视;布鲁克林区的一位新闻工作者称:在其13楼的报社办公室窗边,一搭载有摄像头的无人机在其窗外长时间悬停。这些案件说明:不加限制的无人机技术发展和普及,对个人隐私信息而言存在极大威胁。在隐私信息"死亡"的后果发生之前,需要建立指导新技术发展方向的合理规制,这种规制的建立既要考虑到不妨碍无人机产业的正常发展,又要注重以个人权利为中心建立合理的保护机制。针对商用无人机情形下的个人隐私信息保护问题,美国关于商用无人机的现有规制发展较快,近年频出新规。通过解读有关新规的重点及存在问题,结合在商用无人机情形下我国个人隐私信息保护机制的现

---

* 张凌寒:中国政法大学数据法治研究院;杜婧:武汉市中级人民法院。

状，以期构建我国现阶段可行的个人隐私信息保护方案。

二、现状：商用无人机应用规制的法律缺位

（一）商用无人机的发展浪潮

2016 年，原本用于军事领域的无人机系统（unmanned aircraft systems）走向商业化发展。无人机由于多用途、高效率、噪音小、不易被察觉，并且可以大量收集关于所经地区的个人和地面信息，因此，受到各行业的重点关注。

从无人机的全球发展来看，据统计，2015 年世界范围内无人机的销售量为 430 万架。无人机的用途也已经扩展到商业和私人用途。无人机的商业用途有：房地产行业用来拍摄空中影像观察房屋建筑情况，农业领域使用无人机观测农作物情况；私人则多将无人机用于娱乐，如通过无人机自拍、举行无人机竞技比赛等。美国联邦航空管理局（Federal Aviation Administration，以下简称 FAA）认为，商用无人机的应用领域会在现有基础上进一步扩张至农业领域，石油、天然气勘探，电气工程，房地产，快递运输业，新闻业，电影电视拍摄，甚至救援任务，等等。

虽然中国是无人机产品出口大国，但是非无人机发烧友的大众却很少接触无人机，企业之间的普及也是近年才发生的。除了专业无人机制造商之外，国内互联网公司也同样积极参与无人机的商业化开发。例如，腾讯公司已在 2016 年的国际消费电子展（International Consumer Electronics Show，以下简称 CES）上联手零度推出了"空影 YING"无人机。商业无人机的利用则在物流业中急速展开。例如，顺丰物流在 2017 年 6 月首获无人机物流合法飞行权，其在无人机领域申报和获得专利数量达到 111 项。可以预见到，商用无人机在我国制造领域、物流运输领域将会拥有更广阔的市场。当然，商用无人机的市场远不止以上两个领域，如在信息收集领域，无人机的"小""轻""快"对于地面个人信息的收集有着天然优势。

（二）商用无人机侵犯个人隐私信息的天然便利性

对于重视信息经济价值的企业而言，商用无人机是其收集信息的重要一环，有利于企业信息收集、整合，以扩展客户群、调整企业发展方

向；但同时，无人机也具有侵犯个人隐私信息的天然便利性。一方面，从无人机本身特点来看，无人机的强大功能性使其能够快速、大量、精确地收集地面个人信息；另一方面，从使用无人机的企业角度来看，无人机的使用既可以节约企业的人力成本，又可以在现行规制下，降低企业本身在收集信息时的告知义务，从而节约收集信息时的附加成本。

具体而言，一方面，从无人机本身来看，其具备的强大功能性，在收集信息的同时，存在侵犯个人隐私信息的极大可能性。其一，无人机可以实时收集信息并反馈给所属企业。大多数无人机搭载可远程控制的高清相机，有些无人机具备更高级的机载设备，如夜视镜头、定位装置、无限网络搭载器、车牌自动识别器。单纯的无人机对于信息依存企业而言没有太大意义，但是当无人机连接上网络，其所能收集的信息能够实时传输到企业手中，并且与企业掌握的其他信息结合，最终形成巨大的信息网。其二，无人机收集信息图像的分辨率较高，可以有效填补信息依存企业其他产品的空缺。以谷歌公司为例，他们的使命是搜集全世界的信息并整合以赋予其经济价值。谷歌的产品线上已经有了卫星和街景。卫星能看到整个星球，但分辨率很低；街景分辨率很高，但只能看到有限的范围。而无人机的出现则填补了中间的空白。其三，无人机不受空间限制，其搭载全球定位系统，并且可以在操作者视线范围之外飞行，突破谷歌公司的街景项目中地面移动车辆的空间限制。另一方面，从无人机的使用者之一——企业的角度来看，无人机的商业化发展是占有更多信息的良机，无人机可以从以下两个层面降低企业的成本，同时增加企业的信息源：其一，无人机的商业成本较低且操作相对简单，这意味着使用无人机可以大大降低信息收集的人工成本，一名操纵员就可以同时操作数以千计的无人机。同时，这些搭载着高新技术的无人机可以通过平板电脑或者智能机操作，而不需要对操作者进行过多的航空专业知识培训。其二，在现行的法律规制下，商用无人机按照相关的规定进行登记注册，经批准即可投入使用。而对于无人机投入使用后的监管，则侧重于无人机的航行安全问题。对于使用商用无人机收集个人隐私信息的问题，相关的无人机规定则处于空白状态。商用无人机的所属企业可以在没有充分告知个人，也没有取得个人同意的情况下，收集地面个人信息，尤其是在类似个人房间的隐私环境下的个人信息。

基于上述理由，商用无人机使用的急速扩张凸显出个人隐私信息保护上的法律规制空白问题。

(三）商用无人机情形下个人隐私信息保护的法律缺位

目前，我国关于商用无人机的规制分为两部分：一是行业自律规制。多家无人机制造商提出适用商用无人机问题的行业自律方案，这些方案的目的是统一无人机市场的通用标准，并无法律强制性。二是行政法规规制。2018年3月民航局发布了《管理办法》，规定了商用无人机的许可申请条件及监督管理程序。整体来看，相对于商用无人机的快速发展而言，我国的商用无人机规制管理机制尚处于构建框架的初步阶段。《管理办法》的出台意味着商用无人机的航行安全问题已经得到重点关注。但是商用无人机情形下的个人隐私信息保护问题，还未被纳入无人机管理框架之内。

同样，无人机规制发展较早的美国也首先关注无人机的航空安全问题。美国政府关于无人驾驶航空器规制的设想产生于1958年，当时无人机还只存在于科幻小说中，但是《联邦航空法案》（Federal Aviation Act）中关于航空器的规定就已经包含无人驾驶的航空器。直到2012年，美国国会认为有必要制定新的无人机规则，因此修改了美国法典49号法律，即《2012年美国联邦航空局现代化改革法案》。针对无人机商业化浪潮的现状，2013年美国国会要求FAA出台规定将商用无人机纳入其规制范围。2016年，FAA发布新规，规制对象是商业用途且重量轻于55磅（约24.9千克）的无人机，其操作者年满16周岁即可，该新规于2016年8月开始实施。新规对于商用无人机规制的主要内容包括：其一，无人机禁入区域。操作者必须避开机场一类的禁入区域。无人机不得在任何非直接参与者的附近飞行。其二，无人机的注册与操作资格取得。无人机必须贴有符合规定的标识并且取得注册资格。商业用途的无人机使用申请者需通过美国运输安全管理局的笔试并取得使用许可。其三，无人机操作规范。商用的无人机必须在操作者视线范围或者电子可视范围内飞行，必须在光线良好的时间操作，高度不得超过地平线以上400英尺（约121.9米），最高时速不得超过100迈（约160公里/小时）。

从我国民航局发布的《管理办法》以及美国FAA的新规来看，相关规则均基于商用无人机发展现状和经济需求而制定，对于商用无人机的规制呈现宽松化趋势。例如，与《2012年美国联邦航空局现代化改革法案》相比，FAA于2016年发布的新规简化了商用无人机的许可证办理流程。在新规生效之前，使用商用无人机必须持有FAA颁发的许可证（a certificate of authorization，COA），且取得许可证的时间长达 4 到 6 个月，而新规可使企业节省大量时间和金钱。

在商业化无人机发展环境宽松趋势下，我们应当看到：对于商用无人机的规制重点在于处理飞行安全问题。但是，对于无人机收集地面个人隐私信息的问题，目前只能转向传统侵权法。

三、问题：规制商用无人机收集个人隐私信息行为的法律空白

我国民航局以及美国 FAA 的态度已经很明显，商用无人机的航空安全问题由其管理，而商用无人机收集地面个人信息的问题则按照传统侵权法处理。这种方式表面看来似乎权责明确，但是，在商用无人机情形下，关于个人隐私信息保护问题，现行的航空规定与传统侵权法之间仍然存在巨大的空白。

（一）从管理部门的政策来看，商用无人机收集个人隐私信息问题的管理不明确

从我国商用无人机的《管理办法》来看，对无人机经营许可进行管理的主管部门是中国民用航空局，实际实施监管工作的是民航地区管理局。对于商用无人机的管理重点在于安全问题，显然，《管理办法》中没有体现对于个人隐私信息问题的关注。传统的隐私权法中，个人隐私信息的侵权问题通常不需要行政管理部门的参与，在私权利范围内就可以得到解决。但是在商用无人机侵权情形下，个人处于非常不利的位置。这种不利体现在两方面：

第一，权利人难以意识到商用无人机收集了自己的信息。互联网企业收集个人信息的一般模式是"告知—同意"模式，具体步骤是：企业提供隐私信息收集政策视为履行告知义务，用户使用互联网服务视为同意该隐私政策。这种没有弹出注意界面以提醒用户企业收集隐私信息行为的模式，在实际使用中并没有起到隐私信息保护的作用。因为在这个追求高效的时代，用户通常直接使用互联网服务，而鲜少注意到该服务提供者的隐私信息政策。而在商用无人机收集个人隐私信息的情形下，连"告知—同意"模式这样的表面提示义务也没有尽到，个人往往在尚未意识到的情况下就失去了个人隐私信息。

第二，个人无法识别侵权的商用无人机权属，即无法确定侵权人。

商用无人机收集个人隐私信息采用远程操作模式,权利人无法直接确定侵权人。在个人察觉商用无人机在附近悬停,并试图采取措施时,只能对于操作者的财产——无人机采取自力救济的手段,驱赶或者拉开距离,而侵权人的身份则处于未知状态,后续的侵权之诉根本无法进行。《管理办法》中规定了无人机使用企业的登记注册义务,需要向管理系统网站提供无人机的相关信息,但是这些信息在何种情况下公示,以及公示的内容范围仍不确定。

在个人处于不利地位的前提下,企业与个人之间的不平衡会随着无人机技术的发展而愈发倾斜。由于无人机收集信息的隐蔽性,信息的权利主体往往缺乏防范意识,鲜少意识到侵权问题;再加上在无人机侵权情形下,难以确定侵权主体,个人即使意识到无人机侵权问题,由于无法确定侵权人,也难以适用个人隐私信息的传统侵权法保护。在传统侵权法保护难以适用的情形下,需要合适的外力介入个人和企业之间,重新调整两者的平衡。从现在传统侵权法适用的问题来看,确定侵权主体可建立无人机规制与传统侵权法之间的有效链接,使传统侵权法适用于无人机侵权问题。调整个人和企业之间的平衡,衔接现有商用无人机规定和传统侵权法的关键角色,最合适的是掌握商用无人机注册信息,掌握无人机航行管理权的民航局。

我国目前的问题是,商用无人机收集个人隐私信息问题的管理部门不确定;在确定管理部门后,另一个重要问题是,衔接侵权法的商用无人机管理规定的性质界定,即采取何种强制程度的规定。美国的现行规制就存在这样的问题,其采取的是"最佳实践",即非强制性规定。从美国的联邦管理层面看,FAA 同样认为隐私权问题不属于其管辖范围。

从美国已发布的相关政策来看,无人机商业化进程中的个人隐私信息保护问题的主管部门是商务部下属的美国电信与信息管理局(National Telecommunications and Information Administration,以下简称 NTIA)。无人机政策中关于个人隐私信息的规定主要有:其一,政府总统备忘录。2015 年白宫发布名为"在国内应用无人机系统的同时,促进经济竞争力的发展,同时保障公民隐私权,公民其他权利与自由"的总统备忘录。其主要内容是框架性地重申政府对于公民隐私权的保障、政府的责任承担及政府行为透明度。对于商用无人机在国家航空系统中的应用,备忘录建议建立多方协商议程(the multi-stakeholder process),以确定促进无人机产业发展、保护个人隐私信息的最佳方案。在备忘录发布后的 90 天内,由美国电信与信息管理局主持展开多方协商议程。但是，该议程的目的仅在于产生一系列针对无人机操作的非强制性指导政策。其二，最佳实践方案。美国电信与信息管理局通过多方协商议程形成了指导政策，其主要内容是：①信息公示：商用无人机据实登记注册，并在其所属企业的官网上公布无人机的相关信息；②定期自查：商用无人机对其是否守法按章操作，应当进行定期自查，并针对问题作出合理对策；③公众监督：商用无人机的使用须符合现行法律，包括现有的隐私权保护法案及航空安全政策，并接受公众监督。

通过对美国政府发布的政策进行简要分析，可以看出，政府不希望对新兴的无人机产业施加强制性规定。美国电信与信息管理局的指导政策仅仅是无强制力的推荐指导，一旦发生个人隐私信息侵权的情况，这些部门出台的政策显然不能作为有力的保护后盾，权利人往往需要回归传统的侵权法中去寻求保护，但是，由于在商用无人机情形下缺乏与传统侵权法的衔接环节，个人隐私信息常处于无保护状态。

(二) 传统侵权法的理论缺陷：空间权理论发展不足

2015 年至 2016 年间，美国各州发生多起无人机侵犯个人隐私信息的案件。可以预见，随着我国逐步开放商用无人机使用，在城镇人口密集区发现无人机的身影也将成为常事。按照我国现行的无人机相关规定，出于航行安全考虑，在城镇人口密集区飞行的无人机须取得合法飞行权。这意味着取得合法飞行权的商用无人机可以自由出入人口密集区，加上其所具备的影像收集技术和图像处理技术，为商用无人机大量收集个人隐私信息提供了条件。为了取得更精确的信息，在缺乏限制的情况下，会出现商用无人机过于靠近个人不动产的问题。此时，个人往往只能消极应对，采取自力救济手段。产生这一问题的根源在于：传统侵权法中空间权理论发展不足的缺陷，即对于不动产建筑物之外的空间，个人隐私信息保护机制缺乏。

按照《中华人民共和国民法典》（以下简称《民法典》）第 274 条以及第 362 条，建筑区划内的"其他公共场所"属于业主共有，而宅基地使用权人依法对集体所有的土地享有"占有"和"使用"的权利。按照这两条规定，是否可以认为个人对于建筑物的权益空间是：纵向空间到航行空域为止，横向空间到建筑区划界限为止。对于这一点，我国学界目前并没有定论。实际上，个人不动产权益的无限延伸也是难以实现的。20 世纪中期之前，曾存在这种个人不动产权益无限延伸的权利观点，即"天空原则"（ad coelum），认为不动产所有权人的空间权利范围上至天堂、下至地心。但是，随着科技推动航空业的发展，以及地下资源的价值发掘，个人不动产的空间权益必然为公共利益让步，个人不动产的空间权益受到公共空间权益的限制。换一个角度来讲，从紧邻建筑物的空间向外延伸，到达何种程度视为个人空间与公共空间的界限？以《民法典》的现行规定来看，建筑物实体外部的地上空间权利是否受到保护，受到何种程度的保护，都是不明确的。现在，商用无人机进入发展期，其有能力进入权属不明的"公共"空间，法律也并未作禁止性规定。

按照美国《宪法第四修正案》以及各州财产权法，建筑物外部空间权利的权属规定是：紧靠建筑物的低空空间权利应当与房屋附属的后院一样，其权利应属于房屋所有权人。当无人机在土地权利人的房屋（不论是独栋房屋还是高层建筑）附近飞行时，权利人有当然权利，排除该无人机妨害其享受自己财产的权利，或者排除无人机在自己房间窗边录像或者照相的可能性。但是在传统侵权法情况下，无人机出现的频率、时间长短、出现的时间点、飞行高度都需要被纳入考虑因素。另外，按照《侵权法重述》的观点，如果无人机摄像的房屋之情形本身能通过窗户从外部清楚看到，其房屋内部人的活动和物品摆放等信息的隐私性很可能会因此打折。因此，在传统侵权法情形下，会出现现实情况不同于法律应然的问题。

在侵权法空间权理论发展不足的情况下，我国针对无人机航行安全问题，采用的是划分整体空域的"禁飞区"制度。各省、直辖市依据各地情况自行规定禁飞区。有地区设置严格，未经批准，严格限制民用无人驾驶航空器进入车站、街道、公园、大型活动场所、展览馆、学校、医院、居民小区等人口密集区域。另一些地区则更注重机场净空保护，对人口密集区域的无人机飞行则未作规定。从整体情况看，禁飞区规定的制定目的仍然是保障航空安全。

而美国 FAA 对于无人机飞行空间按照纵向高度来划分，不进一步区分无人机公共航道与私人领域的横向范围。从现有的空间划分上来看（见图 1），商用无人机可能飞行的空域被划分为三个部分：其一，1958 年 FAA 将通航空域定义为地面垂直距离为 500 英尺（约 152.4 米）的空域，这部分空域属于公共空间，也是大型航空器的最小安全飞行高度，出于安全因素的考虑，商用无人机禁止在此空域飞行；其二，根据 2016 年 FAA 制定的关于商用无人机的新规，无人机最高飞行高度为 400 英尺（约 121.9 米），与航空空域之间预留了 100 英尺（约 30.5

米）的安全距离；其三，无人机飞行高度（排除起降阶段高度）的下限由于不涉及航空安全因素，因此，并非 FAA 的关注重点。商用无人机飞行的高度下限由《第二次侵权法重述》（以下简称《重述》）规定，《重述》将在距地面 50 英尺（约 15.2 米）以内的空间飞越的飞行器视为对土地所有权人使用和利用其财产权的严重干扰，该行为属于入侵空间的侵权行为。从 FAA 规定的无人机飞行上限和《重述》界定的下限来看，距离地面 50 英尺到 400 英尺（约 15.2~121.9 米）的空域属于商用无人机可飞行的空域，其中安全问题适用于 FAA 关于商用无人机的新规，而在商用无人机低于地面距离 50 英尺（约 15.2 米）的情形下出现的隐私信息侵权问题，则由各州侵权法具体调整。总体来看，从通航空域到地面被 FAA 新规与《重述》划分为由三部分组成的纵向空间。

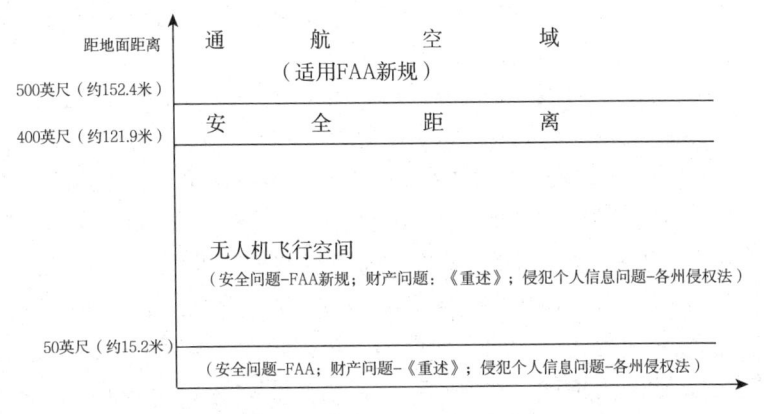

```
距地面距离            通    航    空    域
500英尺（约152.4米）        （适用FAA新规）
                  ┌─────────────────────────────────┐
400英尺（约121.9米） │ 安     全     距     离          │
                  ├─────────────────────────────────┤
                  │ 无人机飞行空间
                  │ （安全问题-FAA新规；财产问题：《重述》；侵犯个人信息问题-各州侵权法）
50英尺（约15.2米）  │ （安全问题-FAA；财产问题-《重述》；侵犯个人信息问题-各州侵权法）
                  └─────────────────────────────────→
```

图 1 FAA 与《重述》共同确定的单一纵向空间划分

这样的单一纵向空间划分管理，对于普通航空器与商用无人机之间的安全问题起到了划分各自航道空间，从而避免碰撞发生的作用。但是，对于商业无人机收集地面个人隐私信息的问题几乎没有实际规制作用。美国政府公布的新规表明：其立场站在商用无人机一侧，支持私益为经济让行。这一让步从经济角度看是非常正确的，无人机产业能够带来巨大的经济利润。国际无人驾驶系统组织（International Association for Unmanned Vehicle Systems）预计：到 2025 年，包括无人机、人工智能在内的非人工系统将会创造 10 万多个新岗位，经济价值达到 8200 万美元。这些经济价值中的大部分都与无人机收集的信息直接相关，是以无人机收集的大量个人信息和高清图像为基础而产生的经济价值。这种收集方式实际上与互联网收集信息从而产生大数据的方式并没有本质区别。

（三）传统侵权法的保护机制缺陷：缺乏以个人隐私信息权利为中心的保护机制

我国关于个人隐私信息的保护程序主要依据侵权法，其启动以造成权利人财产损失、人身损害或者严重精神损害为前提，属于事后补偿型的保护机制。在商用无人机情形下，个人很难意识到收集信息的行为，正常的无人机飞行也不会造成权利人的财产或人身损害。该保护程序要求的损害要件意味着在这种情况下，难以防范个人隐私被无人机收集和使用的行为。

美国的个人隐私信息保护机制以传统隐私权法为基础，其机制建立已有四十余年。但是在商用无人机情形下，传统侵权法的个人隐私信息保护机制仍然存在三方面的问题：

第一，传统个人隐私信息保护机制中，单一的高度划分法已无法适应现代城市的发展。《重述》中的相关规定将个人权利的主要保护空间限制在50英尺（约15.2米）范围以内。其观点来源于航空器飞行影响地面个人土地使用权的判例，这些判例发生在20世纪50年代至20世纪80年代，当时所涉及的飞行器均为飞机这样的大型航空器或者无高清摄像头的模型遥控飞机。这类飞行器飞行时产生的声音或者飞行距离过低，可能对于地面个人的土地使用以及利用权产生影响。但是，当航空器与地面的距离越远，土地所有权人越难证明该飞行器对其土地使用权或者利用权有直接的影响。因此，《重述》规定：在离地面50英尺（约15.2米）外的空间内飞行的航空器不会影响到地面个人财产的使用。在50英尺到500英尺（约15.2~152.4米）〔FAA现规定为400英尺（约121.9米）〕之间飞行的航空器（多为遥控模型）是否认定为侵权，需要看其飞行行为对土地财产的使用权造成何种程度的干扰。此时，权利人需要证明：超过50英尺（约15.2米）飞行的飞行器对于自己的权利存在实质的、直接的损害。从现实情况看，现在的住房大多为高层建筑，单纯的纵向空间划分也不适用于现代高楼林立的房屋分布情况。以收集信息为目的的商用无人机首选应在信息密集区，因为信息密集区同样人口密集，而这类人口密集区多为楼房建筑，许多建筑高度都超过50英尺（约15.2米）。由于缺乏以个人为中心的圆心式空间保护，无人机可以轻易地悬停在这类楼房的某个窗口进行摄像或拍照。可见，在个人隐私信息问题上，单一的高度划分并不能有效规制无人机在高层建筑群附近收集地面个人隐私信息的行为。

第二，无人机侵权不符合传统侵权法的适用条件。《重述》所保护的权利重点在于飞行器对于土地所有权或者利用权的影响，即重点保护的是个人不动产财产权。即使无人机收集信息行为侵犯个人隐私信息的情形恰好与侵犯财产权的情形存在重合，其行为也不满足传统侵权法规定的侵权行为成立要件。具体而言，《重述》规定的非法侵入他人不动产行为（trespass）或者妨碍行为（private nuisance）的成立要件是该行为重复发生，操作无人机一次飞过某个独栋建筑或者楼房窗边的行为，很难被定义为妨碍行为或非法入侵不动产的侵权行为。当然，关于无人机造成的个人隐私信息侵权情形，《重述》也有看似可适用的规定：行为人故意以物理或者其他方式，侵犯他人独处权利或者私人事务的行为，该行为对任何理性人而言都具有极强的侵犯性，行为人应当对自己的行为承担侵犯隐私权的责任。但是，该规定的成立要件在适用上存在两方面的问题：其一，其没有明确"其他方式"的种类，无人机是否受该条规制，尚缺乏判例；其二，传统侵权法中具备的行为要件——物理上的邻接性失效。侵权法中侵犯独处权利（即隐私权）的侵权诉讼中，存在物理上的邻接性是必要成立要件。而商用无人机远距离取得实时高清记录的特点完全排除了该要件的成立可能性。

第三，在无人机侵权情形下，权利人举证困难。从侵权行为成立需要具备的主观意图和客观行为两方面来看：其一，主观意图举证困难。要证明侵权行为成立，需要权利人证明行为人"故意"侵犯其隐私权，这一点在无人机情形下非常困难，无人机可以随时拍照离开，在无法确定无人机归属的情形下，权利人取证非常困难。其二，客观行为举证困难。假设权利人以《重述》中的非法侵入他人不动产为由提起诉讼，则权利人需要证明侵入行为影响不动产的实际使用权，或者行为对私产存在事实上的损害。如果权利人提起妨害行为之诉，权利人则需要证明行为人的行为妨碍土地所有权人的使用权或损害土地给所有人带来的娱乐用途。而商用无人机的目的仅是收集个人信息，对于不动产的使用和利用几乎没有影响，权利人难以证明无人机所有者对于其不动产权利造成了事实上的损害。

因此，现代商用无人机作为信息收集平台，在未作告知情形下收集个人隐私信息这个问题，在《重述》中没有体现出有效规定。

在窗边的公共空间逐渐变为商用无人机的航道之时，公共领域中的经济利益与私人领域的隐私信息必然发生碰撞，没有人会愿意自己家的窗口随时可能被不知名人士操作的微型摄像头对准。当无人机通过收集个人信息以获取巨大经济利益时，传统侵权法仍将财产作为无人机侵权的主要保护对象。个人信息作为现代更具经济价值的保护对象，应成为侵权法保护机制的新重点。在以个人信息为新重点的个人隐私保护机制中，仅依靠个人自力救济是远远不够的。

四、建议：建立以 RFID 技术为基础的双向个人信息保护机制

个人信息和隐私得不到法律有效保障时，公民的自力救济成为必然选择。但无论是防御性地拉上窗帘，还是攻击性地将无人机击落，对于商用无人机侵权问题而言，都并非根本解决方案。我国要建立规制无人机的有效机制，需要同时重视安全问题和隐私信息问题，以现有的成熟技术为基础，来控制无人机新技术带来的个人隐私信息安全风险。作为技术的受众，不论是新技术的使用者还是受新技术影响的隐私信息权利人，都需要积极地参与到这个规制模式之中，才可能发挥制度的作用。单一的纵向空间划分机制在无人机安全问题上可以起到实际作用；但在个人隐私信息保护问题上，应当以建立个人权利为圆心，有弹性的圆形权利防卫机制。建立这样的机制仅依靠一纸公文是远远不够的，其建立需要以现有技术为基础，同时需要新技术的受众有意识地积极参与。这种商用无人机情形下的个人隐私信息保护机制，称为以 RFID 技术为基础的双向个人信息保护机制，具体由三部分组成：

（一）以 RFID 技术为基础的无人机识别系统

关于无人机的有效管理方式，作为基础技术引进的是有源识别射频技术（Radio Frequency Identification，以下简称 RFID 技术），用于识别近空中的无人机。原始的 RFID 技术识别系统由芯片和感应天线组成，实际上已经在全球各国广泛使用，如电子不停车收费系统（ETC）。以 RFID 技术为基础，可以建立一套有效的无人机识别系统。该技术的适用具体分为两部分：

第一，无人机搭载 RFID 技术识别芯片。现在的 RFID 技术可以识

别300英尺（近100米）范围内的物体。其识别方式分为被动识别和主动识别两种形式。其中，被动形式需要识别器供电启动，识别范围仅有3米，被动识别芯片的价格是0.15~5美元。而主动识别形式识别范围可到100米，主动识别芯片的价格是15~100美元。从识别范围来看，对于近空中的无人机规制，主动识别模式的100米范围才有现实意义。实际上，FAA在2014年已经考虑采用RFID技术管理无人机。但是，RFID技术的使用必须经过联邦通讯委员会（FCC）或者美国电信与信息管理局（NTIA）的许可，而主管无人机收集隐私信息的部门——美国电信与信息管理局目前并未有动向。

第二，个人可获取搭载RFID技术的APP客户端。建立RFID技术无人机识别系统的另一端：客户端，以APP软件的形式能够最快地普及到个人。如果利用现有的RFID技术，可以区分出以个人为中心的隐私权权利空间，即RFID技术可达到的100米范围之内，可以使用这项技术制成APP来识别以个人所持手机或者平板电脑为中心的100米范围内的无人机。但是，超过100米识别范围的无人机识别还需要借助望远镜或者其他远程方式。但是，100米范围足以识别过于靠近个人房屋的无人机，并且对于高空飞行的无人机而言，这项技术并不造成其他影响。总之，RFID技术识别APP的使用既不影响隐私权影响范围外的无人机使用，又可以同时规制隐私权权利影响范围内的无人机。

当然，以RFID技术为基础的无人机识别机制并不完美，甚至存在许多问题。但这并不妨碍依靠现有的技术开发APP并普及使用。

第一，需要考虑的问题是该识别机制建立的费用问题。据调查显示：小型APP的造价一般少于1万美元，大型的复杂APP价格可到15万美元。而搭载RFID技术的APP价格达到500美元，再加上每架无人机上搭载RFID技术的主动识别芯片，识别机制的价格会相应地增加。关于这部分费用的承担问题，理想情况下可将这部分费用分为两部分：第一部分，价格控制在合理的APP购买费用范围内，由希望采取APP客户端方式积极管理自己的隐私信息、排除商用无人机过度收集信息问题的个人承担；第二部分，由无人机的实际登记注册者承担。可按照不同无人机所搭载的功能，区分不同等级的登记注册费用，对于搭载高清摄像头等顶级配置的高价无人机，可收取更高价格的登记费用。

第二，明确管理、普及以RFID技术为基础的无人机识别机制的责任部门。掌握无人机注册信息的管理部门具有管理、普及这项机制的先天便利条件。民航局公布的《管理办法》中规定了无人机使用者在申请无人驾驶航空器经营许可证时，必须上传相关信息至"民用无人驾驶航空器实名登记信息系统"，这意味着民航局的信息管理部门掌握着注册无人机的第一手数据。这些数据可以在许可后的第一时间，上传至无人机识别机制的数据库中。而且，作为民航局的信息管理部门，对于无人机登记注册信息公布的范围，可以有效地结合航空安全规定把握合适的信息公开尺度。

第三，无人机信息的披露范围问题。在识别机制中的 APP 客户端中，需要区分其所显示的无人机信息。具体而言，一是无人机的性质区分问题，即私人娱乐用无人机、商用无人机与军用无人机、政府使用无人机是否需要区分显示。APP 定位中显示私用及商用无人机是这套机制建立的初衷，显示这两类无人机是当然的。但是，军用和政府用无人机是否需要在 APP 中显示，需要区分该无人机的登记用途，由管理部门选择是否在该机制中显示特定的军用或政府用无人机。二是私用、商用无人机显示信息的范围问题。注册的无人机向 APP 客户端使用者公布的信息范围存在两种模式：一种模式是 APP 客户端使用者可以看见无人机操作者的全名、无人机编号、注册地址，即无人机操作者在登记注册时的所有信息；另一种模式是仅看见无人机注册的号码。从信息保护的角度看，第二种模式考虑到无人机登记注册人的隐私权，如果采取第一种模式公布其全部信息，有些使用者可能出于信息安全的考虑而登记虚假信息或者干脆放弃使用无人机，因此，第一种模式并不利于无人机产业的发展。在第二种模式下，如果发生侵权情形，APP 客户端使用者可以持有 APP 中显示的无人机注册号码到管理部门查询该无人机的具体信息，再按照正常诉讼程序保护自己的权利。

（二）强制性义务：商用无人机所有者的登记注册义务与注意义务

在商用无人机情形下，无人机所有者处于技术强势地位。在双向个人信息保护机制中，无人机所有者需要承担强制性义务，必须履行义务才能合法合理地使用无人机。

第一，所有无人机均应履行登记注册义务，由登记注册部门将无人机信息登记，并同步上传无人机的登记注册码至 APP 客户端，以建立切实可用的无人机快速识别系统。当然，现行的无人机识别系统也是存在的。例如，FAA 标识规定，该规定要求无人机在机身上标记永久性的刻字或者其他可视标识。该规定要求：在任何操作情况下，该标识可以在近处的可视范围内被他人察觉。另外，标识也可以标注在无人机的明显部位，如电池盒上。但是，由于无人机的飞行高度和小体积，对于个人而言，除非极其接近，否则个人难以用肉眼识别标识。对于现有的标识识别系统，有学者认为，关于无人机的识别应采取综合识别标识，包括警告标识、灯光、登记在无人机系统中的无人机识别码。但是，对于无人机上的标识，地面上的个人除了使用望远镜观察空中的无人机之外，肉眼根本看不到无人机的标识。而就灯光而言，许多人并不知道无人机的灯光的意义，也不会投入过多注意。这种综合识别标识的方案只是一剂安慰剂，并不能有效规制无人机的使用。

第二，无人机的操作者应在操作中对地面个人的信息尽到不同程度的注意义务。以建立以 RFID 技术为基础的无人机识别系统为前提，在无人机登记注册时，登记注册部门需要对无人机登记注册人以书面或者电子形式尽到告知义务，操作者需要明知：在靠近 APP 客户端使用者 100 米范围内，无人机注册码会出现在客户端使用者的手机或者平板中。即在靠近人口密集区 100 米范围内时，操作者应对地面个人的安全和隐私信息尽到法定的注意义务。而在 RFID 技术识别范围外的情形，操作者对于地面个人隐私信息的注意义务随着高度的升高和横向空间的远离而递减。按照现有的摄像录影技术，搭载摄像头的无人机飞行航道越高，对个人隐私信息权利影响越小。此时，对于无人机注册登记者而言，侵权责任的成立条件则要求更高，这样可以避免过于限制无人机的普及和产业发展。

（三）指导性建议：隐私信息权利主体提高权利防御意识

双向个人信息保护机制中的权利人要意识到自己的权利掌握在自己手中，搭载现有 RFID 技术的识别无人机 APP 客户端就是一面虚拟的保护墙，帮助权利人实现拒绝商业无人机收集个人隐私信息行为的权利。在以 RFID 技术为基础的无人机识别系统中，个人可以主动地使用 APP 客户端对于不明身份的无人机进行识别，在侵权行为发生时，快速地确定侵权人。从现实角度来看，就目前市场上的大部分无人机而言，拉上窗帘、作出一个物理的拒绝姿态，可以在一定程度上防止商用无人机收集个人隐私信息。但是，现在已经出现搭载红外扫描装置的商用无人机，如亚马逊公司 2017 年的新专利：一种送货无人机搭载的系统可以扫描客户房屋结构和图像信息，无人机能同时将这些信息发送回亚马逊的数据库。随后，亚马逊的图像识别算法将分析这些信息，以确定客户可能感兴趣的其他产品，然后通过电子邮件或其他有针对性的广告为用户提供建议。这使得物理形成的任何障碍失效，个人信息的物理屏障彻底被新技术所打破。从亚马逊公司的商业无人机使用可以推知：企业默认其官网上的隐私政策尽到了告知义务，使用其无人机送货服务的客户应明知送货无人机有收集信息的功能。即使企业的这个假设成立，对于无人机经过地区和周边其他非客户的个人隐私信息，企业仍然没有尽到所谓的告知义务，也没有权利进行无告知收集，更遑论对信息进行图像分析。因此，对于商用无人机未来可能的发展趋势，即全方位的信息收集和图像分析，个人需要采取更为积极主动的保护态度，在以 RFID 技术为基础的保护机制中，对个人的保护范围也需要随着信息收集技术的变化作出弹性的调整。

另外，建议隐私信息的权利人对在附近飞行的无人机尽到最低限度的注意义务，避免采取过激的自力救济，以免产生后续的财物赔偿纠纷。建立以 RFID 技术为基础的无人机识别系统，其前提是以个人权利为圆心的防卫保护机制，不应具有攻击性。个人完全可以通过合法手段保护自己的隐私信息，获得合理的赔偿，而无需采取击落无人机等过激的自力救济手段。

五、结论

新技术的产生带动新的经济增长点的出现，互联网时代的个人隐私信息无疑是各方争点。就无人机技术而言，其商业化发展对于信息依存企业是一个突破口：无人机能够更隐蔽、更精确地收集地面信息。无人机技术是无数信息收集技术中的一种，同时也是现在备受各方关注的一种技术。搭配无线网络传输技术、高清摄像头、红外装置的无人机已经足够完成收集信息的任务。但无人机技术的发展不会止步于此，更微型的机身、更长的飞行时间、更精细的图像分析技术、更宽视野的 4D 相机、更智能的搭载式 A.I.，这些技术是未来的可见发展趋势。与日益膨胀的技术发展相比，作为技术受众的人往往处在被动状态，人们被动地接受新技术的发展、新技术的普及，最后是新技术对"权利"的"侵入"。仅就个人的隐私信息而言，其权利的外延早已失去房屋墙壁等物理外壳的保护，原本依附于不动产权利的个人隐私信息，现在处于随时流向大数据的外溢状态。这种不自觉的外溢状态使得个人隐私权处于无防护的危险状态。针对无人机技术的现阶段发展情况，以 RFID 技术为基础的双向个人信息保护机制能有效地在侵权情形下授权个人定位侵权者，同时，对无人机所有者起到义务告知的作用。但是这种制度的实施，必然需要生产和使用无人机的企业、政府管理部门以及作为受众和使用者的个人三者的共同合作，发挥各方作用，才能使之切实可行。而我国无人机企业对于隐私信息的问题已经开始重视，大疆公司已宣布，其生产的无人机已在 2017 年 10 月推出新增针对企业用无人机的隐私模式，用以保护无人机使用者本身的隐私信息不被窃取。随着无人机技术的不断进化，如果未来建立类似以个人为中心的保护制度，其中的基础技术可能是扩大识别范围或调整识别精度后的 RFID 技术，或者由更合理的技术代替。总而言之，对于新技术发展带来的侵权问题，其解决方案的核心基础也必然是可行的技术，以现有技术约束新技术的膨胀式发展趋势，滞后的法才有可能跟上新技术的脚步，在其"越轨"时起到阻挡作用。

译文

人工智能系统的规制[*]

托马斯·维施迈尔[**] 著

马 可 译 赵精武 校

一、走向开放:人工智能——对法律的挑战

人工智能,是这个时代最重大的预言之一。目前为止,当人们决定、解释某事,或是实施某个行为的过程中,机器的身影越来越频繁出现[1]。具备学习能力的系统早已被应用在医疗、金融等领域[2]。网络中的智能算法也在根据用户搜索时所透露的信息,为用户量身定制产品推荐和相关信息。随着世界从互联网时代走向物联网时代,智能技术也就愈加深刻地融入人们日常生活。各种传感器分布在住所、交通工具和

---

[*] 原文来源:Wischmeyer, Thomas, Regulierung intelligenter Systeme, AöR 143 (2018), S. 1-66.

[**] 作者单位:德国比勒费尔德大学。

[1] 某种程度上,本文中的"人"指的就是一种纯粹的自然的存在(参见 S. Klingbeil, Der Begriff der Rechtsperson, AcP 217 (2017), 848/851),并与其形成对比,这是本文为了进行分析而抽象出了一对概念,但实际上会有更为复杂的情况,请参见 J. Kersten, Menschen und Maschinen, JZ 70 (2015), 1 ff.

[2] 关于智能系统和机器学习有很多的导论类的文献,可参见 E. Siegel, Predictive Analytics, 2016; P. Domingos, The Master Algorithm, 2015; W. Wallach, A Dangerous Master, 2015; E. Alpaydin, Machine Learning, 2016; W. Ertel, Grundkurs Künstliche Intelligenz, 4. Aufl. 2016. 关于智能技术的法律后果的德语文献相对比较少,可参见 O. Stiemerling, "Künstliche Intelligenz", CR 2015, 762ff.; S. Kirn/C. D. Müller-Hengstenberg, Intelligente (Software-) Agenten I, MMR 2014, 225 ff.; Y. Frese, Recht im zweiten Maschinenzeitalter, NJW 2015, 2090/2092; J. Reichwald/D. Pfisterer, Autonomie und Intelligenz im Internet der Dinge, CR 2016, 208/209 f. 英语文献中,参见 H. Surden, Machine Learning and Law, Washington Law Review 89 (2014), 87 ff.; M. Scherer, Regulating Artificial Intelligence Systems, Harv. J. L. & Tech. 29 (2016), 353 ff.; A. Tutt, An FDA for Algorithms, Admin. L. Rev. 69 (2017), 83 ff.; H. Eidenmüller, The Rise of Robots and the Law of Humans, ZEuP 2017, 765 ff.

人体上，收集着数据并发送至云端。而在云端的智能系统根据这些数据完成人类指定的任务。这些智能系统能够在现实世界中操纵机器、移动物体。它们正在迅速地超越智能机器人的阶段，向着更高阶的智能发展[1]。因为它们具备这些特定的能力，智能系统不单单被私人使用，也被政府机关用于履行政府职能。在公共领域，预测警务系统被大规模的应用。警方用它来预测犯罪行为。而在具体的国家行政监管中，特别是在金融市场监管和税务征收管理等领域，智能技术都有很大的用途。

在政治与媒体的场域中，"人工智能"和"智能"经常不被当作特定术语使用，这些概念通常是在一些新兴技术领域和互联网的语境中被提及[2]。而这些智能技术的核心特征，准确地讲，就是可以通过一定的数据进行自我学习，并在输入新的数据的情况下，作出决定并改变行为[3]；且整个决策过程并不是人类在编写程序过程中细节上作出的预先安排，而是智能系统结合自身的学习经验即时作出的决策。因此，不但智能系统的决策过程是不可预见的，其决策结果也是不可预见的[4]。

根据目前智能系统的发展水平，它们还远远不能与人类智能相比。因此，关于智能系统的争论的焦点，在可预见的未来不会是"超

---

[1] 智能机器人（Intelligente Roboter）是智能系统（intelligente Systeme）的子概念。因此，对智能机器人的监管也要面对上述所有问题的挑战。因此在下文中，不会把机器人和其他智能系统（如搜索引擎算法）之间进行进一步的区分。至于监管机器人所要面对的特殊问题，此处也将其排除在外。See R. Calo, Robotics and the Lessons of Cyberlaw, Calif. L. Rev. 103 (2015), 513 ff.；T. Schulz, Verantwortlichkeit bei autonom agierenden Systemen, 2015; E. Hilgendorf/U. Seidel (Hrsg.), Robotics, Autonomics, and the Law, 2017.

[2] 在这种情形下，Larry Tesler 的公式"智能是机器还没有做到的事"可以做经典的阐释。

[3] 参见 E. Alpaydin, Machine Learning, 2016, S. XIII；W. Ertel, Grundkurs Künstliche Intelligenz, 4. Aufl. 2016, S. 3. 关于人工智能的"智能"除了机器学习能力外还意味着什么，技术科学领域也有热烈的讨论，请参见 W. Ertel, Grundkurs Künstliche Intelligenz, 4. Aufl. 2016, S. 1 ff.；S. Russell/P. Norvig, Artificial Intelligence, 3. Aufl. 2010, S. 2. 各种不同的理论用不同的概念对智能系统进行定义，比如"像人类一样思考"（think humanly）"像人类一样行动"（acting humanly）"理性的思考"（thinking rationally）"理性行动"（acting rationally）；M. Scherer, Regulating Artificial Intelligence Systems, Harv. J. L. & Tech. 29（2016），S. 360 ff. 这些理论之间的差异，主要体现在长期研究的视角下，比如，机器在什么情况下就可以被证明是可以与人类相媲美——也就是如何定义"通用人工智能"的问题。然而，人们普通认为机器学习已经在研究上取得了质的飞跃，这可能是"通用人工智能"成为可能的条件，另一方面也是它可以被应用的标志——可以深化讨论到特定领域下人工智能的应用场景。因此，机器学习在现在的语境下，通常等同于应用领域的人工智能。更多的信息，请见本文下述。

[4] 更细致的讨论可参见 M. Scherer, Regulating Artificial Intelligence Systems, Harv. J. L. & Tech. 29（2016），S. 364 ff.

级智能[1]",而是如何进一步发展、应用具有自主学习能力的智能系统,以及这种系统开发和利用大数据的能力[2]。将"一般的人工智能"从"应用型人工智能(狭义上的人工智能或弱人工智能)"中区分出来的意义也是如此[3]。但即便是目前技术水平下的"弱人工智

---

[1] 在这个方向上有很多警示性的观点,参见 N. Bostrom, Superintelligence, 2014; Y. Hof-stetter, Das Ende der Demokratie, 2016。需特别关注的文献如 E. Brynjolfsson/A. McAfee, The second machine age, 2014;对上述观点持不同意见的,可参见 M. Arntz/T. Gregory/U. Zierahn, Revisiting the risk of automation, Economics Letters 159 (2017), 157 ff.

[2] See R. Brooks, The Seven Deadly Sins of Predicting the Future of AI, 7.9.2017, http://rodneybrooks.com/the-seven-deadly-sins-of-predicting-the-future-of-ai,访问时间:2018年12月2日, archiviert unter: https://perma.cc/DBN8-RJMC。该文对于当前技术发展的现状有着全面的介绍。

[3] 智能系统带来的对法律与社会挑战也在文献中用其他的术语进行了讨论,如文献中经常用"算法"或"算法决策系统"(algorithmischen Entscheidungssystemen)。与算法和法律关系的文献参见 F. Pasquale, The Black Box Society, 2015; F. Stalder, Kultur der Digitalität, 2016, S. 167 ff.; W. Hoffmann-Riem, Verhaltenssteuerung durch Algorithmen, AöR 142 (2017), 1 ff.; V. Boehme-Neßler, Die Macht der Algorithmen, NJW 2017, 3031 ff.; C. Ernst, Algorithmische Entscheidungs-findung, JZ 72 (2017), 1026 ff.; M. Martini, Algorithmen als Herausforderung, JZ 72 (2017), 1017 ff.。智能系统中的智能也存在模糊性,但是,可以通过将其定义为狭义的机器学习来客观这一点(参见第86页脚注3)。此外,算法这个概念也有其弱点,算法被明确定义为解决问题的规则(参见 R. Hill, What an algorithm is, Philosophy & Technology 29 (2016), 35/47。其中,对算法的定义为:"一个有限的、抽象的、高效的、复合的控制结构,通常有强制设定,在给定的规则下完成设定的目标。")。依照上述的定义,基于算法进行行动和决策的系统自古就存在。比如,食谱就是一个算法,每一个最简单的计算机系统,都是一个算法生态系统〔参见 T. Gillespie, The Relevance of Algorithms, in: ders. / Boczkowski/Foot (Hrsg.), Media Technologies, 2014, S. 167/168; R. Kitchin, Thinking Critically About and Researching Algorithms, Information, Communication & Society 20 (2016), 14/20 f.〕。然而,目前关于算法的文献并不关注所有复合定义的算法系统,而只关注那些经由网络信息系统运作,评估大量数据并作出具有社会影响力的决策的系统〔参见 B. Mittelstadt/P. Allo/M. Taddeo/S. Wachter/L. Floridi, The ethics of algorithms, Big Data & Society 3: 2 (2016), 1/2 f.;亦可见 C. O'Neil, Weapons of Math Destruction, 2016, die auf die Kriterien damage, opacity und scale ab-stellt〕。因此,一些看似令人信服的标准和定义,事实上很难做到真正的精准,且情况总是动态变化的。比如,以往通常意义上认为并不是智能系统的评分算法,目前也越来越符合智能系统的定义——具备了学习的能力〔A. Tutt, An FDA for Algorithms, Admin. L. Rev. 69 (2017), 83 ff., S. 85〕。从监管的角度来看一些关键的问题(见本文"四、透明化的智能系统:从解释权到分工的建立以及控制架构"),如透明原则和对于人机交互中既定的归因规则的突破,这些问题只会在智能系统,而非确定性(算法)系统中出现。虽然诚如上述所言,算法这个概念过于宽泛,但是它仍然缺乏一些层次性:比如,它不能解释系统层面的问题,也无法将人机交互中的问题纳入概念射中,但是,以上的这些问题都是监管中的核心问题,虽然经过多年的监管实践,关于算法的问题已经形成了规范的清单,但是以算法作为规范用语仍然有局限性〔参见 K. Passig, Fünf-zig Jahre Black Box, Merkur 71: 823 (2017), 16: "Man könnte einfach, Software 'sagen, aber das klingt eben nicht so sinister wie, Algorithmus'"〕。而智能系统的用语没有算法系统的上述弱点,"智能系统"这一用语更加精确和中性,这个概念本身也是基于算法学习而产生的,而"智能系统"这个称谓没有"算法系统"这个称谓的上述弱点(因为传统机器决策系统也会使用算法,所以"算法系统"这个称谓就失去了描述的准确性,译者注),"智能系统"这一用语更加精确和中性,这个概念本身也是基于算法学习而产生的(见下文第153页)。

能"或"应用型人工智能"也会对政治、社会和法律提出新挑战。当智能系统被整合到具有巨大社会影响、有造成损害可能性的决策过程中时尤为如此。现今以上的情况越来越多,特别是在金融市场或安全管理等重要领域中,智能系统的不可预测性以及不可控性很可能会造成问题〔1〕。人与机器之间日益密切的相互作用,机器学习技术的广泛适用性,以及人与机器的共生性更加剧了这一点,因此,需要进一步的认识〔2〕。系统越独立,其行为就越有可能摆脱人类的控制,因此,技术从人类的工具变成了规范所规制的对象〔3〕。正如美国目前的状况:当智能系统被用于评估罪犯再次犯罪的风险并会进而影响量刑时,蕴藏在技术中的规范力量愈加明显〔4〕。在此情况下,即便是以往对于技术规制采取消极态度的硅谷,也要求国家政府进行更强的监管〔5〕。奥巴马

---

〔1〕 See M. Scherer, Regulating Artificial Intelligence Systems, Harv. J. L. & Tech. 29 (2016), 353 ff., S. 367 f. See W. Wallach/C. Allen, Moral Machines, 2009, S. 197.

〔2〕 See J. Kersten, Menschen und Maschinen, JZ 70 (2015), S. 1 ff.

〔3〕 当谈到人工智能系统(智能机器人)时,人们通常会提到"自主系统"(autonomen Systemen)。这些系统经常与现实生活中的人们直接地进行互动;因此,当这些系统进行决定的责任和救济问题在现在尤为明显。从技术角度而言,"自主性"指的是系统相对于人类程序员的部分独立性,而这种独立性通常被认为是系统的学习能力。参见 J. Reichwald/D. Pfisterer, Autonomie und Intelligenz im Internet der Dinge, CR 2016, 208/209 f., S. 210 ff.; E. Hilgendorf/U. Seidel (Hrsg.), Robotics, Autonomics, and the Law, 2017. 亦可见 D. Vladeck, Machines without Principals, Wash. L. Rev. 89 (2014), 117/121:"机器基于自身获取和分析信息的能力,独立于人类直接作出指令。"亦可见 T. Schulz, Verantwortlichkeit bei autonom agierenden Systemen, 2015, S. 42 ff. 此处的所谓自主性,指的是系统实现自主性的先决条件,但是关于"自主"(Autonomie)的概念中还有其他的复杂含义,可参见 B. Rössler, Autonomie, 2017; C. Bumke/A. Röthel (Hrsg.), Autonomie im Recht, 2017. 系统的自主性也会随着技术的进步而变化,可参见 B. Gransche/E. Shala et al. (Hrsg.), Wandel von Autonomie und Kontrolle durch neue Mensch-Technik-Interaktionen, 2014. 如果技术性和更复杂的哲学概念之间的区别没有被正视、规范性的假设不加区别地被引入法律,会引起归属规范的问题。出于以上的原因,运用更中性的术语定义人工智能系统要比现有的术语("自主系统")更受欢迎。因此,如果下文仍然讨论了个别情况下的自主系统,则都是在特定情况的一种称谓,并非将其与法律、哲学中的自主——拥有自主意识相等同。

〔4〕 参见 J. Angwin/J. Larson/S. Mattu/L. Kirchner, Machine Bias, ProPublica, 23.5.2016, https://www.propublica.org/article/machine-bias-risk-assessments-in-criminal-sentencing, archiviert unter: https://perma.cc/6KDN-FMNC.

〔5〕 关于 Bill Gates 和 Elon Musk 的论述,参见 M. Scherer, Regulating Artificial Intelligence Systems, Harv. J. L. & Tech. 29 (2016), 353 ff., S. 355 f. 调查显示,国际和国家对于 AI 规制的迫切,可参见 Law and AI, 12.4.2017, http://www.lawandai.com/2017/04/12/poll-shows-overwhelming-support-for-national-and-inter national-regulation-of-ai,访问时间:2018 年 12 月 2 日, archiviert unter: https://perma.cc/9G5R-UFGL.

政府通过推动主题为"为人工智能的未来做好准备"的项目来分析人工智能的政治和社会影响和可能的监管措施[1]。欧洲也启动了类似的项目[2]。欧洲委员会通过一份报告和若干关于该主题的决议,也表达了类似的观点[3]。欧洲议会于 2017 年 10 月进行了讨论,并制定通过了一套新的机器人与人工智能规制规则[4]。在德国,前联邦司法部部长和联邦议院也强调了"在算法控制领域需要进一步加强监管"[5]。

此外,德国消费者事务专家委员会和国家伦理委员会等众多委员会也在着手智能系统的设计[6]。在国际法层面(本文将其排除在讨论范围之外),自主武器系统的相关议题早已成为大家关注的焦点[7]。人们普遍认为,需要规制智能系统,但是并没有厘清什么措施是可行的,以及什么措施是应为的。以上这些报告和项目都提出了很多建议,其中一

---

〔1〕 See National Science and Technology Council Committee on Technology, Preparing for the Future of Artificial Intelligence, 12.10.2016, https://obamawhitehouse.archives.gov/sites/default/files/whitehouse_files/microsites/ostp/NSTC/preparing_for_the_future_of_ai.pdf, 访问时间:2018 年 12 月 2 日。

〔2〕 See C. Cath/S. Wachter et al., Artificial Intelligence and the Good Society, Science and Engineering Ethics 2017, 1/10 ff. 亦可参见 European Parliament Committee on Legal Affairs, Report with Recommendations to the Commission on Civil Law Rules on Robotics, 2015/2103 (INL), 2017; M. Lohmann, Europäisches Roboterrecht, ZRP 2017, 168ff.; R. Schaub, Interaktion von Mensch und Maschine, JZ 72 (2017), 342 ff. 亦可见英国的立法动态:House of Commons Science and Technology Committee, Robotics and Artificial Intelligence, House of Commons 2016, HC 145.

〔3〕 可参见欧盟议会 14288 号文件:《关于技术融合、人工智能与人权的报告》(动议 2102 号),2017 年 4 月 10 号。

〔4〕 可参见欧盟议会 2017 年 2 月 16 日的决议,其中,包含对机器人技术与民法规则委员会的建议。2015/2103 (INL). Vgl. auch N. N., Artificial Intelligence, Robotics, Privacy and Data Protection. Room document for the 38th International Conference of Data Protection and Privacy Commissioners, October 2016, https://edps.europa.eu/sites/edp/files/publication/16-10-19_marrakesh_ai_paper_en.pdf, 访问时间:2018 年 12 月 2 日, archiviert unter: https://perma.cc/YH9X-RKVJ.

〔5〕 See Wissenschaftliche Dienste des Deutschen Bundestages, Algorithmen im Medien-bereich-Gesetzlicher Regelungsbedarf, WD 10-3000-048/17, 22.9.2017, https://www.bundestag.de/blob/529616/bbe3de30880170a7b710e5c8732b7c06/wd-10-048-17-pdf-data.pdf, 访问时间:2018 年 12 月 2 日。

〔6〕 参见 Sachverständigenrat für Verbraucherfragen, Verbraucherrecht 2.0-Verbraucher in der digitalen Welt, 2016. 参见 die Zusammenfassung der Jahrestagung 2017, http://www.ethikrat.org/veranstaltungen/jahrestagungen/autonome - systeme, archiviert unter: https://perma.cc/8DUU-HCGM. 亦可参见 Bundesministerium für Verkehr und digitale Infrastruktur, Ethik-Kommission Automatisiertes und vernetztes Fahren, Juni 2017.

〔7〕 这方面的文献很多,可参见 N. Bhuta/S. Beck et al. (Hrsg.), Autonomous Weapons Systems, 2016.

些方案是比较传统的,有些方案则是正在寻找新的方法[1]。这些建议所涉及的议题包括程序员的道德承诺、智能系统用户的责任,以及是否有必要创建新的权限。

以上这些建议内容的广泛性反映了规制智能系统这一议题的复杂性。原则上,智能系统可以被应用在人类活动的每一个领域,并能应对任何情境。但有必要对智能系统的设计提出更明确清晰的要求,且必须管控智能系统的应用所造成的外溢作用。因此,区别哪种形式的监管是更好的,一方面既取决于监管技术本身的特点,也取决于该领域法律实践针对行业状况所进行的自我调节和发展。比如,如果要建立社交媒体中应用智能系统的规则,则须结合两点:互联网的特征,以及现有媒体法的现状与发展[2]。又如,如果一国政府想要建立预测性警务系统的相关规则,则一方面要明确该领域社会现象本身的特殊性,另一方面也要考虑现存的相关刑事法律规范[3]。因此,从法律视角来看,对智能系统的监管也是交叉领域的工作,对技术创新领域感兴趣的律师,如果想提供更好的服务,必须要与软件工程师与计算机科学家共同努力。但除了在特定领域引起的特殊问题外,智能系统也会引发一般性的问题,

---

[1] 参见 R. Calo, The case for a federal robotics commission, 2014, Brookings Institution, https://www.brookings.edu/research/the-case-for-a-federal-robotics-commis-sion/, archiviert unter: https://perma.cc/3CNV-NARE; H. Surden, Machine Learning and Law, Washington Law Review 89(2014), S. 87 ff.; U. Pagallo, Even angels need the rules, ECAI 2016, 209 ff.; S. Barocas/A. Selbst, Big Data's Disparate Impact, California Law Review 104(2016), 671ff.; M. Scherer, Regulating Artificial Intelligence Systems, Harv. J. L. & Tech. 29(2016), 353 ff., S. 353 ff.; A. Tutt, An FDA for Algorithms, Admin. L. Rev. 69(2017), 83 ff., S. 83 ff.; C. Coglianese/D. Lehr, Regulating by Robot, Geo. L. J. 105(2017), 1147 ff.; G. Comandè, Regulating Algorithms' Regulation?, in: Cerquitelli/Quercia/Pasquale(Hrsg.), Transparent Data Mining for Big and Small Data, 2017, S. 169ff.; M. Martini/D. Nink, Wenn Maschinen entscheiden, NVwZ Extra 10/2017, 1 ff. 此处的一些方案提议请见本文"四、透明化的智能系统:从解释权到分工的建立以及控制架构"。更早的文献参见 B. Buchanan/T. Headrick, Some Speculation about Artificial Intelligence and Legal Reasoning, Stanford L. R. 23(1970), 40 ff.; E. Rissland, Artificial Intelligence and Law: Stepping Stones to a Model of Legal Reasoning, Yale L. J. 99(1990), 1957 ff.; G. Cole, Tort Liability for Artificial Intelligence and Ex-pert Systems, Computer/Law Journal 10(1990), 127 ff.

[2] 关于该领域的监管的背景依赖性,参见 R. Broemel/H.-H. Trute, Alles nur Datenschutz?, Berliner Debatte Initial 27: 4(2016), 50/53 ff.

[3] 关于预测性警务的文献,可参见 S. Gless, Predictive policing und operative Verbrechensbekämpfung, in: Herzog/Schlothauer/Wohlers(Hrsg.), Rechtsstaatlicher Strafprozess und Bürgerrechte, 2016, S. 165 ff.; S. Egbert, Siegeszug der Algorithmen?, APuZ, Heft 32/33 2017; T. Rademacher, Predictive Policing, AöR 142(2017), 366 ff.

即宪法和部门法的问题，如反歧视法、数据保护法以及非应用型智能系统的规制问题，这些领域所适用的规则可以适用于所有智能系统的一般指导性原则。据此，当讨论智能系统的规制的时候，需要解决本文下述的一般性问题。

在上述前提下，本文追求两个目标：首先是澄清目前智能系统规制问题中的核心议题。且从法律的角度来看，需要对智能系统进行有序的和系统化的监管。对此，从目前的宪法性文本和基本法律中归纳出6项监管原则，智能系统的设计和应用在任何情况下都必须遵循这6项原则[1]（本文第四部分）。在此基础上的第二步，是进一步分析目前智能系统规制的前沿问题：智能系统的不透明性。事实上，智能系统是一个黑箱子，很难验证哪些因素影响并导致了特定的机器决策。以现在的政治和社会对于智能系统的了解程度而言，虽然大众都对于智能系统有着一定的了解，但从法律的角度，针对此议题的讨论经常超过其本身所实际涵盖的范围。复杂的智能系统作出决策作为一种黑箱子现象并不是问题。人类作出决定的过程也是一样，每个主体作出的决定对于他人而言其实也是黑箱子，因此，机器决策从规范的角度来看与人类决策者的行为并无不同。因此，比机器决策的透明性和可追溯性更重要的，是需要将机器决策嵌入在足够密集的理由和控制架构内（本文第四部分）。

技术话语几乎不受到关于人工智能的幻想的影响。因此，在进入法律上的讨论前，必须对智能系统的一些基本情况进行澄清：现今的智能系统能力到底如何？它与传统的自动化决策系统有何不同？它的边界在哪里？

二、科技的发展

对于现代意义上应用型智能技术的开发，始于20世纪40年代[2]。艾伦·图灵（Alan Turing）从1950年开始撰写题为"计算机器与智能"的论文，其中首次提出一个实用性的概念——机器学习，也就是机器可以独立地从过去的事件中学习经验并将其用于未来行为的能力[3]。在

---

[1] 从信息伦理的角度进行的论述可见 Mittelstadt 等著；T. Zarsky, The Trouble with Algorithmic Decisions, Science, Technology & Human Values 41 (2016), 118 ff.

[2] 关于当前技术的前身和发展史，参见 N. Nilsson, The Quest for Artificial Intelligence, 2010; M. Boden, AI, 2016, S. 7 ff.; P. Stone/R. Brooks et al., Artificial Intelligence and Life in 2030, 2016, http://ai100.stanford.edu/2016-report.

[3] See A. Turing, Computing Machinery and Intelligence, Mind 49 (1950), 433 ff.

20世纪50年代到60年代，自动化研究迎来自己的第一次繁荣，其中最具代表性的言论，就是赫伯特·西蒙（Herbert Simon）在1965年的预言："机器将在20年内完全可以胜任一切人类的工作。"[1] 但是，在随后相当长的时间内，相关技术的发展一直陷于停滞状态。从2010年开始，关于机器学习的研究一直在加速推进，图像识别、语音识别以及机器人技术（如自动驾驶）的进步引起了公众的兴趣。在其他领域，人工智能已被广泛认为比人类更高效。有几个因素促成了这一成果，如私人资本和政府对于智能技术投资的大幅增加[2]。最重要的因素是，自2010年以来，人们在掌握和整合机器学习的三个核心要素的技术领域取得了重大进展。这三个核心要素分别是数据、算法和人工监督。由于人工智能与人类智能存在巨大的差异，必须开发针对人类个体智能服务的定制技术——生物识别、语音识别、预测系统、控制型智能（机器人技术）等。尽管智能系统在不同技术领域应用存在巨大的差异[3]，但总而言之，最重要的仍然是前述的三个要素。从监管的视角来看，这些要素也是对技术规制发展的起点。

上述因素的相互作用，可从Twitter机器人"Tay"的例子中有所体现。2016年微软创造了Tay，并将它用于展示人工智能的人机交互和沟通能力。在实际的应用场景中，Tay能够与没有特定程序安排的人类用户进行复杂的讨论。Tay回答了来自人类用户的大量问题，并站在中立角度给出了最接近于人类智能的答案。Tay还能够在每次对话的过程中拓展自己的对话技巧，也就是可以从交谈对象处自我学习。但该项目最

---

[1] 参见H. Simon, The Shape of Automation for Men and Management, 1965, S. 96；类似的论述，参见M. Minsky, Computation, 1967, S. 2。针对人工智能在行政法领域的应用的早期讨论，可见K. Zeidler, Techniserung der Verwaltung, 1959；H. P. Bull, Verwaltung durch Maschinen, 1963；N. Luhmann, Recht und Automation in der öffentlichen Verwaltung, 1966；S. Simitis, Automation in der Rechtsordnung, 1967。

[2] 比如，美国国家科学技术委员会的计划National Science and Technology Council Committee on Technology, Preparing for the Future of Artificial Intelligence, 12. 10. 2016, https://obamawhitehouse.archives.gov/sites/default/files/whitehouse_files/microsites/ostp/NSTC/preparing_for_the_future_of_ai.pdf, 访问时间：2018年12月2日。亦可参见The Economist, Artificial Intelligence：Rise of the Machines, 9. 5. 2015, http://www.economist.com/news/briefing/21650526-artificial-intelligence-scares-peo pleexcessively-so-rise-machines, 访问时间：2018年12月2日。

[3] 目前的社会科学和法学的文献，都在重点讨论智能系统的具体表现形式（见F. Pasquale, The Black Box Society, 2015, 如关于金融领域和搜索引擎；也有进行一般的讨论的，可见M. Scherer, Regulating Artificial Intelligence Systems, Harv. J. L. & Tech. 29（2016），S. 353 ff.；A. Tutt, An FDA for Algorithms, Admin. L. Rev. 69（2017），S. 83 ff.

终被叫停了，Tay 被无限期地停用了。Tay 的学习能力和语言技能被证明是阿喀琉斯之踵，人类用户能够轻松操纵它，并在短时间内引导它表达诸如种族主义的口号，否认发生过的大屠杀等争议性言论[1]。Tay 项目的失败生动地展示了目前公认已达到人工智能标准的智能系统技术的长处和短处。

（一）智能系统的三要素

1. 大数据。Tay 具备语言技能的技术前提是存在大量的、被精心收集分析过的、有关人类交流的数据。高质量的数据对于智能系统的作用一直被低估。人工智能取得最新进展的重要背景是大数据时代的到来，用户可以获得越来越多的高质量的数据[2]。从认识论的角度来看，对事物准确的认知以大量的特定数据为前提，数据越全面细致，越集中在特定行为领域[3]，认知越精确，也使得智能系统具备精确预测的能力[4]。同时，传感器越多，获得的数据就越多。因此，物联网很可能

---

〔1〕 对本案有特别指导意义的，可参见 C. Sinders, Microsoft's Tay is an Example of Bad Design, Medium, 24.3.2016, https：//medium.com/@carolinesinders/microsoft-s-tay-is-an-example-of-bad-design-d4e65bb2569f, archiviert un-ter: https: // perma. cc/TZ6Q-NX8Q.

〔2〕 对于通常意义上的大数据，可参见 V. Mayer-Schönberger/K. Cukier, Big Data, 2013；J. Taeger（Hrsg.）, Big Data & Co, 2014；R. Broemel/H.-H. Trute, Alles nur Datenschutz？, Berliner Debatte Initial 27：4（2016）, 50/53 ff. 其中比较典型的数据，如"The ImageNet Large Scale Visual Recognition Challenge"的数据库，它是今年在机器视觉领域最受欢迎也是最具权威的数据库，代表着图像领域的最高水平，可参见 http：//image-net.org/chal lenges/LSVRC/2012/browse-synsets.

〔3〕 智能系统对于数据质量的依赖，可参见 National Science and Technology Council Committee on Technology, Preparing for the Future of Artificial Intelligence, 12.10.2016, S.30. https：//obamawhitehouse.archives.gov/sites/default/files/whitehouse_files/microsites/ostp/NSTC/preparing_for_the_future_of_ai.pdf, 访问时间：2018 年 12 月 2 日。据此，该文提出建议，应当发展个人、政府和受影响的相对人之间的合作并制定人工智能技术标准。亦可参见 A. Ferguson, Big Data and Predictive Reasonable Suspicion, U. Penn L. Rev. （2015）, 327/398 ff.；T. Hoeren, Thesen zum Verhältnis von Big Data und Datenqualität, MMR 2016, 8 ff. 当数据不足时的后果，参见 M. Ford, The Missing Statistics of Criminal Justice, The Atlantic, 31.5.2015, http：//www.theatlantic.com/politics/archive/2015/05/what-we-dont-know-about-mass-incarceration/394520/, archiviert unter：https：//perma. cc/MJ9H-3B4Y.

〔4〕 参见 L. Floridi, Big data and their epistemological challenge, Philosophy & Technology 25（2012）, 435 ff. 本文论证了通过"小模式"（small patterns）检验大数据的策略性功能，类似观点的文献可参见 V. Mayer-Schönberger/K. Cukier, BigData, 2013；J. Taeger（Hrsg.）, Big Data & Co, 2014, S. 35 ff.

会大大促进智能系统的发展[1]。如今,社交媒体已经成为数据的重要来源,社交媒体中有着丰富的数据资源[2]。对于像 Tay 这样的语言机器人,其背后的数据库包括定期更新的数百万计的原始通信记录,以及存储在公共数据库中的知识,还有专门为机器人应用领域开发的、多样的交谈模式[3]。

2. 学习型算法。Tay 机器人将当前数据识别技术和机器学习技术应用在数据上。计算机科学家们在设计这种自适应系统方面取得了重大进步。在技术讨论中,机器学习本身只是一种技术,智能系统通过这样特定的方式来提取、分类数据。然而,由于该技术非常强大,它在很大程度上成为一种取代了传统方式产生人工智能的方法[4]。因此,机器学习能力在今天经常被等同于应用型人工智能[5]。

传统的机器决策系统的特点在于规则和算法[6]完全由人类预先编程输入(机器按照这些规则和算法进行输出)[7]。不同于以上这种确定性比较强的方法,来自给定数据集的智能系统在很大程度上可以独立

---

[1] 从公法角度对物联网的讨论,可参见 C. Djeffal, Das Internet der Dinge und die öffentliche Verwaltung, DVBl. 2017, 808 ff.; W. Hoffmann‐Riem, Verhaltenssteuerung durch Algorithmen, AöR 142 (2017), S. 5 f.

[2] See S. Lomborg/A. Bechmann, Using APIs for Data Collection on Social Media, In-formation Society 30 (2014), 256 ff.

[3] 这里必须克服许多挑战,尤其是在处理语音数据的时候。但是在这个当前语境下,语音数据的处理也被统摄概括在自然语言处理中。参见 J. Hirschberg/C. Manning, Advances in natural language processing, Science 349: 6 (2015), 261 ff.

[4] 现在流行的方法,基本上都是基于概率论和推理,即从现有数据中推断出相关的决策规则,但是这并不是构建智能系统的唯一途径。与早期人工智能研究中运用的所谓"符号方法"相比,现在使用的方法甚至可以说存在结构性的缺陷(第 98 页第三自然段)。尽管存在上述的问题,目前这种概率论和推理的方法仍然是最广泛也是目前最容易应用的技术手段。参见 N. Nilsson, The Quest for Artificial Intelligence, 2010; M. Boden, AI, 2016, S. 7 ff. P. Stone/R. Brooks et al., Artificial Intelligence and Life in 2030, 2016, S. 79, http://ai100.stanford.edu/2016-report, 访问时间: 2018 年 12 月 2 日,作者在该文中简要总结了当前的技术路径: "线性指令被大规模的并行指令取代,自上而下的控制被自下而上的处理所取代,逻辑被概率所取代。"

[5] See E. Alpaydin, Machine Learning, 2016, S. XIII.

[6] 该概念可见第 87 页脚注 3。

[7] See A. Tutt, An FDA for Algorithms, Admin. L. Rev. 69 (2017), S. 93 f. 在本文中,Tutt 这样形容国际象棋程序"深蓝"(deep blue): "深蓝有点像瑞士手表。它能做到非常精密和准确,但前提是设计者必须首先手工制作所有的组件。"

地确定数据输出分布规则，进而可以对新的输入数据进行正确的分类[1]。为此，它能够寻找给定数据点之间的相关性，并创建能够解释当前模式的假设模型[2]。Tay 机器人就是按照以上的方式运行程序训练自己的。自然语言处理技术为数据的各个属性之间的统计关系准备了文本数据库[3]，包括词汇、句法和语义等。在语料库被创建的时候，数据处理的规则就已经被重点关注到了，此时也会被进一步重构。举例来说，预测警务系统将某一地区的社会经济状况数据与犯罪统计数据相联系，并建立模型，使其能够预测社会经济状态变化对刑事犯罪发展的影响——即使人们并不了解其中确切的因果关系[4]。

当算法应用于未知数据时，新的输入根据系统重建的规则进行分类，并转换为输出（预测、语言、动作等）。由于规则没有固定地编入系统，从人类观察者的角度，这些具体分类的标准通常是不可预测的。因此，智能系统常常被认为缺乏确定性[5]。系统回应会根据输出的多少动态地进行调整。

智能系统中不会出现"智能的答案"，即通过象征性联想或特殊的创造性思维产生"火花"，但是正如埃塞姆·阿培丁（Ethem Alpaydin）所说的那样："智能似乎并不源于一些古怪、特别的公式，而是来自于

---

[1] 具体来说，各种非确定系统可以根据其学习和性能能力进行进一步的分类，在此必须忽略这些差异，参见 A. Tutt, An FDA for Algorithms, Admin. L. Rev. 69（2017），S. 107。此外，用于此目的的数学模型和计算机程序的范围非常大，最常见的技术就是所谓的神经网络〔neural networks；häufig ist auch von deep learning die Rede, vgl. Y. LeCun/Y. Bengio/G. Hinton, Deep learning, Nature 521：7553（2015），436 ff.〕和概率建模（参见 Z. Ghahramani，Probabilistic machine learning and artificial intelligence，Nature 521：7553（2015），452 ff.）。如何选择哪种类型的算法或者技术取决于要解决的问题类型（语言识别、图像识别还是事件预测）、系统所需的计算机的算力等因素。像 Google 搜索引擎这样的复杂应用程序是由许多不同的组件组成，这些组件结合了不同的技术（C. Sandvig/K. Hamilton/K. Karahalios/C. Langbort，Auditing algorithms，Annual Meeting of the International Communication Association，2014，1 ff.）。

[2] 当然，前提是在相关学科内确实有适当的规则或者理论框架，参见 E. Alpaydin，Machine Learning，2016，S. 41；E. Siegel，Predictive Analytics，2016，S. 103 ff.

[3] 特别是在自然语言处理的领域，关于这些"特征"（动词、形容词等）都是有规律地提前进行定义的，参见 M. Boden，AI，2016，S. 57 ff.

[4] 目前在德国，并不应当应用预测性警务系统，目前该项目在试点仅仅将犯罪类型数据、地点和时间进行了输入和统计，关于德国和美国在预测性警务系统的差别，参见 T. Rademacher Predictive Policing, AöR 142（2017），S. 369 f.

[5] See R. Kitchin Thinking Critically About and Researching Algorithms, Information, Communication & Society 20（2016），S. 21.

简单、持续与耐心,简单到近乎于蛮力的算法。"[1] 智能系统描绘、跟踪特定数据系统的运行,并根据这些来模拟该系统未来的运行状况。目前,并没有发展出该主题领域系统化、结构化的实证法体系。正如人们经常强调的,人们能够发现相关性,但是无法发现因果关系和其他可以被抽象化、规定到法律中的元素[2]。但是,足够强大可靠的相关性也可以进行精准的预测。具体来说,对于复杂且可变性极高的控制系统,如语言,智能系统对它的随机归纳过程要远远优于以前的确定性程序。特别是因为它们可以使程序员和用户在应用过程中,不必理解或掌握特定主题领域的逻辑或"实际的规律"。

3. 人工监督。人类仍然在智能系统的开发和应用中发挥着核心作用[3]。根据系统的不同需求,在不同的阶段会呈现不同的强度。因此,人们可以参与数据的处理,以及所使用的程序模型、算法的选择和设计过程[4]。算法的设计尤为突出,它是一项劳动密集型活动,参与这样的工作需要专业知识,并且这样的工作仍然难以实现自动化。人工编程的行为定义了系统行为的外部参数,这些参数建立了人和机器之间的控制关系[5]。系统的初始学习和培训过程通常不是机器完全自主的,而

---

[1] See E. Alpaydin, Machine Learning, 2016, S. XII.

[2] 参见 B. Mittelstadt/P. Allo/M. Taddeo/S. Wachter/L. Floridi, The ethics of algorithms, Big Data & Society 3: 2 (2016), S. 4. M. Lynch, The Internet of Us, 2016, S. 155 ff. 从长远来看,我们是否应当更大程度地接受统计意义上的相关性?也就是说,我们是否要在缺乏其他相关理论论证的情况下,仅仅凭借数据上的相关性而认定因果关系?可参见 M. Hildebrandt, Who needs stories if you can get the data?, Philosophy & Technology 24 (2011), 371 ff.; B. Miller/I. Record, Justified Belief in a Digital Age, Episteme 10: 2 (2013), 117 ff.; V. Mayer-Schönberger/K. Cukier, Big Data, 2013; J. Taeger (Hrsg.), Big Data & Co, 2014, S. 67 ff.; P. Illari/F. Russo, Causality, 2014, S. 75 ff.; C. Ernst, Die Gefährdung der individuellen Selbstentfaltung, in: Klafki/Würkert/Winter (Hrsg.), Digitalisierung und Recht, 2016, S. 63/67). und C. Ernst, Die Gefährdung der individuellen Selbstentfaltung, in: Klafki/Würkert/Winter (Hrsg.), Digitalisierung und Recht, 2016, S. 64.。

[3] See N. Seaver, Knowing Algorithms. Media in Transition 8 (2013), http://nickseaver.net/papers/seaverMiT8.pdf, S. 10. 在该文中作者指出:"算法系统并不是一个独立的小盒子,而是一张巨大的网,其中有无数双手在不断地作出计算、调试。"参见 https://perma.cc/TX8P-JAJG. 另可参见 R. Brooks, The Seven Deadly Sins of Predicting the Future of AI, 7.9.2017, http://rodneybrooks.com/the-seven-deadly-sins-of-predicting-the-future-of-ai, 访问时间:2018年12月2日, archiviert unter: https://perma.cc/DBN8-RJMC.

[4] IBM 公司"Watson"的例子可参见 E. Siegel, Predictive Analytics, 2016; P. Domingos, The Master Algorithm, 2015, S. 207 ff.

[5] See M. Scherer, Regulating Artificial Intelligence Systems, Harv. J. L. & Tech. 29 (2016), S. 367.

是通过预先的设计,人类在不同程度上进行着指导和监控。这样的过程可以描述为两极为"监管下的学习"与"无监管下的学习"的光谱。通常情况下,一些现有数据——"训练集"(training set)——被应用于计算机学习,这会使得智能系统的功能更加强大。据此,系统通过在独立数据之间形成统计学假设,进而在数据点之间建立联系。然后,以这种方式配置的系统在面对测试数据时,由于先前人工对数据进行了分类,系统就可以"正确地"进行输出。通过这种方式,系统可以检查在训练阶段形成的假设,并在必要的时候重新进行校准。在很多情况下,人们也会在测试阶段后跟踪系统的运行,来指导系统在实际应用环节中正确地学习,并防止系统被滥用。因此,和任何技术一样,人工智能也为人类智能和劳动力提供了新的机会。

(二)人的决策与机器决策

今天的智能系统仅能解决被精确界定的问题。尽管有着未来会出现超级人工智能的说法,这种所谓的超级人工智能能够处理并不明确的问题[1],或是自己可以回答自己提出的问题,并设计出解决方案,但就目前的技术水平而言,这种人工智能并不会出现[2]。不过就目前而言,智能机器人在解决一些相对确定的问题时,已经比人类更好了。为了能够评估由此产生的监管问题,可以再次比较人类决策和机器决策。应当重点关注的是如下三点:机器的潜力、目前机器决策所展现出来的弱

---

〔1〕 参见 N. Bostrom, Superintelligence, 2014; Y. Hofstetter, Das Ende der Demokratie, 2016; E. Brynjolfsson/A. McAfee, The second machine age, 2014; M. Arntz/T. Gregory/U. Zierahn, Revisiting the risk of automation, Economics Letters 159 (2017), 157 ff. 最近,计算机科学家 Rodney Brooks 总结了人工智能话语的非理性变化的趋势,并指出智能系统目前存在巨大的局限性,仍然只是"一台更高效的内燃机",但是远远达不到工业革命级别的变革,参见 Brockman (Hrsg.), Was sollen wir von Künstlicher Intelligenz halten?, Frankfurt am Main 2017, S. 152.

〔2〕 现在人们也不会怀疑这种具备强大能力的智能系统会在未来出现。自从 20 世纪 40 年代以来,一直有人预测这种智能系统会在未来的 20 年内出现〔S. Armstrong/K. So-tala, How We're Predicting AI-or Failing To, in: Romportl/Zackova/Kelemen (Hrsg.), Beyond Artificial Intelligence, 2014, S. 11 ff.〕。但是,即便是智能系统能够拥有人类语言和人类所拥有的其他能力,它们是否可以以人类的方式存在,也仍然是一个值得怀疑的问题,参见 J. Searle, Minds, Brains, and Programs, Behavioral and Brain Sciences 3 (1980), 417 ff. 因此,即使是指数级的技术进步,可能也无法消弭人和机器之间的所有差异。目前的研究,仍然在尝试将智能系统中各种强大的算法联系起来,从长远来看,这种研究力求达到的状态可以促使系统学习能力的进步。可参见 P. Domingos, The Master Algorithm, 2015, S. 23 ff. Vgl. zu alldem R. Brooks, The Seven Deadly Sins of Predicting the Future of AI, 7. 9. 2017, http://rodneybrooks.com/the-seven-deadly-sins-of-predicting-the-future-of-ai, 访问时间: 2018 年 12 月 2 日, archiviert unter: https://perma.cc/DBN8-RJMC。

点、未来有可能展现出的弱点。

第一，智能系统与所有的 IT 系统一样，能够无损地，甚至是永久地存储几乎无限量的高分辨率数据，而人的记忆方式是有限的且是形象化的。然而，系统对于数据具有强烈的依赖性：只有在可以获得或可以收集大量高质量数据的情况下，系统才有可能实现高效运行。目前，很多领域都在努力地生成、提供这些数据，通过人或人为设置的有源传感器向系统提供新数据。然而，能独立发掘新数据源的智能系统至今还没有出现。在此背景下，法律对于数据收集的限制规则，也许可以在特定不适用于智能系统的领域发挥作用[1]。

第二，在智能系统中，原始数据正在越来越多地以一种系统内部可识别的方式被转化、分类和表达。系统将决策问题转化为数学方程式，这些方程式由计算机来处理，相比人类决策而言，可以被更好、更快的方式解决。机器可以在更短的时间内处理更多的数据，并处理更多的变量，进而大大提高了预测、决策的质量。在风险分析中，可以轻松地了解、控制一万多个彼此之间交互影响的因素。虽然人们很可能对这种已经很复杂的解决方案感到满意，但是机器会仍然寻找最佳解决方案[2]。因此，可以说计算机发现了全新的决策渠道[3]。与此同时，粗心、主观偏好、经验法则、先入为主等人类会犯的错误，在机器决策的情况下都会减少[4]。此外，大量决策过程可以平行运行，而不会受到人类系统决策通常会面临的容量限制。但是，这也会催生新的依赖关系，尤其是当智能决策被转移到云端的时候：一些特定领域的智能系统必须确保所有数据和决策过程的完整性、可用性和机密性——正如信息安全法所

---

〔1〕 见本文第 111 页。

〔2〕 See M. Scherer, Regulating Artificial Intelligence Systems, Harv. J. L. & Tech. 29 (2016), S. 363 f.

〔3〕 当然也要注意，不应高估算法产生知识的能力〔R. Broemel/H. -H. Trute, Alles nur Datenschutz?, Berliner Debatte Initial 27: 4 (2016), S. 59 f.; C. Ernst, Die Gefährdung der individuellen Selbstentfaltung, in: Klafki/Würkert/Winter (Hrsg.), Digitalisierung und Recht, 2016, S. 63/67］。虽然产生知识是智能系统的一个重要任务，但根据传统的科学理论的标准，并非所有在技术帮助下通过统计确定的相关性都是合理可信的知识，特别是根据随机决策标准的情况下，如汽车的颜色为橙色与事故频率之间的相关性问题，可能就很难说符合科学的标准，从统计学的角度也足以驳斥这样的结论，可参见 vgl. E. Siegel, Predictive Analytics, 2016, S. 103 ff. 完整的论述亦可参见 T. Rademacher, Predictive Policing, AöR 142 (2017), S. 389 f.，下文部分也有所提及。

〔4〕 参见第 109 页第三自然段。

讨论的核心议题所示，这并不是一个简单的任务。[1] 与此同时，云端基础设施的提供商正在获得整个智能系统产业中关键的地位。随着该领域市场集中度的不断提高，出现了一组相对可以被明确界定的潜在监管对象。

第三，机器智能的概率方法限制了智能系统的能力，且由于该技术容易受到操纵[2]，到目前为止，这些机器缺乏对自然和社会秩序规律的象征性理解。在处理语言时，这种缺陷会更加凸显。像 Tay 这样的机器仍然不能理解对话的实质内容，只能掌握谈话的形式规则。所以，它知道系统中使用的符号之间的关系，但是无法将这些符号与其他的东西关联起来。一个高级的概念、规则或是知识等，对于人类来说，都是可以被理解的，用计算机的语言来说，就是可以"被访问的"。就 Tay 这样的机器人而言，用户对于世界的看法是影响不到它的[3]。例如，在判断是否存在气候变化这一现象的时候，如果 Tay 的回答是"不存在"，那是根据它的数据库，最可能的答案是"不存在"，而不是根据对话者的回答动态地调整自己的想法。为了克服这种缺陷，仍然需要对它进行开发升级工作[4]。

可以确定的是，在动态环境中快速准确地评估大量数据时，机器一定比人类更高效。这表明，在对大量人员或情况进行预测时必须要使用机器决策。但是，在一些时候，比如必须对单个人或某种情况进行高度个性化的预测的时候，仍然需要人类决策，如自动驾驶和个性化医疗。缺少象征理解能力限制了它对于象征化信息的编程表达。到目前为止，智能系统对语言的有限理解阻碍了它对语言的精确处理，进而使其无法被应用到这些领域，对于法律文本的解释就是一个例子。最后，智能系统在开发方面仍然受到技术发展的限制，也就是说，只有技术开发了全

---

[1] 详细论述可参见 T. Wischmeyer, Informationssicherheitsrecht, Die Verwaltung 50 (2017), 155 ff.

[2] See S. Nürnberger/S. Bugiel, Autonome Systeme, DuD 40 (2016), 503/504.

[3] 某些过滤信息的技术可能会影响智能系统的快速反应，参见 C. Sinders, Microsoft's Tay is an Example of Bad Design, Medium, 24. 3. 2016, https://medium.com/@carolinesinders/microsofts-tay-is-an-example-of-bad-design-d4e65bb2569f, 访问时间：2018 年 12 月 2 日, archiviert unter: https://perma.cc/TZ6Q-NX8Q.。

[4] 人类的语言能力长远来看会被机器所复制——这样的观点在如今非常普遍，但是，很少有人认为这种突破会发生在不久的将来。可参见 W. Knight, AI's Language Problem, MIT Technology Review, 9. 8. 2016, https://www.technologyreview.com/s/602094/ais-language-problem, 访问时间：2018 年 12 月 2 日, archiviert unter: https://perma.cc/Y4J8-QUVY.

新的数据源和类型时,智能系统才能跟进发展。

三、智能系统的监管原则

关于技术的基础知识并不能告诉人们该做什么。但是,它提高了人们对于规范性问题的认识,并推动了关于如何制定、实施法律规范和标准的讨论。从监管的角度来看,在规制智能系统时应当考虑下列问题:哪些方面的法律规范已经存在?它们有必要被更新吗?或者新技术是否会导致新情况出现,进而使得既定的监管手段无法应对?

迄今为止,关于智能系统监管的争论仍然比较混乱。大多数论述都集中在个人技术系统上,即国家是否应当使用这些技术,国家是否应当允许或限制私人使用这种技术等。直到最近,学界才开始发现:当智能系统能让人们生活得更有效率时,立法者可能必须授权使用智能技术,来实现国家的保证责任(staatliche gewährleistungsverantwortung)。这种观点集中体现在自动驾驶技术的监管问题上[1]。然而,关于国家可以为人类智能的发展和利用作出贡献,以促进社会利益增长的问题,仍然很少被讨论[2]。

相比之下,下述的介绍并未关注具体技术的应用,也未从国家安全的角度讨论监管问题。它们制定了一些指导原则,这些指导原则确定了智能系统的监管行为和特殊情况下的政府行为。这些原则是为了回应智能系统在特定社会情境被应用的情况。这些指导原则是根据目前智能系统的设计、应用状况和技术标准被制定的。因为,作为网络信息技术系统,智能系统会受到很多法律规则的限制,从数据保护到电信媒体,再

---

[1] See Sachverständigenrat für Verbraucherfragen, Verbraucherrecht 2.0 – Verbraucherin der digitalen Welt, 2016. Für den Nationalen Ethikrat vgl. die Zusammenfassung der Jahrestagung 2017, http://www.ethikrat.org/veranstaltungen/jahrestagungen/autonome-systeme, 访问时间: 2018 年 12 月 2 日, archiviert unter: https://perma.cc/8DUUHCGM. Vgl. auch Bundesministerium für Verkehr und digitale Infrastruktur, EthikKommission Automatisiertes und vernetztes Fahren, Juni 2017, S. 21. Vgl. 法律层面的探讨参见 L. Lutz, Autonome Fahrzeuge, NJW 2015, 119 ff.; P. Schrader/V. Jänich/V. Reck, Rechtsprobleme des autonomen Fahrens, NZV 2015, 313 ff.

[2] See J. McGinnis, Accelerating AI, Nw. U. L. Rev. 104 (2010), 366 ff.; M. Kaus-hal / S. Nolan, Understanding Artificial Intelligence, Brookings Institute, 14.4.2015, http://www.brookings.edu/blogs/techtank/posts/2015/04/14-understanding-artificial-intelligence; K. Lischka/C. Stöcker, Digitale öffentlichkeit, 2017, S. 52 f.

者如竞争法和产品责任法[1]。法律中还有针对不具备学习能力的自动决策系统的特殊规定，这些规则目前也适用于智能系统，或是正在针对智能系统做出更新和改变。此外，智能系统的应用还受制于宪法、欧盟法和国际法。某个特定场景应适用哪些规则，往往只能通过个案作出澄清[2]。在这种情况下，个别规则和标准可以作为制定综合规则和标准的原始素材库和试验场[3]。

就这些规范的地位而言，至关重要的是，它们都很注重维护那些受到智能系统影响的人根据国家和欧盟法律所享有的基本权利。出于对这些基本权利的保护，有关人员有义务防止智能系统作出存在歧视的、错误的、反常的决定，并防止数据泄漏等情况的发生；当公民因系统缺陷遭受损害的时候，要保障他们有获得救济的权利。智能系统的应用也对主权机构提出了一些宪法基本价值层面的要求，如法治原则和民主原则，再如经济发展的原则和政府行为须有效率的原则。如果智能系统的监管的基本原则已经能够辐射到宪法，同时政府自己也在使用智能系统，那么政府必须高度关注这些现象；此外，政府也需要确保相应的基本价值在私主体之间的法律关系中得到实现[4]。在某些情况下，禁用某些系统和技术也是有可能的。

在监管的基本原则被实施并具体化到宪法的基本价值的过程中，立法者必须要留有一定的余地。这是因为，在个案中，监管指导原则之间会存在紧张关系，立法者必须在指导原则之间进行平衡。同时，在个案中，根据监管规则必备的法律程序，会因公主体和私主体的不同而有所区分。此外，监管规则下的基本程序，也必须根据智能系统的应用领域

---

[1] 这类问题就像处理不严密的算法决策系统的问题一样，不能仅从数据保护法的角度来考虑。如果过分关注数据保护法的指导原则，会给达成监管目标的结果带来适得其反的效果，特别是第 111 页第二自然段。

[2] 更多关于媒体方面的例子可参见 Wissenschaftliche Dienste des Deutschen Bundestages, Algorithmen im Medienbereich-Gesetzlicher Regelungsbedarf, WD 10-3000-048/17, 22. 9. 2017, https://www.bundestag.de/blob/529616/bbe3de30880170a7b710e5c8732b7c06/wd-10-048-17-pdf-data.pdf, 访问时间：2018 年 12 月 2 日。

[3] 此处仅考虑将智能系统合法地用于公共或私人目的。至于防止滥用的规则，如运用智能系统进行刑事犯罪或是故意歧视特定团体则暂不予讨论。

[4] 关于这个主题，特别是有关互联网的情形，教义学层面并没有进一步的论证，参见 U. Schliesky/C. Hoffmann et al., Schutzpflichten und Drittwirkung, 2014; 亦可参见 Neubert, Grundrechtliche Schutzpflicht, AöR 141 (2015), 267/268 ff.; T. Marauhn, Sicherung grund-und menschenrechtlicher Standards, in: VVDStRL Bd. 74 (2015), S. 373/384 ff.

来区别对待，进行不同的制度安排[1]。最后，开发和使用智能系统的人可以主张宪法层面的保护，不受监管的制约，这进一步地造成了上述这种差异化的处理，下文不对此作出论述。因此，关于警察法等特定领域的智能系统规制规则，重要的是要符合公法、私法对于各个领域一般性的规范和标准的要求。

（一）智能系统的决定以及对其的监管行为应当具备可视化的特点

每项技术中蕴含的价值判断都反映在它的设计过程中。这种价值判断会反映在技术的应用环节中，并限制技术在特定领域的应用，最终在该项技术的逐步发展、完善中成为路径依赖的基础。例如，在网络系统的搭设和形成中，软硬件与系统结构的具体标准在一开始就包含在压制在设备上的条形码中了[2]。算法和智能系统也并不是像一般的社会认知一样是纯粹技术的、人造的、中立的，而是充满偶连性，并与其所提出时的语境紧密交织在一起的。这个观点，在早期对核心算法的研究中，被反复地强调[3]。特别是在系统设计阶段，系统的决策早已被界定在一定的范围之中。如果我们对于技术的力量，以及技术产生的背景和后果没有准确的认知，很可能就会导致对于技术的批评不够准确，同时阻碍公众的自主行为，并限制他们对于民主自治空间的知觉。因此，监管或技术的可视化，通常被理解为社会技术与监管技术设计的重要目标。在智能系统中，这一目标尤为突出，主要有两个原因：其一，智能系统可以动态响应用户的行为，因此，通常比其他的技术手段更大程度上参与了社会决策[4]。其二，由于其广泛的适用性，智能系统的决策很少受到一些特殊需求的影响。为什么大家对于该技术应用的反思都不够呢？麦克·阿南尼（Mike Ananny）提供了一种观点："……算法将信号确定地分为不同的类别，一定程度上阻碍了交叉探索、在不同类别的

---

[1] 关于保护公司和商业秘密的部分，本文137页以下。

[2] See J. Reidenberg, Lex Informatica, Texas L. Rev. 76（1998），553 ff.；L. Lessig, The Law of the Horse, Harvard L. Rev. 113（1999），501 ff.；ders., Code: Version 2.0, 2006. 关于智能系统决策机制潜在的歧视问题，比较早的讨论可参见 B. Friedman/H. Nissenbaum, Bias in Computer Systems, ACM Transactions on Information Systems 14（1996），330 ff.

[3] See T. Gillespie, The Relevance of Algorithms, in: ders./Boczkowski/Foot（Hrsg.），Media Technologies, 2014, S. 167 ff.；R. Kitchin, Thinking Critically About and Researching Algorithms, Information, Communication & Society 20（2016），S. 17 f.

[4] 详细的论证参见 R. Kitchin, Thinking Critically About and Researching Algorithms, Information, Communication & Society 20（2016），S. 14 ff.

对象间建立联系和连贯性的可能性。"[1] 网络系统的运行就印证了上述的观点[2]。网络中，算法能够确保为每个用户分配一个完全不同的感知区域和不同的行为空间。其目的是确保在特定"信息域"（infosphere, Luciano Floridi 语）中的用户体验尽可能的"自然"（natürlich）[3]。搜索引擎和社交网络在预测用户的潜在兴趣，并为他们量身定制搜索结果和内容。米蕾尔·希尔德布兰特（Mireille Hildebrandt）将这种现象形容为"数字无意识"现象，这恰如其分地概括了用户对于搜索结果和内容的现有态度和状况，每个人都无意识地接受了算法给予他们行为决定。[4] 鉴于这样的状况，现存的要求用户同意的纠纷解决机制就会失去效果。或者即便是用户个人数据没有受到影响，用户在证明这类诉求的时候，都会被要求对智能系统具有足够的了解并对智能系统要有完整的知识结构，而这对于用户是非常困难的[5]。

同时，应当强调的是，我们只能处理数字化的数据流，因为大多数情况下它就在我们身边。[6] 然而，我们往往忽视智能系统有着使得大众进入"数字无意识"的特性，即它可以在不知不觉之中影响、确定人的行为，而在面对这种情况的时候，如果我们不加以注意和调查，就会出现问题[7]。这种现象成了互联网的一种副作用——也就是伊莱·帕里泽（Eli Pariser）所说的、著名的"过滤泡沫"现象，这种现象已经在政治领域和社会中存在了相当长的一段时间[8]。但即使智能系统

---

〔1〕 See M. Ananny, Toward an Ethics of Algorithms, Science, Technology & Human Values 41 (2016), 93/103.

〔2〕 See N. Just/M. Latzer, Governance by Algorithms, Media, Culture & Society 39 (2016), 238 ff.; W. Schulz/K. Dankert, Governance By Things as a Challenge to Regulation by Law, Internet Policy Review 5: 2 (2016); Stalder (Fn. 9), S. 182 ff.; Hoff-mann-Riem (Fn. 9), S. 2 ff., 11 ff.; Lischka/Stöcker (Fn. 63). Für Suchmaschinen siehe auch Gillespie (Fn. 9), S. 167 ff.

〔3〕 关于"信息域"（infosphere）这个概念可参见 L. Floridi, The Fourth Revolution, 2014, S. 25 ff.

〔4〕 See M. Hildebrandt, Smart Technologies and the End (s) of Law, 2016, S. 261.

〔5〕 See R. Broemel/H.-H. Trute, Alles nur Datenschutz?, Berliner Debatte Initial 27: 4 (2016), S. 55.

〔6〕 这里一个相关的例子可参见"客观更改评估服务"，参见 Wikipedia（https://ores.wikimedia.org/）。

〔7〕 对于披露，法律的要求并不是要不要披露，而是如何披露，请参见本文第 121 页。

〔8〕 See E. Pariser, The Filter Bubble, 2011; vgl. 另可参见 K. Dankert/S. Dreyer, Social Bots, KuR 2017, 73 ff.; 不同的观点可参见 A. Ingold, Digitalisierung demokratischer öffentlichkeiten, Der Staat 56 (2017), 491/506 ff. m. w. N.

做其他的事情——而不是保留、输出用户想要的信息，人们仍然会在"数字无意识"的影响下慢慢成为他们潜意识状态下的自己[1]。但是由于通常情况下，用户们缺乏相关领域的知识和经验，他们并不了解具体的决策过程，他们无法将这些行为与制裁或者法律责任建立起联系。如果无法让主体识别出这些现象和行为，就会导致用户的权利在事实上被限制，索赔也会遇到障碍，且证明难度也非常大。这种现象是不合理的，这就需要通过一种方式将智能系统的决策过程公开化、透明化。此时，从公法的权利义务关系的角度观察，法律决定的可识别性，就成了法治国原则的要求。

在政府使用智能系统技术的情形中，法治国原则下的这一要求就变得更加具象化[2]。例如，对于在欧盟《一般数据保护条例》（DSGVO）第22条意义上的个别案件中涉及自动决策的行政主体和个人，根据第13条第2款f和第14条第2款g承担相应的信息义务并根据第15条第1款h拥有信息权利[3]。之后，涉及的主体会被告知，他们何时已经受到了智能系统决策的约束和限制。

这些规范旨在保护用户信息自决的基本权利，并保护可能被智能系统涉及的垂直层面和平行层面的安全。这些规范是否在近期受到了众多关于"算法的统治"（Herrschaft der Algorithmen）著作的启示，是否能够唤起被涉主体的批判意识，还有待于观察。在这方面，立法机构有以下责任：如果智能系统对日常世界的影响足够大，同时又兼具着相当程度的不可识别性，那么立法须寻求措施去消弭这种信息的不对称性。比如说，当技术的使用可以左右实际的决策时，可以设定预先提供信息的

---

〔1〕 See B. Mittelstadt/P. Allo/M. Taddeo/S. Wachter/L. Floridi, The ethics of algorithms, Big Data & Society 3：2 (2016), S. 5.

〔2〕 如行政处分（Verwaltungsakt）的发布，参见 Stelkens, in: Stelkens/ Bonk/Sachs, VwVfG, §41 Rn. 2. 如果行政主体通过完全自动发布的行政行为做事（德国《行政程序法》第35a条），那么可识别性这一点没有问题（可参见 N. Braun Binder, Vollständig automatisierter Erlass eines Verwaltungsaktes, DöV 2016, 891ff.；dies., Vollautomatisierte Verwaltungsverfahren im allgemeinen Verwaltungsverfahrensrecht?, NVwZ 2016, 960 f.；H. P. Bull, Der "voll-ständig automatisiert erlassene" Verwaltungsakt, DVBl 2017, 409 ff.；T. Siegel, Auto-matisierung des Verwaltungsverfahrens, DVBl 2017, 24ff.；M. Martini/D. Nink, Wenn Maschinen entscheiden, NVwZ Extra 10/2017, S. 1 ff.］。在行政处分发布的时候，也要满足《行政程序法》对于行政处分的一般要件（可参见《行政程序法》第41条第2款对于电子化的行政处分的规定和要求）。

〔3〕 对该条款的分析，请参见本文第126~130页。

义务[1]。

(二) 智能系统应符合一定的质量标准

智能系统的发展和进步基于复杂的数学和技术，这些技术非常不容易被规制。因此，正如 Tay 的例子，除了自我学习系统设计所取得的巨大成功之外，还存在一些挫折[2]。

如今，许多以人工智能为标签的标榜自己的应用程序事实上并没有达到智能系统的最低技术要求。特别是，这些应用程序往往缺乏高质量的数据。众所周知，"向系统输入垃圾，输出的也是垃圾"[3]。许多应用程序也受到安全漏洞的影响[4]。此外，确定数据库中的算法，检测到的相关性是否实际上具有预测能力，或是只能识别非生产性数据（也就是仅仅是人类的辅助工具），这样的过程往往也没有得到足够的重视[5]。在没有关于因果关系的知识，或是存在潜在重要因素的情况下，即寻找规律非常困难的情况下更是如此[6]。通常，人们也忽略了以下事实：在自然或社会中一些没有规律的秩序模式中，人工智能很难找到可靠的规律和因果关系[7]。

相应的错误显然会影响智能系统本身的质量和可靠性。但即便是我们能够避免这样的错误，智能系统也不是完美的机器。相反，它们的预测准确性的高低，取决于所使用的预测模型和系统设计者开发时所花费的精力。此外，由于在机器学习方面受过训练的模型总是统计方法，必

---

[1] 目前，《一般数据保护条例》对自动化决策的应用范围和规制规则，可参见第128页脚注1。

[2] 人工智能系统是否比人类更容易或是更少出错？这个问题可能并没有什么意义，可参见 T. Zarsky The Trouble with Algorithmic Decisions, Science, Technology & Human Values 41 (2016), S. 122.

[3] 参见 oben Fn. 33.

[4] See R. Kitchin, The Data Revolution, 2014, S. 153 ff.

[5] See D. Amodei/C. Olah et al., Concrete Problems in AI Safety (2016), https://arxiv.org/abs/1606.06565.

[6] 参见 C. Ernst, Die Gefährdung der individuellen Selbstentfaltung, in: Klafki/Würkert/Winter (Hrsg.), Digitalisierung und Recht, 2016, S. 63/67. 比如，如果汽车保险公司完全可以根据数据来制作个人对 Arielle 电影的偏好程度和造成交通事故的可能性之间的相关性，但显然这种相关性的论证是错误的，关于这个例子可参见 C. Ernst, Die Gefährdung der individuellen Selbstentfaltung, in: Klafki/Würkert/Winter (Hrsg.), Digitalisierung und Recht, 2016, S. 64。

[7] 参见 E. Siegel, Predictive Analytics, 2016; 亦可见 E. Alpaydin, Machine Learning, 2016。

须始终预估会存在一定的假阳性和假阴性决策。最后，如果将智能系统应用于法律领域（如刑事指控），由于系统基本上只能进行相关性的论证，统计学层面的报告仍然不足以进行法律相关的决定[1]。

立法者可以选择的一种措施，是在法律中设置足够的技术标准，特别是涉及基本权利的敏感领域，并以此满足国家的保证责任的实现，并成为民主、法治国[2]和其他宪法价值[3]的坚实基础，同时也给了人们足够的方式去维护自己的权利。从监管的角度来看，在任何情况下，必须根据具体情况精确定义具体的质量标准，或是确立能同步与同时期最高科技水平的程序与流程[4]。在某些情况下，一些现有的法律已经初步地制定了最低的技术要求。例如，德国《税法通则》（*Abgabenordnung*）的第 88 条第 5 款第 3 句，为税务机关使用的风险管理系统制定了最低的技术标准[5]。但是，在大多数的情况下，机器决策存在缺陷以及超出程序限制的情形，从规范的角度来看缺乏判断的标准，这使得

---

〔1〕 参见 M. Lynch, The Internet of Us, 2016, S. 155 ff. 关于更多在特定领域限制智能系统的应用，参见本文第 113 页。

〔2〕 在国家使用智能系统的情况下，应当当然地保证"适用实体法律的一致性并正确认定事实"。参见 Beirat Verwaltungsverfahrensrecht beim BMI, NVwZ 2015, 1114/1116.

〔3〕 对存在风险的技术进行规制必须始终权衡各种基本的法律利益。在应用智能系统的过程中，也会存在很多复杂的考量因素，也会遇到一些经典的困境。参见 P. Weber, Dilemmasituationen beim autonomen Fahren, NVZ 2016, 249 ff.; Bundesministerium für Verkehr und digitale Infrastruktur, Ethik-Kommission Automatisiertes und vernetztes Fahren, Juni 2017, S. 16; 更多的讨论可参见 R. Simanowski, Todesalgorithmus, Merkur, Heft 821, 71（2017）, 75 ff.; J.-F. Bonnefon/A. Shariff/I. Rahwan, The social dilemma of autonomous vehicles, Science 352: 6293（2016）, 1573 ff. 在上述的情况中，当智能系统有助于人类的行动时，仍然会引起我们的不适感，这显然并不是因为智能系统本身，而是因为在开发智能系统的过程中设计决策模型和定义的时候导致的结果。解决这样的困境在以前主要依靠开发人员自己的良心和责任心。但是，并不能因为智能系统的某部分可能存在风险就彻底放弃这串代码，而应当对这样的功能进行一定的评估，不能过早地认为这项新的设计一定会给相对人带来不利的影响——它本身也仅仅代表设计人员间对此就系统设计方面达成了一致意见。具体而言，第一步仍然需要先确定对于国家、个人与机器各自的决策范围，第二步则是对尚未达成决策范围的边缘情况进行确定。

〔4〕 从法律的角度来看，"最高科技水平"可参见 C. Gusy, Probleme der Verrechtlichung, NVwZ 1995, 105 ff.; H. Schulze-Fielitz, Technik und Umweltrecht, in: Schul-te/Schröder（Hrsg.）, Handbuch des Technikrechts, 2011, S. 455/464ff.; historisch: M. Vec, Geschichte, in: ebd., S. 3/38.

〔5〕 可参见《一般数据保护条例》第 71 条 2 款要求使用"适当的数学或统计方法"。美国国家公路运输管理局发布了针对自动价值汽车制造商的软件设计开发的要求。See A. Tutt, An FDA for Algorithms, Admin. L. Rev. 69（2017）, S. 104. Vgl. auch M. Martini/D. Nink, Wenn Maschinen entscheiden, NVwZ Extra 10/2017, S. 4.

缺陷和损伤的评估比一般法律所规制的人类行为更加困难[1]。

在这种情况下，可能的第一步就是在某些重要应用领域，针对关键的基础设施和模型通过法律确定[2]技术、质量标准[3]。另外，立法者可以通过提高法律中关于注意审慎标准或重新分配责任风险来激励对于高质量技术的投资，同时，避免因过高的法律责任和标准而限制了创新技术的应用，并无法回应市场的需要[4]。此外，由于高度分工，软件开发往往是有组织的，因此在开发过程中，一定会对于风险分配作出预先的安排[5]。最后，立法机构还可以借助于对相关领域的研究资金的投入来促进智能系统提高质量。在这方面，智能系统的监管与其他具有复杂性和系统风险的技术（如药品和纳米技术）的监管没有区别。

确定适当的质量水平也可以实现有效的制裁。针对哪种具体的不典型的智能系统行为或错误的决策行为适用于哪种具体的制裁制度，取决于系统适用的领域和范围。比如，在前面Twitter机器人Tay发表不恰当言论的案例中，可适用于不当公共言论的法律制度看似都是与其相关的，但是当具体讨论人工智能控制机器人进行不良输出，并由于这些错误算法和深度学习造成的不良后果可能产生法律责任的时候，我们就必须紧接着讨论几个非常重要的问题：谁来承担民事责任？如果涉及刑事领域，这个问题就变成了：谁是有罪的？以上这些问题必须单独进行讨论。

（三）智能系统与反歧视

以上比较广泛地讨论了智能系统故障的几个例子。人们担心，智能

---

[1] See A. Tutt, An FDA for Algorithms, Admin. L. Rev. 69 (2017), S. 105.

[2] 可参见 T. Wischmeyer, Informationssicherheitsrecht, Die Verwaltung 50 (2017), S. 163 f. 在任何监管活动中，对于监管特定的主题领域进行定义从来不是一件小事，并且相当程度上取决于在监管过程中更加详细地对"智能系统"这个概念进行更加详细的规定，因而在监管开始时，该概念必然会表现为不精确，对此参见 M. Scherer, Regulating Artificial Intelligence Systems, Harv. J. L. & Tech. 29 (2016), 353 ff, S. 373。

[3] 此处可见 Tutt 的建议，A. Tutt, An FDA for Algorithms, Admin. L. Rev. 69 (2017), S. 108., S. 108 f.

[4] 该领域监管与创新的复杂互动，可参见 R. Calo, Robotics and the Lessons of Cyberlaw, Calif. L. Rev. 103 (2015), 513ff.; F. P. Hubbard, "Sophisticated Robots", Fla. L. Rev. 66 (2014), 1803 ff.

[5] See R. Schaub, Interaktion von Mensch und Maschine, JZ 72 (2017), S. 342 ff. 人工智能系统开发中的高度分工也是一个挑战，参见第118页脚注3。

系统的广泛应用会导致歧视并导致社会结构性的转变。确实，研究人员和制造商正在试图使用智能系统来摒除人类决策中固有的任意性因素；当去除了主观偏好后，机器应当仅仅就客观标准作出决策[1]。此外，某些敏感的数据类型可以运用技术进行屏蔽甚至是删除[2]。但是，实证研究表明，在实践中使用的众多智能系统具有歧视效应[3]。

这种现象当然是存在问题的，因为智能系统常常用于大规模用户的数据处理。因此，智能系统自身的歧视性态度会显著而强烈地影响用户群体。因人们分工而造成的主观偏好的分散，可以在统计学上平均、中和公众整体上针对特定群体的歧视，但在智能系统的影响下，人们原本多样化的决策行为被单一的决策行为所取代。如果我们对"技术中立"的看法不加思考地接受，就会造成三方面的风险，即巩固了对社会有危害的观念，歪曲了客观观点并影响了公众的自我认知。即便是在智能系统只是为人类决策做准备工作的情形下，具有歧视化倾向的智能系统仍然会影响人类的决策。但是，即便是对歧视性数据进行预先过滤，也很难使智能系统的决策摆脱歧视的影响。比如，预测性警务系统在分析数据的过程中发现特定宗教信仰和犯罪概率之间在统计上存在显著的相关性，并依照这些数据提出建议，而这些建议被人类决策者所采纳，最终推动人类决策者对于特定族群加强管控——这事实上是对传统法律决策的干预——相当于是针对特定族群进行行政行为[4]。

---

〔1〕 参见 M. Martini/D. Nink, Wenn Maschinen entscheiden, NVwZ Extra 10/2017, S. 1: "中立、严密、客观这些只是非人为参与决策的副产品。"

〔2〕 See T. Rademacher, Predictive Policing, AöR 142（2017），S. 374 f. , 384 f.

〔3〕 这方面的文献数量正在增长中，可参见 B. Friedman/H. Nissenbaum, Bias in Computer Systems, ACM Transactions on Information Systems 14（1996），S. 330ff. ; K. Macnish, Unblinking eyes, Ethics and Information Technology 14：2（2012），151 ff. ; E. Bozdag, Bias in algorithmic filtering and personalization, Ethics and Information Technology 15（2013），209 ff. ; O. Tene/J. Polonetsky, Big data for all, Nw. J. Tech. & Intell. Prop. 11（2013），239 ff. ; S. Barocas/A. Selbst, Big Data's Disparate Impact, California Law Review 104（2016），S. 671 ff. 实证方面的研究可参见 J. Angwin/J. Larson/S. Mattu/L. Kirchner, Machine Bias, ProPublica, 23. 5. 2016, https：//www.propublica.org/article/machine-bias-risk-assessments-in-criminal-sentencing, 访问时间：2018 年 12 月 2 日, archiviert unter: https：//perma.cc/6KDN-FMNC; K. Crawford/R. Calo, There is a blind spot in AI research, Nature News 538（7525）（2016），311; A. Selbst, Disparate Impact in Big Data Policing, 2017, http：//dx.doi.org/10.2139/ssrn.2819182.

〔4〕 参见 J. Angwin/J. Larson/S. Mattu/L. Kirchner, Machine Bias, ProPublica, 23. 5. 2016, https：//www.propublica.org/article/machine-bias-risk-assessments-in-criminal-sentencing, 访问时间：2018 年 12 月 2 日, archiviert unter:: https：//perma.cc/6KDN-FMNC; M. Martini/D. Nink, Wenn Maschinen entscheiden, NVwZ Extra 10/2017, S. 10.

智能系统或算法会造成种种决策偏差的原因是多方面的。歧视性效应可能是由于输入数据缺乏代表性，或可能是在系统设计时，已被设定的特定人类偏见〔1〕。也有可能是两种数据间确实存在关联性，但是，当这种关联性与性别、种族等因素相关时，必须要非常谨慎地应对〔2〕。

宪法层面而言，《欧盟基本权利宪章》第21条第1款和《基本法》第3条第3款都有禁止歧视的规定，由于新技术的威胁，这些教义都必须被加以强调〔3〕。《欧盟基本权利宪章》第22条第4款与欧盟《一般数据保护条例》第9条第4款对于一些敏感特征的歧视进行了规定，并在《一般数据保护条例》的第11条第3款和第10条对于新的隐私政策进行了规定，这些隐私政策对一些政府行为，如警察和刑事诉讼中的行为进行了限制〔4〕。这些规定都原则上禁止自动决策行为，除非这些行为没有涉及歧视。《一般数据保护条例》的第22条也在原则上进行了限制。通过允许考虑相应的例外情况〔特别参见《警察和司法领域的数据保护指令》（DSRL-PJ）第22条第2款b和《一般数据保护条例导言》（ErwGr）的第71条第2款第1句〕，欧盟《警察和司法领域的数据保护指令》（DSRL-PJ）第11条第1款也可以间接用于保护弱势群体〔5〕。

在智能系统的设计过程中，很难避免具有潜在歧视性评价的因素。即使是先进的智能系统也严重依赖人的输入（见本文第二部分）。设计的过程中包括数据的选择、算法的安排和不同强度的监督和训练。在以上所有的这些点中，主观人类的价值可以被输入系统中。但是，可以通

---

〔1〕 See A. Ferguson, Big Data and Predictive Reasonable Suspicion, U. Penn L. Rev.（2015），S. 398 ff.

〔2〕 See M. Martini/D. Nink, Wenn Maschinen entscheiden, NVwZ Extra 10/2017, S. 9. 该文作者正确地指出，讨论不应当仅仅限于在警察法和安全法领域，应当扩展到社会法和行政法的其他领域中去，如将族裔血统与特定的社会保障授予相联系。

〔3〕 关于所有种族在宪法层面的平等地位，可参见 A. Tischbirek/T. Wihl, Verfassungswidrigkeit des "Racial Profiling", JZ 68（2013），219 ff.

〔4〕 ABl. EU L 119/89 v. 4. 5. 2016.

〔5〕 可参见德国《联邦数据保护法》旧法第6a条对于民事交易领域的规定，也就是新法的第30条对于消费者信用的规定，还有第31条对于评估和信用信息的规定，以及第37条对于自动决策的规定；对于公共行政主体，可参见《联邦数据保护法》第54条第1款，对应着旧法的第6a条，Rademacher指出新法与旧法的规制重点不同，T. Rademacher, Predictive Policing, AöR 142（2017），S. 390, S. 369。

过相应的缓和机制和措施来控制潜在的歧视性效果[1]。例如，程序员可以禁止系统、传感器联系到诸如性别和种族的特征，进而不收集某些特定类型的数据（如肤色）。但是，根据系统的性质，难以控制通过技术进行间接歧视的情况。众所周知，一些显而易见的中性特征往往与一些敏感群体的特征相重叠[2]。例如，预测性警务系统在一开始就忽略所涵盖特定的宗教背景的数据，但是根据所给定的数据，仍然将犯罪的可能性与特定的地理区域联系起来，而该区域居住的又主要是某特定宗教的成员。潜在的歧视和偏见难以判断，甚至难以纠正。也因为如此，在这些情况下，从法律的角度来看，何时产生了歧视、何时进行刑事政策上的判断，是不明确的。

为了进一步减少这种情况，必须注意在每个环节对于系统的结构进行细致的安排。必须谨慎选择机器学习的训练数据，以及审查数据分类标准的设计、分类模型，不论系统自动决策的评价标准和结果如何，都应当注意受保护群体和多数社会之间的负担得以恰当分配[3]。

但是，如果以上的歧视性影响很大程度上得到了解决或是补偿，是不是以上的这些类型化限制的措施矫枉过正了？在人们完全依靠系统和技术来进行反歧视前，或是相反，在智能系统由于内在的歧视倾向而受到怀疑之前，这些措施可以让我们意识到智能系统中的数据库在结构上是多么的不同。在一些领域中，如在医学诊断领域中，预后系统是高度个性化的。从歧视法的角度来看，这几乎没有问题。另外，只能根据可用数据将个人视为特定群组成员的系统，也存在问题。人们也应当注意的是，站在政府的角度，他们希望使用人工智能系统的预测功能，在具体危险出现之前有效地分配资源。值得注意的是，这方面的可预先输入数据通常非常少。在没有输入数据进行训练和学习的情况下，危险事件本身就是数据的来源。定期化的个性化数据收集要么是还未开始，要么就是还不合法。因此，通常情况下，只有非常粗略的数据，如事件的类型、犯罪统计数据和一个地区的社会经济状况。当智能系统使用此信息

---

[1] 参见 K. Macnish, Unblinking eyes, Ethics and Information Technology 14：2（2012），S.158；"算法作者的价值观，不管作者自己有意或无意，都已经被固定在了代码中，并随着应用被制度化了。"

[2] See A. Ferguson, Big Data and Predictive Reasonable Suspicion, U. Penn L. Rev.（2015），S. 398 ff.

[3] 对此问题有概览式的梳理的，可参见 A. Romei/S. Ruggieri, A Multidisciplinary Survey on Discrimination Analysis, The Knowledge Engineering Review 29：5（2014），582 ff.

库进行风险预测的时候,他们并不真正了解可能受其影响的个人[1]。当机器推荐人类准自动地拓展信息库的时候——虽然没有干扰个人的合法身份,但这也是有问题的。在这种情况下,受影响的个体被视为属于一个特定的群体。例如,他位于某个特定的区域,属于特定的性别或年龄群。在进行这种做法的过程中,范·威尔(Van Wel)和罗亚科斯(Royakkers)通过算法和智能系统描述了这种外部身份建构的过程,并批评这种做法"有着根据群体的特征而不是根据自己的个人特征、背景和经历来判断和对待人们的倾向"[2]。如果这些数据选择的标准与特定的群体特征相重叠,这更是问题。总的来说,可用的输入数据越粗糙,越接近某种特定群体的特定特征,更智能的系统可以使得现有的歧视作为预测的重要基础,并加强特定敏感群体的特征在大众观念的固化[3]。

尽管存在这些危险,但是立法机构能做的仍然有限,如果存在特定,并且充分、合理的原因,立法机构应当规定这些措施[4]。然而,一般而言,技术发现表明,由于系统结构原因,可能没有个性化的信息,系统可能会在可预见范围内被滥用于个性化预测中时,应当放弃使用智能系统,或是为有关的人员提供额外制度保障。这个议题也可以在智能系统的应用这个更大范围的议题内得到讨论(本文第五部分)。但是,首先必须要说的是,通过收集更多的个人数据来扩大信息库,有助于决策的个性化,也就是说,上述对于智能系统应用的规范并不是在所有情况下都适用的。上述规范的适用主要还是禁止歧视和数据保护的迫切要求。

(四)智能系统使用过程中的数据保护和信息安全

智能系统的成功很大程度上取决于它们对大量数据的高效处理。鉴

---

[1] See Vgl. entsprechend für die Bewertung des Zahlungsverhaltens und daran anknüpfende Entscheidungen über Vertragsabschlüsse Broemel/Trute (Fn. 23), S. 57.

[2] See L. Van Wel/L. Royakkers, Ethical Issues in Web Data Mining, Ethics and Information Technology 6: 2 (2004), 129/133. 有学者描述了所谓"统计歧视"的形象,参见 G. Britz, Einzelfallgerechtigkeit versus Generalisierung, 2008.

[3] K. Macnish, Unblinking eyes, Ethics and Information Technology; 14: 2 (2012), S. 154; M. Leese, The New Profiling, Security Dialogue 45: 5 (2014), 494/496 ff.; Barocas/Selbst (Fn. 22), S. 692; R. Broemel/H.-H. Trute, Alles nur Datenschutz?, Berliner Debatte Initial 27: 4 (2016), S. 54. 从经济的角度来看,有一种观点认为,如果在需要对大量差异化的数据进行工作时,如果兼顾以上敏感团体的意见,会导致需要在技术方面付出很高的成本。

[4] See T. Rademacher, Predictive Policing, AöR 142 (2017), S. 402 ff.

于这些数据是个人的——根据欧洲法院对该术语的使用方法[1]，在收集和处理的过程中必须遵守众所周知的数据保护和信息安全规则[2]。法律标准大部分都建立在此环节，且整个欧盟都在与《一般数据保护条例》相统一。在数据保护方面，智能系统的监管已经很先进[3]。就这些系统在运作过程中出现的新问题而言，这些问题主要不在数据保护法中，而是——如本文所示——在其他的法律领域[4]。

就数据保护问题而言[5]，数据保护机构已经拥有了强大的机构来监督法律是否被遵守。但是，新的技术也为隐私实践带来了新的挑战。最近，Alphabet旗下人工智能研究部门Deepmind和英国皇家自由信托基金会（Royal Free London NHS Foundation Trust）合作证明了滥用的可能性，特别是在人工智能领域[6]。未来，监管机构在人工智能领域的活跃和发展是非常重要的[7]。

未来将进行更深入的教义学分析，要求在数据保护法和反歧视法之间处理上文提到的关系[8]。比如，从数据保护的积极面来看，有市场的智能系统对于受影响者的身份不感兴趣，因此，对友好的隐私保护政策是持开放态度的[9]。此外，从歧视的角度来看，放弃收集某些类型

---

[1] See EuGH, Rs. C-582/14, Breyer, ECLI: EU: C: 2016: 779, Rn. 49.

[2] 可参见 B. W. Schermer, The Limits of Privacy in Automated Profiling and Data Mining, Computer Law & Security Review 27 (2011), 45 ff. 但是，在预测警务系统的应用场景中会截然不同，参见 T. Rademacher, Predictive Policing, AöR 142 (2017), S. 369.

[3] 由于知悉-同意制度在实践中形同虚设，因此，智能系统的合法性也被削弱了不少，可参见 Y. Hermstrüwer, Informationelle Selbstgefährdung, 2016, S. 227 ff.；P. Rad-lanski, Das Konzept der Einwilligung, 2016, S. 11 ff.；W. Hoffmann-Riem, Verhaltenssteuerung durch Algorithmen, AöR 142 (2017), S. 21 ff.

[4] 也有一些观点反对过分关注数据保护，参见 R. Broemel/H.-H. Trute, Alles nur Datenschutz?, Berliner Debatte Initial 27: 4 (2016), S. 50 ff.

[5] See T. Schulz, Verantwortlichkeit bei autonom agierenden Systemen, 2015, S. 200 ff.

[6] See J. Powles/H. Hodson, Google DeepMind and healthcare in an age of algorithms, Health and Technology 7 (2017), 351 ff.

[7] 目前，大量产生个人数据的自动驾驶汽车，正向着这个方向迈出第一步。参见 Bundesministerium für Verkehr und digitale Infrastruktur, Ethik Kommission Automatisiertes und vernetztes Fahren, Juni 2017., These 15, S. 12.

[8] See U. S.-Kontext I. Cofone, Anti-Discriminatory Privacy, i. V.

[9] See A. Sarwate/K. Chaudhuri, Signal Processing and Machine Learning with Differential Privacy, IEEE Signal Processing Magazine 30: 5 (2013), 86 ff.；S. Barocas/ H. Nissenbaum, Big Data's End Run around Anonymity and Consent, in: Lane/Stod-den et al. (Hrsg.), Privacy, Big Data, and the Public Good, 2014, S. 44 ff.

的数据往往是有好处的，但是，当系统缺乏指定数据却仍然作出决策的时候——主要是因为个体与群体的隶属关系的张力问题时——就会产生单独的问题（见本文第三部分）。在最坏的情况下，"输入的数据存在问题使得结果失真，从而引发了本应当避免的损害"[1]。在这样的情况下，不可以生搬硬套地解决问题[2]。相反，必须寻求平衡，同时要考虑到有关人员的权利以及被决定所设计的各种规范性文件的背景。无论如何，在谈到有利于数据保护的措施时，立法者应该记住，应当保护所有弱势少数群体的隐私，使其不受威胁。然而，欧盟法律中的个人数据的广泛概念，阻止了智能系统逃避法律的监管，并与个人保持足够的距离。这是有道理的，因为即使数据保护法领域本身不是单独解决紧张关系的地方，它也可以体现法律的强制性。因此，这里仍然需要立法者和法律。

大体上看，数据保护法限制主权机关和私人机构无止境的数据收集，这不仅与歧视的可能性后果有关。但是，它也限制了智能系统在一些场域充分发挥其能力和长处的机会——这可能会产生进一步的法律后果。

（五）智能系统使用过程中存在的多种问题

使用智能系统的准则——使其优势与特性得到充分发挥，同时并不会因为其弱点造成任何损害——只是一个实践理性层面的信条。一方面，考虑到智能系统在应对大量数据和作出快速准确决策和预测方面的优点，在规制的时候必须考虑智能系统有效应用的背景（见本文第二部分）。例如，智能系统适用于金融市场的预测。另一方面，在需要结合不同的策略来解决问题，或开辟新的信息来源或是发展象征性理论时，需要谨慎地应用智能系统。特别是，智能系统在解释和编写文本方面的能力是有限的。此外，市场中常见的系统尚且无法就个案中的所有情况作出决定。相反，为了实现它们相对于人类决策者的时间和成本优势，

---

[1] See R. Broemel / H.-H. Trute, Alles nur Datenschutz?, Berliner Debatte Initial 27: 4 (2016), S. 52.

[2] 对数据保护法律进行重构、修订和废止的意义会非常深远，参见 R. Broemel/H.-H. Trute, Alles nur Datenschutz?, Berliner Debatte Initial 27: 4 (2016), S. 50 ff.

它们时常被安排只处理一组标准化的数据[1]。

在一些应用场景中,法律中关于正当使用的要求限制了智能系统的应用[2]。目前的情况是,一方面系统处理和处理的数据与法律要求的决策实施基础的密度不相匹配。这种原因有可能是出于事实的,也有可能是出于法律原因。比如,尽管有大数据,但世界上大部分地区尚未被传感器覆盖。另一方面,法律,特别是数据保护法,往往限制了私人和公共用途数据收集的可能性。这两种情况都可能导致系统的功能不符合预期。

在存在以上所言的不匹配的情况下,私人仍然使用智能系统,要求其承担赔偿责任也就具有了正当性基础(本文第三部分)[3]。对于公权力的行使者而言,还有其他更进一步的要求。确实,在法治国的要求下,没有一般性要求对每项决定进行全面的个性化。更确切地说,行政决策是公式化的,在某些时候,"公式化就是程序"[4]。在允许模式化的地方,是存在利用智能系统的空间的。此外,在其他情况中,特别是在政府行为的应用场景之中,粗略数据和大致的描绘是不够的。例如,在安全法领域,不同的教义学已经形成了,要求必须为行动者提供特定

---

[1] See C. Ernst, Die Gefährdung der individuellen Selbstentfaltung, in: Klafki/Würkert/Winter (Hrsg.), Digitalisierung und Recht, 2016, S. 67; T. Rademacher, Predictive Policing, AöR 142 (2017), S. 383.

[2] 考虑到目前技术的发展状况,目前这个问题仍然是假设问题,但从长远看,出于对基本权利的保护,最终规范可能会变为只允许在个别情况下有限地使用智能系统。例如,如果有明确的证据证明自动驾驶汽车造成交通事故的概率远远小于人类驾驶者,那么当然会允许自动驾驶的存在。Bundes-ministerium für Verkehr und digitale Infrastruktur, Ethik-Kommission Automatisiertes und vernetztes Fahren, Juni 2017, S. 21. 如果智能系统在履行个人法律义务的方面被证明有效,那么法律也应当允许使用智能系统。当然也会出现这样的情况,即从决策质量的角度显然人类决策者更高,但是智能系统在效率和经济层面更优,那么此时也可允许使用智能系统(See T. Wischmeyer, Die Kosten der Freiheit, 2015, S. 72 f.)。即在评估效率的时候,也必须考虑使用该技术带来的成本,参见 Ethik Kommission Automatisiertes und vernetztes Fahren, Juni 2017, S. 414。

[3] 同时也要注意,个人提出主张的权利来自于基本权利,智能系统不能阻却这种权利的行使,此处的法律依据来自德国《基本法》第 1 条、第 2 条 1 款,这些规定了公民在自我发展和自主决定方面的一般人格权。可参见 C. Ernst, Die Gefährdung der individuellen Selbstentfaltung, in: Klafki/Würkert/Winter (Hrsg.), Digitalisierung und Recht, 2016, S. 66 ff. Ernst. 该条明确并不适用于智能系统造成损害的情况,但是根据作者观点可以考虑应用于智能系统。

[4] See H. P. Bull, Der "vollständig automatisiert erlassene" Verwaltungsakt, DVBl 2017, S. 412. "在这种情况下,自动化不仅不会减少,反而会促进人与人之间的接触。" See C. Djeffal, Das Internet der Dinge und die öffentliche Verwaltung, DVBl. 2017, S. 813.

信息，以提供系统作出的特定干预措施的正当性[1]。在设计授权基础和实施措施的时候，必须始终注意要有适当的"诊断窗口"（Diagnosefenster）[2]。现在，在设计智能系统的时候也要考虑这一点。

根据欧盟法律，这种决策依据的个性化诉求是有充分根据的，它也会间接限制智能系统的应用领域，特别是欧盟《一般数据保护条例》的第22条，对于自动化决策过程进行了规定。《一般数据保护条例》第22条第3项和《一般数据保护条例导言》第71条U部分的第2项第1句提到了"人有权进行干预"作为可能的保护措施……并陈述自己的观点和对决定的争论。[3] 在这方面，对于政府行为的实施者，德国《联邦行政程序法》第24条第3句与《社会法典》第十部分的第31a条第2句对调查的原则进行了规定。根据该规定，主管部门有义务在使用自动系统，在特定情况下，且自动系统无法确定行政相对人的时候，考虑对方对相关事实的陈述和他们实际的情况。类似地，《税法通则》第155条第4款第3句给了那些在自动化系统中遭受不利影响的人，主动开始手动处理他们的事务的可能性手段。

这些规范作为例子，说明了如何平衡经济运行中不同利益和效果，以及个人对于发展的诉求与规范稳定性、确定性之间的张力[4]。对于未来，必须考虑到智能系统不一定必须超越人类的头脑作出决定。如果当前的系统仍然基于比较粗糙粒度的数据运行，那是因为系统设计者的决定，但是这种应用现状并不能反映该技术的全部潜力。然而，在这方面，数据保护法可以对精细结构数据系统的"数据具体程度"设置限制。因此，干扰系统自我甄选信息的措施是不合适的，因为收集的数据太少会导致无法有效运作系统——但是从干预本身的充分理由来看，对

---

[1] See R. Poscher, Eingriffsschwellen im Recht der inneren Sicherheit, DV 41 (2008), 345 ff. 审查的边界并不是一成不变的，而是根据相关的法律利益考量有所不同。

[2] Rademacher仔细研究了这个概念以及其中可能出现的法律风险预防问题 T. Rademacher, Predictive Policing, AöR 142 (2017), S. 378 ff.

[3] See Martini, in: Paal/Pauly, DSGVO, Art. 22 Rn. 8; *Kamlah* in: Plath, BDSG/ DSGVO, Art. 22 DSGVO Rn. 14 ("Remonstrationsrecht"). 类似的观点参见 § 6a BDSG: von Lewinski, in: Wolff/Brink, Beck - OK Datenschutzrecht, 20. Edition, § 6a BDSG Rn. 1; Scholz, in: Simitis (Hrsg.), BDSG, 8. Aufl. 2014, § 6a Rn. 3.

[4] 将德国《行政程序法》第35a条的适用范围限制在没有自由裁量的案件类型内，也可以因应这个问题，参见119页脚注5。

数据收集的限制和禁止也在增加[1]。

在规范性环境中使用智能系统的相关性和统计数据是不充分的，因为需要证明因果关系[2]。这通常不会妨碍到智能系统的应用，因为法律经常允许它根据过去可能的事件过程的经验数据来进行决策，即使没有令人满意的解释模型去揭示具体的因果关系[3]。但是，这在个别领域是不够的，如在刑事诉讼领域确定是否有罪的时候[4]。只要坚持认为决策不必然基于统计的相关性，而是基于对因果关系过程的细致重建，智能系统的使用空间就是有限的。

（六）智能系统使用过程对于责任和职责的明确化

迄今制定的准则规定了一项责任程序，其主要针对的对象是立法者和行政人员。立法者和行政人员可以与智能系统的构造者、用户和其他利益相关者进行接触，根据前述的程序，立法者和行政人员可以命令这些构造者在设计系统时使其规范效果可见，并确保适当的质量水平，防止歧视、保护数据安全，并在设计中注意足够的个人本位化等。该责任程序可以在传统的法律，特别是法释义学的责任归属的语境中实施。但是，责任的准确分配是一项挑战，现今仍然无法确定是否需要加入新的责任和新的领域。

即使立法者提供了足够的规范，智能系统也不会一直没有错误地运行。相反，损害是由于设计不当、使用不当以及统计系统中不可避免的假阳性和假阴性造成的（本文第三部分）。此外，机器和人类都面临着

---

[1] 这一领域阐释得比较清楚的请参见《德国联邦宪法法院判例集》第 115 辑，第 320 页，Rasterfahndung II, durch T. Rademacher, Predictive Policing, AÖR 142（2017），S. 394 f. und 396 f.，信息自决权基本上成为立法机关的一项结构性授权，并须经议会批准。

[2] 关于因果关系到底从哪里切断，参见 M. Lynch, The Internet of Us, 2016, S. 155ff；M. Hildebrandt, Who needs stories if you can get the data？, Philosophy & Technology 24（2011），371 ff.；B. Miller/I. Record, Justified Belief in a Digital Age, Episteme 10：2（2013），117 ff.；Mayer-Schönberger/Cukier, Big Data, 2013；J. Taeger（Hrsg.）, Big Data & Co, 2014。

[3] See T. Rademacher, Predictive Policing, AöR 142（2017），S. 388 ff。

[4] 美国在刑事司法实践领域对此有一定的突破，可参见 K. Brennan-Marquez, "Plausible Cause", Vand. L. Rev. 70（2017），1249 ff.。量刑领域的应用可参见 J. Angwin/J. Larson/S. Mattu/L. Kirchner, Machine Bias, ProPublica, 23. 5. 2016, https：//www. propublica. org/article/machine-bias-risk-assessments-in-criminal-sentencing, 访问时间：2018 年 12 月 2 日, archiviert unter：https：//perma. cc/6KDN-FMNC；A. Liptak, Sent to Prison by a Software Program's Secret Algorithms, N. Y. Times, 1. 5. 2017, https：//www. nytimes. com/2017/05/ 01/us/politics/sent-to-prison-by-a-software-programs-secret-algorithms. html。

两种困境，即每项决定都会损害到他人[1]。在所有这些情况下，都会产生责任问题。现在，这些现象在挑战现有的规范，原因包括与传统的自动化系统不同，学习系统并不完全由程序员决定等。虽然不具备学习能力的系统的决策原则上可以归因于设计、使用或以其他方式与整个过程产生联系的法律实体[2]，但智能系统的归因环境（仍然）不那么清晰，联系也非常间接[3]。

在这种背景下，科学和政治已经讨论了一段时间——引入的责任归属制度是否需要进行根本性的改革[4]。特别是，考虑是否可能或适当地为智能系统提供"数字法律人格"，使系统成为权利和义务的自主承担者[5]。或者，考虑将其分类为代理人或是履行辅助人[6]。相应的考虑因素可以与实践哲学中的争论相结合，实践哲学讨论的问题是义务

---

〔1〕 参见105页脚注3。第三方的行为也可能对于智能系统决策进行干扰，甚至对他人造成损害。可参见 T. Schulz, Verantwortlichkeit bei autonom agierenden Systemen, 2015, S. 273 ff.

〔2〕 See C. Ernst, Die Gefährdung der individuellen Selbstentfaltung, in: Klafki/Würkert/Winter (Hrsg.), Digitalisierung und Recht, 2016, S. 65: "Algorithmen werden von Rechts-subjekten verwendet und ihre Entscheidungen sind Rechtssubjekten zurechenbar", BGHZ 195, 126, Rn. 17; BGHZ 197, 213, Rn. 17 ff. Ebenso Schulz, in: Gola, DSGVO, 2017, Art. 22 Rn. 18.

〔3〕 即便是非常成熟的软件，在运行中也存在相当大的不确定性，系统的复杂性和软件开发领域的高度协作性也可帮助佐证这一点，参见 B. Mittelstadt/P. Allo/M. Taddeo/S. Wachter/L. Floridi, The ethics of algorithms, Big Data & Society 3: 2 (2016), S. 10 f.

〔4〕 欧盟议会对此的讨论参见前注 18；德国的情况可参见 Bundesministerium für Verkehr und digitale Infrastruktur (Ethink-Kommission Automatisiertes und vernetztes Fahren, Juni 2017), S. 26. Aus der wissenschaftlichen Diskussion vgl. R. John, Haftung für künstliche Intelligenz, 2007, S. 85 ff.; S. Kirn/C. D. Müller-Hengstenberg, Intelligente (Software-) Agenten I, MMR 2014, S. 225 ff.; dies., Intelligente (Software-) Agenten II, MMR 2014, 307 ff.; D. Vladeck, Machines with out Principals, Wash. L. Rev. 89 (2014), S. 117 ff.; R. Calo, Robotics and the Lessons of Cyberlaw, Calif. L. Rev. 103 (2015), S. 513 ff.; T. Schulz, Verantwortlichkeit bei autonom agierenden Systemen, 2015, S. 89 ff.; R. Schaub, Interaktion von Mensch und Maschine, JZ 72 (2017), S. 342 ff. Speziell zum Straf-recht vgl. nur S. Gless/E. Silverman/T. Weigend, If Robots Cause Harm, Who Is To Bla-me?, New Crim. L. Rev. 19 (2016), 412 ff.

〔5〕 See John, Haftung für künstliche Intelligenz, 2007, S. 372 ff.; A. Matthias, Automaten als Träger von Rechten, 2008; S. Beck, Sinn und Unsinn von Statusfragen, in: Hilgendorf/Günther (Hrsg.), Robotik und Gesetzgebung, 2013, S. 239/255 ff.; T. Schulz, Verantwortlichkeit bei autonom agierenden Systemen, 2015, S. 91 ff.; J.-E. Schirmer, Rechtsfähige Roboter?, JZ 71 (2016), 660 ff. 刑法方面的讨论参见 E. Hilgendorf, Können Roboter schuldhaft handeln?, in: Beck (Hrsg.), Jenseits von Mensch und Maschine, 2012, S. 119 ff.; S. Ziemann, Wesen, Wesen, seid's gewesen?, in: Hilgendorf/Günther (aaO), S. 183 ff.

〔6〕 See R. Schaub, Interaktion von Mensch und Maschine, JZ 72 (2017), S. 343.

（verantwortung）和责任（schuld）是否可以加于机器之上[1]——这当然是完全基于推测的、智能系统是否具有意识，这是承认其权利能力或法人资格的基础[2]。

从法律监管的角度来看，在这一背景下必须考虑三件事：

第一，目前可用的系统的设计继续由众多人类行动共同组成（见本文第二部分）。到目前为止，这些系统不是自主运行的，而是由自然人或法人控制的。因此，每个智能 IT 系统都嵌在人类行动领域。设计师、用户或涉及的第三方继续被视为参与者。关于智能系统责任的争论绝不能忽视这些人类责任履行者的贡献。鉴于这一领域的公司间的高度合作——智能系统通常由无数可自由使用或交易的单独组件组成，风险和责任的具体划分当然不是毫无意义的[3]。

第二，必须考虑人作为法律概念的特殊性。确实，《基本法》第 1 条第 1 款将权利能力给予了所有人，并将法律主体的法律基本概念与法

---

[1] See L. Floridi/J. W. Sanders, On the morality of artificial agents, Minds and Machines 14：3（2004），349 ff.；A. Matthias, The Responsibility Gap, Ethics and Information Technology 6：3（2004），175 ff.；T. Wiltshire, A prospective framework for the design of ideal artificial moral agents, Minds and Machines 25：1（2015），57 ff.；M. Anderson/ S. L. Anderson, Machine ethics, AI Magazine 28：4（2007），15 ff.；S. Anderson, Asimov's "three laws of robotics", AI and Society 22：4（2008），477 ff.；J. Burrell, How the machine 'thinks', Big Data & Society 3：1（2016），1 ff.；T. Zarsky, The Trouble with Algorithmic Decisions, Science, Technology & Human Values 41（2016），S. 118 ff. 目前，已经开始有了针对人工智能道德行为的训练的尝试，可参见 Wallach/Allen（Fn. 10）；A. Winfield/C. Blum/W. Liu, Towards an Ethical Robot, in：Mistry/Leonardis et al.（Hrsg.）, Advances in Autonomous Robotics Systems, 2014, S. 85 ff. 另外，具有代表性的讨论，参见 B. Latour, Das Parlament der Dinge, 2010, S. 70 ff. 在运用科学技术的观点讨论分析行为能力以及其他学者针对这一观点的讨论，参见 G. Teubner, Elektronische Agenten, ZfRSoz 27（2006），5/10 ff.；M.－C. Gruber, Rechtssubjekte und Teilrechtssubjekte des elektronischen Geschäftsverkehrs, in：Beck S. Beck, Sinn und Unsinn von Statusfragen, in：Hilgendorf/Günther（Hrsg.）, Robotik und Gesetzgebung, 2013, S. 133/138 ff.

[2] See S. Goldberg, The Changing Face of Death, Stan. L. Rev. 43（1991），659 ff.；L. B. Solum, Legal Personhood for Artificial Intelligences, N. C. L. Rev. 70（1992），1231 ff.；S. Chopra/L. F. White, A Legal Theory for Autonomous Artificial Agents, 2011；F. P. Hubbard, Do Androids Dream?, Temp. L. Rev. 83（2011），405 ff.

[3] See R. Calo, Robotics and the Lessons of Cyberlaw, Calif. L. Rev. 103（2015），S. 534；M. Scherer, Regulating Artificial Intelligence Systems, Harv. J. L. & Tech. 29（2016），S. 369；R. Kitchin, Thinking Critically About and Researching Algorithms, Information, Communication & Society 20（2016），S. 20 f.；A. Tutt, An FDA for Algorithms, Admin. L. Rev. 69（2017），S. 106；R. Schaub, Interaktion von Mensch und Maschine, JZ 72（2017），S. 346.

律之外对于人格的基本的确信联系起来[1]。然而，从纯粹的法律角度来看，这只是一种技术上的操作，除了授予《基本法》第1条第1款所设立的"自然"法律主体的权利资格之外，立法者还有其他的法技术手段来对智能系统进行界定[2]。因此，原则上立法者可以自由地将智能系统界定为新的法律主体，也就是创设了一种新的主体类型，只要这样可以简化推定的结构并便于处理责任即可[3]。当然，这样的决定将带来许多后续问题[4]。例如，尽可能促进创新的技术设计的责任问题、对保险法的影响，以及新的法律主体的责任财产的问题。在此重要的是，要注意这种功能性考虑，而不是对智能系统的性质形而上角度的考虑——对于在法律责任制度体系中对智能系统进行分类，并恰当的安排至关重要[5]。

第三，这可以作为总体指导方针——关于"数字化的法律主体"的讨论表明，目前在法律责任的归属和分配方面存在很大的不确定性。从受害方的角度来看，责任的准确分配是次要的。重要的是，尽管事情很复杂，但是责任并没有扩散。为了防止最终没有人承担责任，立法者一方面必须制定明确的责任规则，另一方面要确保可能的索赔能够被强制执行。考虑到现有的责任法在处理传统软件的问题时已经达到了极限[6]，此方面可能需要付出相当大的努力。此外，由于智能系统的复杂性和动态性，通常很难可靠地确定存在哪种类型的系统不当行为，以

---

[1] 以动物学——心理学的方式定义人类（Menschen）与以道德——法律定义的"人（Person）"的区别，参见 H. Kelsen, Hauptprobleme der Staatsrechtslehre, 2. Aufl. 1923, S. 142. 另可参见 C. Enders, Die Menschenwürde in der Verfassungsordnung, 1997, S. 274ff., 502ff.; Hillgruber, in: Epping/Hillgruber, GG, Art. 1 Rn. 3; S. Klingbeil, Die Not-und Selbsthilferechte, 2017, S. 6; ders. S. Klingbeil, Der Begriff der Rechtsperson AcP 2017 (2017), S. 848 ff.

[2] See J.-E. Schirmer, Rechtsfähige Roboter?, JZ 71 (2016), S. 663（无法理解将这种立场描述为"不加批判的功利主义"）; bei H. Eidenmüller, The Rise of Robots and the Law of Humans, ZEuP 2017, S. 774.

[3] See J. Kersten, Menschen und Maschinen, JZ 70 (2015), S. 7 f.; J.-E. Schirmer, Rechtsfähige Roboter?, JZ 71 (2016), S. 662 f.

[4] 关于承认人工智能系统作为一种法律主体的法教义学分析，参见 S. Klingbeil, Der Begriff der Rechtsperson, AcP 217 (2017), S. 857 ff. "应逐步地承认智能系统的民事权利能力"参见 J.-E. Schirmer, Rechtsfähige Roboter?, JZ 71 (2016), S. 663.

[5] See R. Schaub, Interaktion von Mensch und Maschine, JZ 72 (2017), S. 346.

[6] 更多的论证可参见 R. Schaub, Interaktion vonMensch und Maschine, JZ 72 (2017), S. 343 f.

及造成损害的原因[1]。这一发现可以从责任法的内部视角,如严格责任等制度窥豹一斑[2]。然而,这引发了另一个问题,即整个法律中处理智能系统的核心问题:系统的透明度。在分析这个透明度问题(本文第四部分)之前,同时也是结束本部分之前,再次强调主权者在应用智能系统方面的特殊责任。

(七)特别注意——透过主权者的对智能系统的使用

从 20 世纪 40 年代开始,人们就认为政府和国家在处理公共事务时,对于智能系统的应用不会落后于私营部门。从那时起,作为新兴学科的技术控制论的发展,迅速激发了自动化政府和行政管理的新愿景[3]。然而在实践中,行政自动化长期以来一直局限于用机械替代人类做从属性和辅助类的活动。虽然显而易见的是,国家对于新技术的应用是十分迅速的,现今没有国家可以不使用计算机运行税收、社会保障及福利制度[4]。但是,如果所使用的技术是比较简单、原始的,并不能引起行政管理活动的根本变化,那么行政法学理论也就无须迫切地予以回应[5]。

然而,技术的可能性改变了人们对于法律自动运行的态度。在自动化的早期阶段,破除实质性和程序性要求,以便让较为薄弱的技术进入行政管理的现象,目前已经不存在[6]。由于功能强大的计算机、更大量的数据和更好的算法,"智能治理"——换言之,行政管理的新的可能性

---

[1] See S. Wachter/B. Mittelstadt/L. Floridi, Right to Explanation, International Data Privacy Law 7(2017), S. 2; A. Tutt, An FDA for Algorithms, Admin. L. Rev. 69(2017), S. 106; R. Schaub, Interaktion von Mensch und Maschine, JZ 72(2017), S. 344 f.

[2] See H. Eidenmüller, The Rise of Robots and the Law of Humans, ZEuP 2017, S. 771 ff.; R. Schaub, Interaktion von Mensch und Maschine, JZ 72(2017), S. 345. 对于智能系统应用的有限范围,参见 J. -E. Schirmer, Rechtsfähige Roboter?, JZ 71(2016), S. 661.

[3] 关于此议题历史沿革的梳理,可参见 B. Seibel, Cybernetic Government, 2016; ders., Staat am Draht, Zeitschrift für Ideengeschichte 11:1(2017), 5 ff. Zum Automatisierungsdiskurs in der Verwaltungs(-rechts-) wissenschaft A. -B. Kaiser, Die Kommunikation der Verwaltung, 2009, S. 111 ff.

[4] See H. P. Bull, Der "vollständig automatisiert erlassene" Verwaltungsakt, DVBl 2017, S. 409.

[5] 从现在看来,这一发明成果虽然极具创新性,但是仍然也不值得放在当时讨论。See K. Zeidler, Technisierung der Verwaltung, 1959; H. P. Bull, Verwaltung durch Maschinen, 1963; N. Luhmann, Recht und Automation in der öffentlichen Verwaltung, 1966; S. Simitis, Automation in der Rechtsordnung, 1967.

[6] 德国《行政程序法》第 28 条第 1 款第 4 项和第 39 条第 2 款第 3 项对于智能系统协同作出的行政行为在程序上予以简化的安排,证明了这一态度。

已经出现。引言中给出的例子表明，这种可能已经在诸如安全法等敏感领域中得到了广泛的应用。现在，智能系统支持下的司法[1]和"机器人监管"的前景正在一步步地展现[2]。然而，目前对技术的理解充其量只适用于简单的涵摄（见本文第二部分）。因此，智能技术的使用目前主要在事实层面上是有意义的，但在检查更复杂的合法性条件时则不然。

因此，目前关于法律政策的辩论正在努力为使用自动化行政决定奠定法律基础。但与此同时，这种应用也应当重视法治国原则。在这个意义上，立法者最近开始通过《行政程序法》第35a条[3]，探索借由自动手段发布具有法律约束力的决定[4]。在这种情况下，确定事实和涵摄都由机器来完成[5]。尽管《行政程序法》第35a条[6]的具体内容存

---

[1] 有关"法律技术"（Legal Tech）的现状，参见 S. Shackelford/ A. H. Raymond, Building the virtual courthouse, Wisconsin L. Rev. 2014, 615ff.; G. Buchholtz, Legal Tech, JuS 2017, 955 ff.; M. Kilian, Die Zukunft der Juristen, NJW 2017, 3043 ff.; weitere Nachweise bei Hoffmann-Riem (Fn. 9), S. 15 ff.

[2] See C. Coglianese/D. Lehr, Regulating by Robot, Geo. L. J. 105 (2017), S. 1147 ff.

[3] 关于反对将行政活动的决定权完全交给机器的观点，参见 R. -M. Polomski, Der automatisierte Verwaltungsakt, 1993, S. 98 ff. 如果完全接受行政活动的完全自动化，并排除任何人为参与（如以结果控制的形式），也排除行政相对人的影响决定的可能性，显然会不符合法律的要求，这样做并不是因为这样的行为是由机器完成的，而是因为它作出决策的过程。当然，足够灵活科学的决策程序设计可以防止个人成为机器决策下的"客体"。参见 M. Eifert, Electronic Government, 2006, S. 127ff. m. w. N.; H. P. Bull, Der "vollständig automatisiert erlassene" Verwaltungsakt, DVBl 2017, S. 416; C. Djeffal, Das Internet der Dinge und die öffentliche Verwaltung, DVBl. 2017, S. 814ff. Luhmann 也早已提到，参见 N. Luhmann, Recht und Automation in der öffentlichen Verwaltung, 1966, S. 60 和 T. Rademacher, Predictive Policing, AÖR 142 (2017), 其中谈到："归根到底，没有任何理由可以信赖机器的行为而不是人类的行为。"亦可参见 Martini/Nink（前注22）, S. 7 其中谈到："个人数据是算法分析的客体这一事实并不能从根本上否定了个人的价值。

[4] 这一限制使得德国《行政程序法》第35a条很大程度上不适用于警察法，因为警察法中存在大量的自由裁量规范。参见 T. Rademacher, Predictive Policing, AöR 142 (2017), S. 386 f.

[5] 在当前的技术背景下，即目前的系统在生成新信息和处理语言方面的能力仍很有限的背景下第97页，不能过分高估该技术的作用，本文第113页。就智能系统应用在法律领域而言，目前智能系统只有在事实有明确的严格定义的情况下才能有效地工作，因此在法律解释和利益衡量相关的工作中，应当禁止智能系统来进行干预。德国《行政程序法》第35a条考虑到了这些对技术的限制。从长远来看，智能系统的应用肯定是有意义的，特别是对于自由裁量权的限制，譬如对于裁量结果保持一致性的问题上。参见 H. P. Bull, Der "vollständig automatisiert erlassene" Verwaltungsakt, DVBl 2017, S. 412.

[6] See M. Martini/D. Nink, Wenn Maschinen entscheiden, NVwZ Extra 10/2017, S. 1 ff.; N. Braun Binder, Vollständig automatisierter Erlass eines Verwaltungsaktes, DÖV 2016, S. 891 ff.; H. Schmitz/ L. Prell, Neues zum E-Government, NVwZ 2016, 1273 f.; T. Siegel, Automatisierung des Verwaltungsverfahrens, DVBI 2017, S. 24 ff.; H. P. Bull, Der voll-ständig automatisiert erlassene Verwaltungsakt, DVBI 2017, S. 409 ff. Vgl. 在这方面，税务征缴与司法督促程序也是一样的，税务征缴适用德国《税法通则》第155条第4款，而司法自动督促程序则适用德国《民事诉讼法》第689条第1款第2句。

在一些问题，但该条已经给出了一个信号，表明智能系统不再只是行政决策准备或传播方面的辅助工具。智能系统应当承担更重要的角色，即公民原则上应该能够独立地发动一个行政程序，即使是在没有行政人员参与的情况下，最终也能得到一个行政决定的回应[1]。可以预想到的是，也会有一些在满足特定条件时自行启动的系统。

但是，仅仅允许使用计算机系统实施行政行为是不够的，应当进一步推动的是，相应的授权和边界也必须予以明确，这也是应该在整个行政决策系统决定过程中贯彻的指导原则。以下就是刚刚提及的指导原则，只要它们被宪法辐射到，它们对于主权者就具有约束力。根据系统的特征和所涉及专业领域的特点，这些彼此存在张力的规则，可以禁止、允许智能系统的应用或为其创造条件。为保护宪法与法治国原则所确认的基本利益，也需要为智能系统设置程序和实体上的要求，如《税法通则》第88条第5款第3句——对财政主管部门的智能系统设置的条文。风险管理系统必须能够调和技术可行性和规范的期望的紧张关系，并且将系统的应用限制在特定的专业领域需要中。

在贯彻专业领域的智能系统规制的监管原则的时候，还应该重视，通过智能技术系统取代人类决策，将会改变决策的制约因素，因此，需要从不同角度区别人类决策和机器决策，如速度、一致性、精确性、灵活性等[2]。从实践的角度来看，这可能会有溢出效应。因此，从平等的角度来看，智能系统决策的低额外成本和决策高度的一致性可能会使立法者面临这样的情况：由于智能系统的原因，在日常生活中不得不接受高偏差率的执法情况[3]。但是，当智能技术的全面实施产生高昂的后续成本，公民的一般守法受挫，导致法律标准受到侵蚀时，立法者必须重新定位并阻止自动执法、改变实体法或是为"有用的非法"（brauchbare Illegalität）创造新的空间。

---

〔1〕 See H. P. Bull, Der "vollständig automatisiert erlassene" Verwaltungsakt, DVBl 2017, S. 411.

〔2〕 参见前文第2部分与 W. Hoffmann-Riem, Verhaltenssteuerung durch Algorithmen, AöR 142 (2017), S. 25 ff., 详细描述了"法律规范的规制"与"通过算法的规制"有何不同。

〔3〕 See T. Rademacher, Predictive Policing, AöR 142 (2017), S. 398. 此方向更多的思考，可参见 W. Hoffmann-Riem, Verhaltenssteuerung durch Algorithmen, AöR 142 (2017), S. 25 ff.

四、透明化的智能系统：从解释权到分工的建立以及控制架构

以上所述的原则可以指导国家防止或纠正应用智能系统的负面后果。为此，立法者和行政部门必须制定智能系统的质量标准，采取预防措施，制定隐私和信息安全标准等。在实践中，这些措施并不容易实施。有效控制开发并在适当情况下进行干预，作为国家保障责任的一部分，与所有新技术一样，国家必须努力获得必要的监管知识[1]。

但是，这可能在智能系统中取得成功吗？在目前的文献中，人们普遍强调，研究清楚人工智能这个"黑匣子"的决策机制几乎是不可能的[2]。事实上，系统变得越强大，智能系统的决策越难以理解。但是，如果没有透明度，就很难正确认识和感知法律设置的自由空间的大小。

透明度问题（das transparenzproblem）——围绕这个概念产生了越来越多的争论[3]——其实比起其他问题来说，更少地涉及技术本身。智能系统使用的逻辑和技术是非常先进的，但仍然不能与原子和纳米技术的要求相提并论。更确切地说，智能系统的具体决策过程是不透明的，或者正如珍娜·伯勒尔（Jenna Burrell）所说的那样："因为受决策影响的人几乎无法理解它的决策过程，因此它在这个意义上就是不透明

---

[1] See M. Kaushal/S. Nolan, Understanding Artificial Intelligence, Brookings Institute, 14.4.2015, http：//www.brookings.edu/blogs/techtank/posts/2015/04/14 - understanding - artificialintelligence，访问时间：2018年12月2日。在信息安全角度更深层次的讨论可参见 T. Wischmeyer, Informationssicherheitsrecht, Die Verwaltung 50 (2017), S. 155 ff.。从国家学的角度进行分析（有浩如烟海的文献），可参见 W. Hoffmann-Riem, Regulierungswissen in der Regulierung, in: Bora/Henkel/Reinhard (Hrsg.), Wissensregulierung und Regulierungswissen, 2014, S. 135 ff.

[2] See F. Pasquale, The Black Box Society, 2015; Dass das Konzeot der "black box" den Diskurs über Computer fast seit Beginn begleitet, zeigt K. Passig, Fünf zig Jahre Black Box, Merkur 71: 823 (2017), S. 16 ff.

[3] 长期以来，关于"透明度"这一议题一直很热烈，如搜索引擎的透明度，参见 L. D. Introna/H. Nissenbaum, Shaping the Web, The Information Society 16 (2000), 169 ff. 最近，有关这个议题的出版物数量激增，比较全面的文献可参见 T. Zarsky, Transparent Predictions, University of Illinois L. Rev. 2013, 1503 ff.；V. Mayer-Schönberger/K. Cukier, Big Data, 2013；J. Taeger (Hrsg.), Big Data & Co, 2014, S. 176 ff.；P. Schaar, Algorithmentransparenz, in: Jahrbuch für Informationsfreiheit und Informationsrecht 2015, S. 23 ff.；F. Pasquale, The Black Box Society, 2015, S. 140 ff.；H. Schmitz/L. Prell, Neues zum E-Government, NVwZ 2016, S. 1277；K. Zweig, 2. Arbeitspapier: überprüfbarkeit von Algorithmen, 7.7.2016, https：//algorithmwatch.org/de/zweites-arbeitspapier-ueberpruefbarkeit-algo rithmen.

的。比如，特定输入的数据如何以及为什么被根据一定标准进行了分类，并产生了特定的输出。[1]"但是，如果已经受到影响的用户不理解为什么系统已经采用这种方式而不是其他方式，那么值得忧虑的是，监管机构很难核实某个具体的决定是否遵守了法律的要求。因此，缺乏透明度成为有效监管的障碍。此外，与其他复杂技术不同，智能系统不仅是国家监管的对象，且本身也参与监管的过程，从而成为主权行为监管的方式[2]。但是，我们能否将决策委托给人类无法理解的系统呢[3]？当不透明的机器出现在法律体系中，而在这样的体系中决策的可追溯性是一个重要的法价值的时候，不透明的机器决策就是一个重要的问题。

因此，"黑箱子"的判断与政治学强调的最大程度的"透明度"相冲突。这要求受决定影响的人应当深入了解系统及其决策过程。如果无法保证透明度，则应停止使用该系统。尤其是，法治国和民主原则都可以成为透明性的理论支持[4]。

当然，在这一点上，需要谨慎对得的是：对技术透明度的渴望某种程度上是一种过于一般性的讨论[5]。且这个命题本身也是十分值得怀疑的：智能系统本质上是否比国家和法律针对或提及的那些传统的对象或行为控制模式更加不透明？在系统理论的语言中，这些行为控制模式是精神与社会系统[6]。这些与智能（技术层面的）系统一样，具有内部动态、自我指涉和涌现性的特征，因此，对于自己和他人而言是不透明的[7]。

---

〔1〕 See J. Burrell, How the machine "thinks", Big Data & Society 3：1 (2016), S. 1.

〔2〕 可参见 W. Hoffmann-Riem, Verhaltenssteuerung durch Algorithmen, AöR 142 (2017), S. 1 ff.

〔3〕 关于数字化与信任的相互关系这一重要视角，可参见 V. Boehme-Neßler, Unscharfes Recht, 2008, S. 435 ff.

〔4〕 参见 Schmidt-Aßmann, in：Maunz/Dürig, GG, Art. 19 IV Rn. 253。从法治国的合理性要求的角度而言可参见 ders., Das Allgemeine Verwaltungsrecht als Ordnungsidee, 2. Aufl. 2006, Kap. 2 Rn. 75 ff.

〔5〕 参见 B. Mittelstadt/P. Allo/M. Taddeo/S. Wachter/L. Floridi, The ethics of algorithms, Big Data & Society 3：2 (2016), S. 6："透明度常常当然地被视为解决新技术引起的道德问题的灵丹妙药。"类似的观点亦可参见 D. Neyland, Bearing Accountable Witness to the Ethical Algorithmic System, Science, Technology & Human Values 41：1 (2016), 50 ff.；K. Crawford, Can an algorithm be agonistic?, Science, Technology & Human Values 41：1 (2016), 77 ff.

〔6〕 对此 R. Glanville 有非常精辟的论述："在我们的视域中，每件事都是黑箱子，而人工智能的主要功能在于，通过建立不同的类型和模型，来使得黑箱子都变成白箱子。"可参见 Inside every white box there are two black boxes trying to get out, Behavioral Science 27 (1982), S. 1.

〔7〕 正如 Luhmann 所言："所有具有更高形式的生活、意识和社会交流系统，都是不凡的机器。" N. Luhmann, Die Kontrolle von Intransparenz, 2017, S. 102.

大体上讲，只要行为由人，或在层级制度的治理模式、市场、谈判或网络的帮助下控制[1]，无论是控制实体还是受影响的实体，都无法清楚地预测决策的具体过程。在这种背景下，尼古拉斯·卢曼（Niklas Luhmann）将现代社会称为"不透明的交响曲"[2]。即使在法理学中，长期以来一直理所当然的也是如下的论断：控制不是机械地进行的，而是一个复杂的、具有潜在不确定性的过程，进而是一个不透明的过程。

这一观察结果与智能系统中更高透明度的要求并不矛盾。因为缺乏透明度的传统决策无法驳斥机器决策所带来的普遍不适。没有什么理由可以反对这一事实：我们对机器提出比我们自己更高的道德要求[3]。法律体系从传统角度上很难将法治国和民主原则与国家、社会中的"不透明交响曲"相协调，然而，我们仍可以乐观地认为，关于智能系统的法律层面，可以找到解决方案[4]。

实际上，智能系统具备的一些有趣的特质也有助于实现前述的乐观前景，如智能系统的可塑性。智能系统的特征主要不是更高程度的非透明度，而是因为他们可以通过程序比人类决策者或传统的行为控制模式更容易和更精确地对行为进行规制和安排。在此背景下，关于透明度的辩论得到了新的动力。智能系统，作为整合社会与法律的相互关系的力量，其决策逻辑最初是基于人们无法理解的社会和法律背景。在此之上讨论的透明度问题，并不一定限于纠正技术缺陷。相反，从透明度的角度来看，尝试优化可定制系统也是有意义的。最终，不仅可以弥补现在机器决策的不足，还可以在总体上寻求更高的透明度。

以上至少是一种比较长远的观点。目前，没有技术或法律要求以这种方式"解决"透明度问题，也就是说，目前可能仅要求在法律层面正视、承认透明度问题，并以正确的方式看待它。第一步，有必要澄清谈论智能系统"缺乏透明度"的真正含义（下述第一点）。然后必须要探求透明度问题是否尚未找到其法律框架：通常认为，《一般数据保护

---

[1] See W. Hoffmann‐Riem, Verhaltenssteuerung durch Algorithmen, AöR 142 (2017), S. 10.

[2] See N. Luhmann, Die Kontrolle von Intransparenz, 2017, S. 96.

[3] See S. Nürnberger/S. Bugiel, Autonome Systeme, DuD 40 (2016), S. 504.

[4] 从进化生物学的角度，当然也可以说，人类通过长时间的进化已经形成了相互理解的机制，因而我们也可以乐观地说，我们也并不需要对机器决策有很高的要求，参见 E. Yudkowsky, Artificial Intelligence as a Positive and Negative Factor in Global Risk, in: Bostrom/C'irkovic' (Hrsg.), Global Catastrophic Risks, 2008, S. 308/309.

条例》提供了"解释"自动决策的权利。但是，即使《一般数据保护条例》包含这样的权利——虽然人们很少谈及这一点——《一般数据保护条例》立足的主观权利的方法也几乎不能公正地满足透明原则要求的利益：给予有利害关系的各方查看智能系统代码。并不能解决任何问题（下述第二点）。在这一点上，了解宪法和行政法的传统教义学理论是有帮助意义的。因为，在宪法和行政法的领域中，一直都有成熟的制定和处理决策过程的方法，这也是伯勒尔所谓的"不透明"在人类决策的领域的呈现方式。为了加强"透明度"，法律体系不依赖于孤立的权利来解释导致决策的所有因素，而是从一个规则与制度的网络运作的视角切入。这些规则和制度将重点放在探寻理由上（下述第三点）。这表明一种尝试：将理由概念适当地理解为分工监管可能性的条件，进而转换为智能系统。为此，我们概述了理由和控制架构的主要特征，在其中整合机器决策（下述第四点）。

（一）透明化——智能系统应用环节中的挑战

从直观上看，缺乏透明度是合理的，尤其是因为只有一小部分人可以阅读计算机代码。因此，只有专家团体才能从一开始就对原始系统进行分析。然而，由于IT部门的组织越来越以分工为基础，即使是训练有素的专家也无法详细了解计算机程序[1]。基于大量数据作出决策的程序，其复杂性会增加。即使决策系统具备确定性，由于如今在几乎任何数量的属性之间的相关性上都会评估无限量的数据，人们也很快就会在了解详细决策的过程中不知所措[2]。

智能系统的复杂性在应用中也会不断地增加[3]。因为这些系统不断调整其变量的内部权重，使其在学习过程中对所作的决策进行反馈，

---

[1] See C. Sandvig/K. Hamilton/K. Karahalios/C. Langbort, Auditing algorithms, Annual Meeting of the International Communication Association, 2014, S. 1 ff.

[2] See K. Leetaru, In Machines We Trust: Algorithms Are Getting Too Complex To Understand, Forbes, 1.4.2016, www.forbes.com/sites/kalevleetaru/2016/01/04/in-machines-we-trust-algorithms-are-getting-too-complex-to-understand/print.

[3] See M. Hildebrandt, Who needs stories if you can get the data?, Philosophy & Technology 24 (2011), S. 375 ff.; M. van Otterlo, A Machine Learning View on Profiling, in: Hildebrandt/de Vries (Hrsg.), Privacy, Due Process and the Computational Turn, 2013, S. 41 ff.; M. Leese, The New Profiling, Security Dialogue 45: 5 (2014), S. 494 ff.; J. Burrell, How the machine 'thinks', Big Data & Society 3: 1 (2016), S. 1 ff.; A. Tutt, An FDA for Algorithms, Admin. L. Rev. 69 (2017), S. 83 ff.

然后在以后的使用过程中反馈出来。在时间点 t0 产生决定的系统，可能在时间点 t1 作出完全不同的决定。这种内部控制系统的动态状况，意味着对决策的任何解释仅在某个具体的时间点才有效。因此，拥有高质量响应的系统必然具有高度的内部复杂性。

在这种情况下，"透明度""可解释性"或"可理解性"等术语的含义是什么[1]？这里可以区分不同的观点和情况：①对于系统的基本结构的解释，人们往往已经不知所措。②那些能够构建相应系统的专家，能够通过审查系统的逻辑，也就是系统的算法架构和数据库的结构使用的逻辑，对系统的算法架构和数据库结构做根本上的理解和描述[2]。③专家们难以实现具体决策[3]。由于事先几乎不知道任何先前的系统—环境的相互作用，因此，专家们对于动态智能系统难以在事前进行决策预测。甚至事后的重现也难以给出明确的 if-then 关系，在这种情况中，很难查明特定因素与特定输出的因果关联性。更确切地说，"决策规则"是来自动态数据集的大量加权变量的概率函数，其结果有时会经受进一步的数学过程，以获得最佳的计算时间。虽然可以记录这些变化和运行过程，人类观察者在结构中还是会发现：机器学习数学优化的高维度特性，与人类推理需要和语义解释的风格并不能很好地搭配在一起[4]。④这种差异也使得我们更容易衡量使用智能系统的效果。（如前文所示）如果记录了决策本身和它的效果，则可以在事后对数据库进行评估。例如，特定的敏感群体是否承受了不成比例的负担，这可能会影响歧视算法的认定[5]。

另外一点需要提及的是，虽然这一点不是技术层面的，而是合法性层面的——智能系统的不透明性。例如，许多智能系统的设计，都要对

---

〔1〕 如何区分这两个概念可参见 T. Miller, Explanation in Artificial Intelligence: Insights from the Social Sciences (2017), https://arxiv.org/abs/1706.07269。而对于"理由"（Begründung），这一对于司法至关重要的词，可见本文第 133 页。

〔2〕 See A. Datta / S. Sen / Y. Zick, Algorithmic Transparency via Quantitative Input Influence., in: Cerquitelli et al., S. 71 ff.

〔3〕 可参见 A. Tutt, An FDA for Algorithms, Admin. L. Rev. 69 (2017), S. 89 f.，其中介绍了 IBM 和 Tesla 的案例。在案例中，这两家公司的技术团队尝试通过重现的方式，进而发现系统作出错误决策的原因，但是他们的努力失败了。

〔4〕 See J. Burrell, How the machine 'thinks', Big Data & Society 3: 1 (2016), S. 2.

〔5〕 对于这类算法的监管，可参见本文第 139 页。

涉及企业和商业秘密的人保密[1]。德国联邦最高法院在对评分系统所作出的决定进行裁判的时候基本确立了这一立场[2]。欧盟《一般数据保护条例导言》的第 63 条第 5 项也是持此立场。除了保护知识产权之外，保密性的价值还在于应当防止对于系统的操纵。例如，《德国税法通则》第 88 条第 5 款第 4 句明确规定：财务风险管理系统，细节不得"在可能危及税收的规律性和合法性的情况下"被公布。

（二）通过主观的"解释权"能否达到透明化

对于那些受到智能系统决策影响的人，智能系统决策的不透明性体现得十分明显。当他们受到特定决定影响的时候，贷款被拒绝、税务审计遭到不利评价或是被下令采取保全措施的时候，他们将面临几乎无法克服的技术与法律的壁垒。在这种情况下，可能会给人们这样的一种印象：个人成了机器决策的对象[3]。

数据保护法第一次回应了这个问题，依据就是《一般数据保护条例》的第 5 条第 1 款的透明原则（前面已有论及）。《一般数据保护条例导言》的第 39 条、第 58 条和《一般数据保护条例》的第 60 条也都提供了一个实证法上的依据以供讨论。《德国联邦数据保护法》《欧盟数据保护指令》，以及《一般数据保护条例》和《针对警察和刑事司法的数据保护指令》，都已经对于自动化决策系统有了一般的要求，这些要求也都是与透明度密切相关的。例如，《一般数据保护条例》旨在使数据主体能够审查其个人数据被处理时的合法性，以便于他们在必要的时候行使进一步的权利（《一般数据保护条例导言》第 63 条）[4]。鉴

---

〔1〕 See W. Hoffmann-Riem, Verhaltenssteuerung durch Algorithmen, AöR 142（2017）, S. 32 f.

〔2〕 See BGHZ 200, 38, Rn. 10 ff.

〔3〕 在这个意义上，德国联邦宪法法院的判决（BVerfGE 30, 1/26）《一般数据保护条例》第 22 条的关系，相当于欧盟《数据保护指令》第 15 条与德国《联邦数据保护法》第 6a 条的关系〔参见 K. von Lewinski, überwachung, Datenschutz und die Zukunft des Informationsrechts, in: Telemedicus（Hrsg.）, überwachung und Recht, 2014, S. 1/16〕, 该规范旨在防止自动决策"将个人单纯地降为国家行政智能系统程序的对象，从而忽略了行政相对人的特点和案件本身的特殊情况"〔M. Martini/D. Nink, Wenn Maschinen entscheiden, NVwZ Extra 10/2017, S. 3；亦可参见 BeckOK DatenschutzR/von Lewinski DSGVO Art. 22 Rn. 2〕。"自主性概念的基础，就是两个要素——人的个体性以及人对系统的依赖。"参见 J. Kersten, Menschen und Maschinen, JZ 70（2015）, S. 3. Vgl. 对此可参见本文第 143 页。

〔4〕 该保护目标与欧盟之前的《数据保护指令》（DSRL）第 12 条相关，参见 EuGH, C-141/12 und C-372/12, Rn. 56 f.；BGHZ 200, 38.

于最近关于算法和智能系统的争论,这个包含复杂结构的规范目前受到了极大的关注。特别是《一般数据保护条例》有时被解释为对机器决策在解释权意义上进行了极端的扩张[1]。因此,透明度问题看起来已经找到了合法性依据。

1. 欧盟《一般数据保护条例》是否存在"解释权"? 首先,《一般数据保护条例》中并没有提到"解释权"(Recht auf Erklärung)。但是,它是可以通过第 13 条到第 15 条,以及第 22 条关于对自动决策系统的要求推导出来的。同时,《一般数据保护条例》在第 13 条第 2 款 f 和第 14 条第 2 款 g 都规定了控制者对于非学习型系统的用户,有着提供系统设计的信息提供义务,这包括第 22 条第 1 款和第 4 款所提到的逻辑程序,以及对于数据主体的处理过程的重要意义和设想结果。第 15 条第 1 款 h 授予了数据主体相应的信息权。第 22 条规定了算法决策系统的传播[2],在第 3 款中,规定了如涉及第 2 款 a 和 c 的情况,应当严格地限制自动的数据处理,应当采取合理的保护措施以及必要的程序控制手段——有人认为这应包括解释权[3]。

但是,应当谨慎对待此类观点。虽然上述提到的规范与《欧盟数据保护指令》第 12 条 a 和第 15 条在语言上很相近,但是仍然是存在疑点的[4]。与老版本的《德国联邦数据保护法》第 6 条 a(新版本《德国联邦数据保护法》第 37 条)以及相同领域的平行规范——《德国联邦数据保护法》第 28 条 b 关于特殊领域的评分系统(新版《德国联邦数据保护法》第 31 条)的规定一样,《欧盟数据保护指令》在学术和实践领域都被非常谨慎、保守地解释适用[5]。对于法律没有涉及的方面,

---

〔1〕 See B. Goodman / S. Flaxman, European Union regulations on algorithmic decision-making and a "right to explanation"(2016), https://arxiv.org/abs/1606.08 813. Analog ließe sich für Art. 11 DSRL-PJ (umgesetzt in § 54 BDSG-neu) argumentieren.

〔2〕 See Buchner, in Buchner/Kühling, DSGVO Art. 22 Rn. 1; Martini, in Paal/Pauly, DSGVO, 2016, Art. 22 Rn. 20, 31; Kamlah, in Plath, BDSG/DSGVO, 2. Aufl. 2016, Art. 22 DSGVO, Rn. 1 ff. , 8.

〔3〕 See S. Wachter / B. Mittelstadt / L. Floridi, Right to Explanation, International Data Privacy Law 7 (2017), 76 f.

〔4〕 对此可参见 BeckOK DatenschutzR/von Lewinski DSGVO Art. 22 Rn. 1; Wachter/Mittelstadt/Floridi (Fn. 197), S. 81; Buchner, in Buchner/Kühling, DSGVO Art. 22 Rn. 5 ff.

〔5〕 对此进行比较评价的可参见 D. Korff, New Challenges to Data Protection Study-Working Paper No. 2: Data Protection Laws in the EU: The Difficulties in Meeting the Challenges Posed by Global Social and Technical Developments, 2010, http://dx.doi.org/10.2139/ssrn.1638849, S. 82 ff.

相当保守的解释就已经足够[1]。"信息"（informationen）一般被限定为对于一般决策系统的简短评论，除非是该逻辑决策树被要求必须披露。另外，对于原始数据、程序代码或算法的深入了解，以及个案角度的深入细节都很少。因此，在涉及评分系统的情形下，有关人员仅能获得关于系统运作的初步信息，如信用积分与获得贷款可能性之间的关系。

《一般数据保护条例》下的判例法不大可能改变以上的保守观点，原因如下：首先，第22条的适用范围仍然很有限。尽管该条文适用于学习型系统和非学习型系统，但如果该系统仅仅用于辅助人类决策者，则第22条仍然得不到适用[2]。其次，就条文的内容而言，按照通说，比较旧的立法例并没有太多的欠缺（需要解释补充的地方）。例如，立法过程中讨论的"解释权"并未被强制性地规定在第22条第3款，而仅仅是作为可能的保护机制示例在《一般数据保护条例导言》中被提及[3]。

《一般数据保护条例》的第13~15条也是基于《欧盟数据保护指

---

[1] 可参见欧盟《数据保护指令》第12a条：EuGH, Rs. C-141/12 und C-372/12, Rn. 50 ff. Für § 34 Abs. 4 BDSG: BGHZ 200, 38. Für § 6a BDSG: BeckOK DatenschutzR/von Lewinski BDSG § 6a, Rn. 45ff., 52; Gola/Klug/Körffer, in: Gola/Schomerus (Hrsg.), BDSG, 12. Aufl. 2015, § 6a Rn. 18 f.

[2] 该规则只适用于基于个人特征的评估，并可自行作出"具有法律效力或类似重大影响"的全自动决策系统（更详细的要求可参见 BeckOK DatenschutzR/von Lewinski DSGVO Art. 22 Rn. 7 ff.; Martini, in: Paal/Pauly, DSGVO, Art. 22 Rn. 16 ff., 25 ff.）。这里并不包括仅仅支持人们作出决策的系统，即使这些系统很大程度上预先建构了决策通道（这方面的例子可参见 vgl. Buchner, in: Buchner/Kühling, DSGVO Art. 22 Rn. 16）。如果目前的判例仍然坚持先前的路线，那么人类第三方的干预行为都会排除《一般数据保护条例》第22条和相关信息披露义务的适用（参见 BGHZ 200, 38, Rn. 34）。亦可参见 S. Wachter/B. Mittelstadt/L. Floridi, Right to Explanation, International Data Privacy Law 7 (2017), S. 88, 92; Martini, in: Paal/Pauly, DSGVO, Art. 22 Rn. 16ff.; BeckOK DatenschutzR/von Lewinski DSGVO Art. 22 Rn. 16ff., 23 ff., 26 ff.; M. Martini/D. Nink, Wenn Maschinen entscheiden, NVwZ Extra 10/2017, S. 3. 最终，在立法过程中，信息披露义务更广的适用范围的提议没有被采纳，德国的《联邦数据保护法》第37条也是类似的情况，可参见 M. Martini/D. Nink, Wenn Maschinen entscheiden, NVwZ Extra 10/2017, S. 7 f.

[3] 关于立法程序可参见 Helfrich, in: Sydow, DSGVO, Art. 22 Rn. 27, 31 ff.; S. Wachter/B. Mittelstadt/L. Floridi, Right to Explanation, International Data Privacy Law 7 (2017), S. 81. 此外，《一般数据保护条例》第22条3款仅仅适用于第22条第2款a或c下允许的系统；在欧盟或成员国的法定授权下，第3款不适用。同样值得注意的是，《一般数据保护条例》第22条（与德国《联邦数据保护法》旧版本的第28b条不同）没有为算法制定任何与内容相关的规范，即将该领域完全留给用户。可参见 BeckOK DatenschutzR/von Lewinski DSGVO Art. 22 Rn. 3.1.

令》的第 15 条第 2a 款[1]。根据《一般数据保护条例》第 13、14 条，数据收集人的信息披露义务变得更加严苛，负责人必须在收集数据作出决定前，披露相应的信息。特别是对于在使用过程中发生变化的具备学习能力的系统，事前解释当然不能说明在个案情况下作出决定的原因[2]。对于（后续）根据《一般数据保护条例》第 15 条规定的数据权利主体可以要求数据收集者提供数据的权利，则是与上述无关的另一套规则。然而，从规则发展史和体系关系的角度来看观察，非常清楚的是，《一般数据保护条例》第 15 条赋予数据收集行为的主体更多的信息权利，而义务人必须根据第 13、14 条事先提供信息[3]。此外，目前对于《欧盟数据保护指令》解释，以及国家政策对于解释权的限制都会促进《一般数据保护条例》中对于条文解释的狭义化[4]：特别是在保护智能系统制造商的知识产权方面，条例明确承认，要保护商业秘密和所有有关主体的个人数据[5]。

因此，《欧盟数据保护指令》和《一般数据保护条例》的规定是有所不同的。总的来说，《一般数据保护条例》认为受智能系统决策影响的主体的信息义务和信息权限仅限于关于决策系统运作的一般系列，无权在个案中进行进一步的解释。

2. "解释权"的有效性。鉴于欧洲法院在数据保护法方面一直以来的开放态度——比如，在文本、体系和历史解释方面都欠缺支持，但

---

〔1〕 关于不同的信息披露义务的范围可参见 Paal, in: Paal/Pauly, DSGVO, Art. 13 Rn. 31 (eher restriktiv), Bäcker, in: Buchner/Kühling, DSGVO, Art. 13 Rn. 54. 关于算法方面还不明确，可参见 Ingold, in: Sydow, DSGVO, Art. 13 Rn. 20.

〔2〕 这在简单线性决策模式的情况下可能会有所不同，其中要作出的决策可以从输入的数据和决策树上的知识推导出来。但是从技术意义而言，以上这些都不是"智能"决策系统。

〔3〕 针对《一般数据保护条例》第 15 条的分析可参见 Paal, in: Paal/Pauly, DSGVO, Art. 15 Rn. 31; Buchner, in: Buchner/Kühling, DSGVO, Art. 22 Rn. 35; Specht, in: Sydow, DSGVO, Art. 15 Rn. 10; Helfrich, in: Sydow, DSGVO, Art. 22 Rn. 79; Wachter/Mittelstadt/Floridi (Fn. 197), S. 83 ff.; Vorsichtiger: BeckOK DatenschutzR/Schmidt‑Wudy DSGVO Art. 15 Rn. 78. P. Bräutigam/F. Schmidt‑Wudy, 针对数据主体的知情权和放弃的权利可参见: CR 2015, 56/61f. Anders: Bäcker, in: Buchner/Kühling, DSGVO Art. 15 Rn. 27. 负责主体必须提供评估结果（但是并没有关于必须详细说明的义务）。

〔4〕 关于英国法和法国法的情况，参见 S. Wachter/B. Mittelstadt/L. Floridi, Right to Explanation, International Data Privacy Law 7 (2017), S. 86.

〔5〕 可参见《一般数据保护条例》第 63 条。关于适用这样的规则是否会动摇德国联邦最高法院在保护商业秘密方面的限制性立场，参见 BGHZ 200, 38 怀疑的观点请参见 BeckOK DatenschutzR/Schmidt‑Wudy DSGVO Art. 15 Rn. 78. 3, 但是该文的观点认为仍然需要个案地进行调整。

仍然作出了"被遗忘权"的判决——不能排除欧洲法院仍然会在司法实务中行使解释权,授予受智能系统决策影响的主体要求提供数据库、算法等详细信息的主观权利[1]。但是,从单个主体的角度来说,这真的会带来很多优势吗?

透明度问题,如数据保护规范所表明的那样,仅从智能系统用户与有关用户之间关系的角度来观察,实际上是一种替代性方案,迫使前者为后者提供对于系统的"洞察力"。这样的制度安排可能有其独到的功能。但是,上述对于智能系统缺乏透明度的技术和法律原因的分析已经表明:受智能系统决策影响的人很难从中受益。相反的是:越是强调这种意见,越是使得公民难以从中受益,同时,也难以使得人们获得"对于纯源代码的洞察力"。这个制度对于大部分的公民,也难以有更多的价值[2]。更可行的一种方法是:为受影响的人提供系统的一般描述,以及在使用过程中具有统计显著性的简化因子的列表。且除非出现明显的错误或混淆,否则受影响的外行人将无法对这些大量而琐碎的信息做更多的工作[3]。特别是,它很难揭示根本的质量缺陷、隐藏的歧视和数据保护违规等问题,也难以估计受涉主体对于智能系统用户(如数据收集企业)是否能够提起成功率较高的诉讼。

在不破坏控制有效性的情况下,不能任意减少该技术的复杂性。为了成功识别申诉并进一步提出更正的建议,首先必须收集有关系统和决策过程的详细信息,然后专家必须能够访问系统、数据库、算法和培训模型。最终,调查的过程变得非常复杂,以至于大多数真正受到决策影响的利害关系人不太可能理解整个过程。总而言之,在许多智能系统中,似乎不可能对具体的决定提供一种技术上的、符合《一般数据保护条例》第12条要求的解释,即精确透明、简洁易懂、易于获取。

因此,认为全面的解释可以为受决策影响的利害关系人提供对智能系统的理解,并能使之有效地行使权利这一观点,是一个幻想。这种方

---

〔1〕 这个研究方向的趋势可参见 A. Roßnagel/M. Nebel/P. Richter, Was bleibt vom Europäischen Datenschutzrecht?, ZD 2015, 455/458;Bäcker, in: Buchner/Kühling, DSGVO Art. 13 Rn. 54;ders., in: ebd., Art. 15 Rn. 27.

〔2〕 参见 M. Martini/D. Nink, Wenn Maschinen entscheiden, NVwZ Extra 10/2017, S. 11 和第 109 页脚注 5。

〔3〕 See A. Datta/S. Sen/Y. Zick, Algorithmic Transparency via Quantitative Input Influence., in: Cerquitelli/Quercia/Pasquale (Hrsg.), Transparent Data Mining for Big and Small Data, 2017, S. 71 ff.; O. Tene/J. Polonetsky, Big data for all, Nw. J. Tech. & Intell. Prop. 11 (2013), S. 269 f.

法不仅低估了技术的复杂性，而且高估了个人的负担能力（即有足够的知识明白发生了什么）。同样地，也有观点认为，在评分系统的运作过程中提供简化的信息，至少会增加对技术的普遍信任。这样的观点也是不可靠的，实际情况可能恰恰相反[1]。在任何情况下，真正的行为能力都不是通过"解释权"来传达的。相反，社会问题是通过主观化而被外化的，而系统真正的运行方式则始终存在于黑暗之中。最后，"解释权"并未提供针对企业和商业秘密等复杂问题的解决方案。同样地，这并不意味着这种解释权对提高透明度毫无用处。但是，仅凭解释权无法解决信息不对称的问题。

（三）透明原则通过提供理由，实现国家的保障义务

这只是对技术的投降吗？这个结论还为时过早。唯一可预见的是，将透明度的问题私法化解决是不够的，将解决透明度问题完全建立在系统用户和受决定影响的利害关系人的关系上，也是不够的。如果现有的方案无法达成目标，是否意味着透明度问题需要被重新定义或改变？

在这一点上，至少从受影响人的角度来看，退后一步有助于意识到现有制度存在的问题——这并不是新鲜事。因为，如上所述，即使是受到系统决策具体影响的利害关系人，通常也很难理解自己作出的决定。每个人，对于自己和其他人，都是"黑匣子"[2]。这种情况存在于每个个人决策者行动之中。比如，人类通常对于刑事诉讼过程中的侦查犯罪并进行司法活动的行为都持有怀疑，刑事诉讼程序总被描述为易于出错和不可确定，且总被形容为"从根本上就不透明"[3]。与复杂的机器类似，根据现有的制度框架，刑事诉讼过程中人类官员的决策过程和具体细节是不可能被真正透彻地了解到的[4]。

---

[1] 有关智能系统提供模糊信息或进行误导性解释的更多例子，可参见 K. Passig, Fünfzig Jahre Black Box, Merkur 71：823（2017），S. 25 f.

[2] 可参见 A. Tutt, An FDA for Algorithms, Admin. L. Rev. 69（2017），S. 103. 亦可参见 K. Passig, Fünfzig Jahre Black Box, Merkur 71：823（2017），S. 29, 引用了 Stanisław Lems 的术语 Summa technologiae（1964）："所以每个人都是一个很好的例子，我们即使可以不了解大脑的'算法'却仍然可以使用它。整个宇宙中离我们最近的机器就是我们自己的大脑，尽管如此，直到今天我们也不清楚自己的大脑到底是如何工作的。"

[3] See T. Rademacher, Predictive Policing, AöR 142（2017），S. 399.

[4] 法律职业团体会进行各种各样的决策，但是每个决策的背景和语境是难以完全知悉的，且立法活动往往是集体性的，这也使得探寻立法者真正的动机和底层逻辑是十分困难的，参见 T. Wischmeyer, Der "Wille des Gesetzgebers", JZ 2015, 957 ff. 在比较早的法院判决中，有法官认为立法的正当性是存疑的，因为立法决策是合议决定，这就使得一些立法可能就是基于个别成员非常特别的想法。可参见 BVerwGE 12, 20/26 f.，更多的讨论可参见 U. Kischel, Die Begründung, 2003, S. 360 ff.；Stelkens, in：Stelkens/ Bonk/Sachs, VwVfG, § 39 Rn. 7.

尽管上述的这种制度现实始终存在且缺乏透明度，在无法用现有制度对所有关乎决策的因素进行规制的情况下，那些致力于促进不同主体相互理解的国家也并未处于崩溃的状态中。这表明，从法律的角度来看，对透明度的要求并不旨在对于个人和集体决策过程进行全面的解释，也不在于对于决策系统内部动态的检视。当人们以宪法和行政法为法律传统的起点开始观察的时候，就会发现这样的一种观点就得到了证实：透明度旨在确保决策能够为决策对象理解，进而确保有关主体能够适当地维护其权利，即提供了"理由"（die Begründung）[1]。

要求陈述理由是宪法国家的核心要求：当政府作出决定的时候，处于民主、法治和保护基本权利的原因，经常要求政府要提供理由[2]。《联邦行政程序法》强调了理由和监管行为之间的联系，并制定了"行政相对人有权知道行政行为的论证过程，因为这样他才能妥善捍卫自己的权利"[3]。相同的表述，在欧盟法律和许多宪法性规范中都存在[4]。

---

〔1〕 对于行政主体进行高权行为时必须说理的要求，其实也只是为了保证行政透明的机制之一，而为了保证行政透明，行政主体仍然要面对其他一些机制的限制，如一些信息法层面的要求；什么情况下可以调取相关的数据信息等，但是此处并不作延伸的讨论。

〔2〕 关于不同决定主体说明理由义务的宪法基础，可参见 J. Lücke, Begründungszwang und Verfassung, 1987, S. 37 ff.; Kischel (Fn. 214), S. 63 ff.; 对于该项义务来源于民主原则的论述，可参见 C. Gusy, Informationsbeziehungen, in: Hoffmann-Riem/Schmidt-Aßmann/Voß-kuhle (Hrsg.), GVwR, Bd. 2, 2. Aufl. 2012, § 23 Rn. 60.

〔3〕 See BVerwG, DVBl 1982, 198/199. Vgl. 更深的讨论可参见 BVerfGE 103, 142/160 f. - Wohnungsdurchsuchung; BVerfG NVwZ 2007, 1178/1179; BVerwGE 99, 185/189 ff.; F. Schoch, Begründung von Verwaltungsakten, JURA 2005, 757/757; Stelkens, in: Stelkens/Bonk/Sachs, VwVfG, § 39 Rn. 1 ff. 对于法院判决的提供基本理由的法定义务，可参见德国《民事诉讼法》第 313 条第 1 款第 6 项和第 3 款，德国《刑事诉讼法》第 34 条、第 267 条、第 117 条第 2 款第 5 项和德国《行政法院法》第 108 条第 1 款第 2 句，更多实证法层面的论述，可参见 R. Zuck, Begründungen-ihre Gründe und Grenzen, NJW 2016, 3573/3575. 而对于行政行为的部分，可参见德国《行政程序法》第 39 条，《行政法院法》第 73 条第 3 款第 1 句，德国《建筑法》第 9 条第 8 款，更多的论述可参见 P. Reimer, Verfahrenstheorie, 2015, S. 351. 立法者说明理由的义务可见 C. Waldhoff, Der Gesetzgeber schuldet nichts als das Gesetz, in: Depenheuer/Heintzen/Jestaedt (Hrsg.), FS Isensee, 2007.

〔4〕 欧盟法的部分，规范基础在于《欧盟基本法宪章》第 41 条第 2 款和《欧盟运行条约》第 296 条第 2 款，参见 EuGH, Rs. C-70/95, ECLI: EU: C: 1997: 301, Rn. 19; EuG, Rs. T-279/02, ECLI: EU: T: 2006: 103, Rn. 192; Calliess, in Calliess/Ruffert, EUV/AEUV, 5. Aufl. 2016, Art. 296 AEUV Rn. 4, 7 ff.; ders., Gerichtliche Kontrolldichte und institutionelle Begründungs-pflicht im Europarecht-ein Kompensationsverhältnis, in: Hendler/Ibler/Martinez (Hrsg.), FS Götz, 2005, S. 239 ff.; O. Brouwer/D. Curtin, Why? The Giving Reasons Requirement of EU Administration, in: Bulterman/Hancher et al. (Hrsg.), Views of European Law from the Mountain, 2009, S. 133 ff. Zum Recht weiterer Verfassungsstaaten: E. Eisenberg, Die Anhörung des Bürgers im Verwaltungsverfahren und die Begründungspflicht für Verwaltungsakte, 1999; J. Saurer, Die Begründung, VerwArch 100 (2009), 364 ff.; K. Towfigh, Die Pflicht zur Begründung von Verwaltungsentscheidungen, 2007.

那么到底理由由什么构成？要求采用哪种形式的解释，以便于在法律意义上，确定某个决定的可追溯性？这些问题的答案可用于为机器系统的不透明决策开发类似的结构和机制[1]。

理由是指与确定基本事实的活动，包括对于证据的评估以及法律推理。在陈述理由的过程中，决策者需要解释"为什么他决定是如此而不是另外的情况，他可以运用经典的文献、教义、偏见或是一般的正义观念，来进行法律解释或是运用论题学的方法"[2]。关于理由的结构，以及内容的初步结论可以从这些基本的命题中得出，进一步的细节则可来自对文献、判例法中承认的法律推理和对制度功能的分析[3]。

因此，对于理由的要求首先就是行政主体进行自我监管的一种方式。行政主体首先被要求必须要陈述"基本的事实和法律原因（《联邦行政程序法》第39条第1款第2段）"来支持自己作出的决定，同时，这也一定程度上，会审查这些原因是否包含在法律对该行政机关的授权基础中[4]。如果在陈述理由过程中，只是陈述不言而喻的事实，并无助于自我监管。重要的是，要明确在一个法律判断中，哪些因素会影响决策的过程[5]。即使是在裁量的过程中，也必须能够追溯并明确化哪些方面真正影响了自己的决策[6]。这样一来，如果公权力再次作出决定，就必须符合他们之前所提出的理由，符合他们自己的标准[7]。从

---

〔1〕 宪法上正当理由要求的行为义务人是公权力机关，私主体是否能构成义务主体，尚无进一步的研究。

〔2〕 See U. Kischel, Die Begründung, 2003, S. 6.

〔3〕 详可参见U. Kischel, Die Begründung, 2003, S. 88 ff.；Stelkens, in: Stelkens/ Bonk/Sachs, VwVfG, § 39 Rn. 1. 比较法的资料可参见 J. Saurer, Die Begründung, VerwArch 100 (2009), S. 382 f. 司法裁决的理由具有特殊性，在此并不赘述，可参见 R. Christensen/H. Kudlich, Theorie richterlichen Begründens, 2001; R. Stürner, Verfahrenszweck und Entscheidungsbegründung, in: Tichy/Hollän-der/Bruns (Hrsg.), Begründung von Gerichtsentscheidung, 2011, S. 384 ff.

〔4〕 参见 F. Schoch, Begründung von Verwaltungsakten, JURA 2005, S. 758. 这种逻辑在德国现行立法中也是得到支持的，如德国《行政法院法》第80条第3款中要求法院在审理中给出理由，且这种机制被认为是提供一种警告功能，进而使得后续的立即执行具有了正当性。

〔5〕 See BayVGH BayVBl 1990, 179/181. 该文认为行政主体有必要逐案引用事实作出解释，来解释为什么是以此种方式而不是另一种方式作出决定。Rademacher 也持有此意见，参见 T. Rademacher, Predictive Policing, AÖR 142 (2017), S. 390 f., 该文将其理解为（行政相对人）应当有"被合理说服权"（Recht auf Plausibilität）。

〔6〕 参见 VGH Mannheim NVwZ 1998, 86；亦可参见 VG München NVwZ-RR 2011, 672/674.

〔7〕 See C. Koenig, Der Begründungszwang in mehrpoligen Verwaltungsrechtsver-hältnissen, AöR 117 (1992), 514/535 ff.

自我监管的角度来看，解释性的理由并不在于对完整而客观的理由进行厘清，而是展示决策之中的关键性要素[1]。这也需要一些公共机关的程序性义务加以配合。例如，作出决定的机构应当记录自己的论证路径与过程[2]。

此外，提供理由还有助于对决策的外部监管。它的价值在于给予决定相对人机会来了解决定的合法性。当他们真的寻求法律保护的时候，那么公权力作出的论证理由将会指导他们，并针对特定的要点进行申诉。然而，最重要的是，通过提出理由，可以审查决定作出的过程，进而监督行政机关和法院。理想情况下，在论证过程中，允许作出决定的机构独立地对事实和法律问题进行补充和纠正。之后，通过法律职业团体的工作，理由得以进入法教义学的话语中，从而超越了具体的法律决策场景[3]。因此，理由是法律体系内的工具，它旨在对公权力机构不同的命令进行程序监督，并促进不同实体之间的决策反馈，最终提高程序和决策的质量。当理由的潜在接受者不单单包括受决定影响的利害关系人，还包括监管机构和法律职业团体时，对于复杂问题的决定的法律论证，也必须对问题的复杂性自我证成，这样才能进行有效的监督。因此，理由的特点和程度取决于个案的情况[4]，而不是有关人员的个人能力。如果作为外行人，无法理解法律论证，则似乎应当寻求法律建议[5]。但恰恰相反，在更高级别的机关作出了决定和理由可能会具有普遍利益时，则需要排除个案的情况进行论证理由，以使得法律问题与一般的政治、民主话语保持一致。

理由是社会接受和系统信任的产生机制[6]。一定程度上，理由有

---

〔1〕 通常情况下，行政主体在作出决定提供理由的时候只会提供主观上权威的理由，但并不会提供客观上正确的理由。但众所周知的是，德国《行政程序法》第39条第1款第2句是否规定了行政主体作出行政行为需要提供客观上正确且正当的理由的义务，这本身也是一个有争议的问题。通说认为，行政机关作出行政行为时即便给出了客观不正确的理由，仍不认为是违反正当性要求的，参见 Stelkens, in: Stelkens/Bonk/Sachs, VwVfG, § 39 Rn. 47; Sachs, in: Stelkens/ Bonk/Sachs, VwVfG, § 45 Rn. 46 ff.

〔2〕 See BVerfGE 103, 142/159 f.

〔3〕 See P. Reimer, Verfahrenstheorie, 2015, S. 354 f.

〔4〕 See BVerwG DVBl 1982, 198/199; BVerwG NVwZ 1986, 919/921; Kopp/Ram-sauer, VwVfG, § 39 Rn. 20 f.; Stelkens, in: Stelkens/Bonk/Sachs, VwVfG, § 39 Rn. 44; F. Schoch, Begründung von Verwaltungsakten, JURA 2005, S. 757.

〔5〕 See Stelkens, in: Stelkens/Bonk/Sachs, VwVfG, § 39 Rn. 41, 43.

〔6〕 这一点在欧盟法和美国法中也表现得很突出，参见 J. Saurer, Die Begründung, VerwArch 100 (2009), S. 365 mit Fn. 4 und S. 385.

着促进商谈的功能[1]。实际上，理由对于社会接受和信任能产生多大程度的积极影响，是一个经验性问题[2]。虽然没有确切的数据，但似乎也能得出以下比较合理的结论：政府越是努力地解释作出决定的理由，并且它在听证程序中越多地回应利害关系人所提出的论点，决定相对人也就越容易接受特定决定行为，从长远来看，也有利于社会建立对该机构的普遍信任。在智能系统的决策中更能体现这一点，完全不提出理由会产生阻力，并危及人们对于技术的信任[3]。对于行政透明度的要求会有助于这种情况的解决，并建立信任机制[4]。为了形成这种接受机制，必须要求行政主体能让相对人感受到说理和论证——即便只是简单的理由，也会传递出行政主体的可沟通性，以及该行政决定的可救济性。

理由同时也是对于决定相对人进入法律程序、表达利益诉求的一种承认。即便论证作为公权力机关的自我监管的工具时，有的时候会起不到作用，决定相对人在没有专业支持的情况下，既无法理解论证的内容，也不接受更为具体的论证，但只要论证制度存在，国家与公民的关系的核心仍然是基于确信（überzeugung），而不是建立在威压之上——正如尼古拉斯·卢曼的说法：理由总是单独地被确信的建立者记录下来[5]。因此，理由是一个命令的核心要素，它旨在促进论证和反对论证的相互交换。行政决定的理由往往是贯彻法治国原则的第一要素。

在不同的、教义学化的理由的帮助下，立法者、司法裁判和法学教育，保证了法律理由在不同情形下的正常运行。根据主体、时间、领域和行为的不同，理由也会不同，这也进一步区分了不同的标准，如不同

---

[1] See F. Schoch, Begründung von Verwaltungsakten, JURA 2005, S. 757.

[2] 学界是有对类似机制，如听证会的相关实证研究的，可参见 P. Langenbach, Der Anhörungseffekt, 2017.

[3] See B. Mittelstadt/P. Allo/M. Taddeo/S. Wachter/L. Floridi, The ethics of algorithms, Big Data & Society 3: 2 (2016), S. 7.

[4] 关于凭借法律进行理由的陈述进而建立信任的机制条件，参见 T. Wischmeyer, Generating Trust Through Law?, German L. J. 17 (2016), 339 ff.

[5] See N. Luhmann, Recht und Automation in der öffentlichen Verwaltung, 1966, S. 55. Vgl. auch N. Luhmann, Legitimation durch Verfahren, 1983, S. 215；"因此，在法律的实践中，理由是法律人写给法律人的，是写给律师、上级行政主管机关或法院的；为了确保正确无误，因而对它进行了加密，这常常使得裁判的接受者无法仅凭自己就能理解它，只能在专家的帮助下才能解密。"

的法律地位、有关的事实和不同的行为模式等要素[1]。在此时，只有两个点是最重要的。

第一，法律论证中的理由并不是要解释所有影响决策结果的要素。因此，在法律的语境下，社会学、心理学、生物学、物理学等因果要素是无关紧要的，虽然从后科学社会的视角来看，这些要素都可以解释一个决定[2]。但这并不意味着，这些因素在法律中不起作用。政府官员和法官在决策者的情境中不仅仅受到法律理由的指导，而且还受到众多偶然因素的影响，也会受到相当大的认知上的扭曲。现实主义法学就基于此对法律论证进行了批判，其观点也在晚近的文献中得到了经验上的验证[3]。尽管有这些经验研究成果，但法律论证至今为止仍然保持了其内在逻辑的自足和证立。因此，理由制度仍然在法律体系中具有独特的地位。

第二，决定的理由与决定的解释是不同的。因此，对于一个决定所附带的论证，并不是对一个决定合法性的客观判断。在有疑问时，理由并不是终局性地解决争议问题，而是启动了法治国家的机制去解决这个问题。据此，对于理由的要求是基于对法律和法治国的一种理解，即对法律是针对社会分工的一种监管措施，通过预先设定一种理由的文化，促进理由和反对理由的交换，并以此建立并加强人们对于行政命令的基本信任[4]。为了加强基本权利保护、维持法治国的稳定并实现合法化的效果，理由预设了一种差异化的制度体系，在这个体系中，法律意义上正确的决定，是建立在不同机构间权力分散的基础上的。在这个意义上，对于陈述理由的要求，不仅仅有利于有关人员，也有利于共同利益。每一个理由，都在守护民主原则要求下的透明性原则和法治国原则要求下的合理性原则。

---

[1] 可参见 Stelkens 关于各种行政行为的论述，Stelkens, in: Stelkens/Bonk/Sachs, VwVfG, § 39 Rn. 18 ff.

[2] 判例法也强调，为了判决的清楚，应避免在理由方面进行过于详尽的解释。参见 OVG NRW, NVwZ-RR 1996, 173 f.; Stelkens, in: Stelkens/Bonk/Sachs, VwVfG, § 39 Rn. 41.

[3] 具有代表性的，参见 S. Danziger/J. Levav/L. Avnaim-Pesso, Extraneous factors in judicial decisions, PNAS 2011: 1018033108v1-201018033（探讨了法律决定的结果与一天中时间的相关性）; H. Spamann/L. Klöhn, Justice Is Less Blind, and Less Legalistic, than We Thought, The Journal of Legal Studies 45 (2016), 255 ff.

[4] 关于不同系统都缺乏透明度的情况下仍能正常运转所需要的"资源"（Rsssourcen）——这也被称为是一种文化要素，可参见 N. Luhmann, Die Kontrolle von Intransparenz, 2017, S. 101, 亦可见 H.S. Becker, Culture, Yale Review 71 (1982), 513 ff.

当然，对于陈述理由的要求也并不是绝对的。在德国法律体系中就存在很多例外[1]。最为重要的一个例外是在议会法中，但是它也依赖于特定的合法性来源，并受到自身监督机制的管控。[2] 最具争议的问题是行政指令是否有提供理由的义务[3]。值得注意的一点是，大多数人能够接受行政和司法决定领域的众多例外。当然，这都是基于一些特别的情况。例如，决定的结果可能对当事人的影响微不足道（《德国联邦行政程序法》第39条第2款第2段[4]）或是受决定影响的相对方信任作出法律决定的机关（《德国联邦宪法法院法》第93条第1款第3段[5]）。

（四）通过分工机制的建立和控制架构的结合，达到智能系统的透明化

为了人类发展出的规则和标准，不能强行地应用于机器决策[6]。一方面，是因为对于技术本身的观点和看法表明：根据现有的制度情况，执行宪法义务，使得智能系统的每一个决定都能被相对人所理解，是非常困难的。另一方面，根据现有的法律依据，有必要将智能系统整合到"提出理由和反对理由"和"决定—监管"的系统中，即融合到现行的法律体系中。只有完成这个，才能促进人们对于技术长期的信心增长，也只有这样才能实现技术的潜在生产力。

---

[1] See Schmidt-Aßmann, in: Maunz/Dürig, GG, Art. 19 IV Rn. 253.

[2] See U. Kischel, Die Begründung, 2003, S. 260 ff.; C. Waldhoff, Der Gesetzgeber schuldet nichts als das Gesetz, in: Depenheuer/Heintzen/Jestaedt (Hrsg.), FS Isensee, 2007, S. 325 ff.; K. -A. Schwarz/C. Bravidor, Kunst der Gesetzgebung und Begründungspflichten des Gesetzgebers, JZ 66 (2011), 653 ff.; H. Gartz, Begründungspflicht des Gesetzgebers, 2015. 对于法律理由在法律文本解释中的作用，参见 T. Wischmeyer, Der "Wille des Gesetzgebers", JZ 2015, S. 957 ff.

[3] 参见 Stelkens, in: Stelkens/Bonk/Sachs, VwVfG, § 39 VwfG Rn. 25; U. Kischel, Die Begründung, 2003, S. 304 ff.; Schmidt-Aßmann, in: Maunz/Dürig, GG, Art. 19 IV Rn. 253. Vgl. aber auch BVerfG NVwZ 1987, 879; Saurer 从美国法和欧盟法的角度针对此问题进行了论述 J. Saurer, Die Begründung, VerwArch 100 (2009), S. 374 f. und S. 389 f. 以上文献从美国法和欧盟法的角度进行了论述。

[4] 对于第39条第2款第1~3项持批评态度的，可参见 Stelkens, in: Stelkens/Bonk/Sachs, VwVfG, § 39 Rn. 75; 另可参见 J. Lücke, Begründungszwang und Verfassung, 1987, S. 205 ff.

[5] 对此持批评态度的可参见 C. Bäcker, Nichtbegründetes Nichtannehmen, Rechtswissenschaft 5 (2014), 481 ff. 作出法律决定机关的提供理由义务也存在其他的例外情况，可参见 R. Zuck, Begründungen-ihre Gründe und Grenzen, NJW 2016, S. 3575.

[6] See S. Nürnberger/S. Bugiel, Autonome Systeme, DuD 40 (2016).

因为这项技术还很稚嫩,并不存在将智能系统纳入法律制度的蓝图和最佳方式。然而,它可以为法律制度中的论证的分析提供一个基础,在此之上可以从法律的角度有效地批评机器决策。

这样做确保了智能系统在与人交互的过程中可以自我监管自己的决策过程。目前,人们组织了很多项目都在尝试开发技术解决方案,为智能系统提供自我监管机制和自省机制。这些项目的长期目标是:以一种特定方式对智能系统进行编程,使得他们可以自己提供有关支持他们决策的理由,并以一种可以被相对人理解的方式去呈现信息。对于开发这种所谓的"具有解释能力的人工智能"(explainable AI)到底能否成功,结果还无法预料。[1] 因此,不单单要关心程序本身,也要重视编程环节。目前正在讨论的各种智能系统设计者的行为准则,一定程度上也是智能系统的自我监督[2]。虽然上述的监督(audits)是在企业的倡议下进行的,但实质上仍然也属于智能系统的自我监督这一领域。此类审核(audits)也是一个在不断发展的商业、研究领域[3]。通过评估数据库结果集或使用"虚拟数据"(dummy data)和控制算法来检查智能系统。这些都是在业界运用了很长时间的软件控制技术[4]。虽然所谓的"黑箱子测试"[5] 无法解释每一个具体的决定,但是,可以通过它获取关于系统效果和一般决策行为的经验,并诊断质量缺陷或隐藏的歧视,这也同时可以对系统错误进行纠正。立法者可以一些举措来达到这

---

〔1〕 可作为范例的,参见 S. Russell/D. Dewey/M. Tegmark, Research Priorities for Robust and Beneficial Artificial Intelligence, The Journal of Record for the AI Community 36:4 (2015), 105 ff.; A. Datta/S. Sen/Y. Zick, Algorithmic Transparency via Quantitative Input Influence, S. 71 ff.; R. Fong/A. Vedaldi, Interpretable Explanations of Black Boxes by Meaningful Perturbation (2017), https://arxiv.org/abs/1704.03396. 整体而言,这个领域的研究刚刚起步。美国国防高等研究计划署(DARPA)关于具备解释能力的 AI 开发项目于 2017 年才开始,可参见 https://www.darpa.mil/program/explainable-artificial-intelligence.

〔2〕 2017 年阿西洛马会议出台的所谓"阿洛马人工智能原则",可参见 https://futureoflife.org/ai-principles,另可参见 W. Hoffmann-Riem, Verhaltenssteuerung durch Algorithmen, AöR 142 (2017), S. 39.

〔3〕 请参见 C. Sandvig/K. Hamilton/K. Karahalios/C. Langbort, Auditing algorithms, Annual Meeting of the International Communication Association, 2014, S. 1 ff.

〔4〕 检测错误和预防错误已经成为复杂的安全研究工作,以及广泛的技术标准化工作的主题,可参见国际标准 ISO/IEC 25000 软件工程——软件工程质量要求与评估(SQuaRE)(由 ISO/IEC JTC 1/SC 07 设立的软件与系统工程技术标准)。德文版为"DIN ISO/IEC 25000 Software-Engineering-Qualitätskriterien und Bewertung von Softwareprodukten (SQuaRE) -Leitfaden für SQuaRE",该标准受到德国标准化研究院信息技术和应用标准委员会的监管。

〔5〕 对此的说明可参见 K. Passig, Fünfzig Jahre Black Box, Merkur 71:823 (2017), S. 27.

样的效果。例如，定期进行审核（audits）或诸如公布源代码或对企业进行减免责任奖励的其他措施[1]。

仅靠自我监管是不够的。因此，国家机构也可以对智能系统的决策进行外部控制，同时，有必要在法院和行政系统人员内部适当普及智能系统知识。从其他领域的经验来看，对于该领域的规制是一项长期、艰巨的任务[2]。要进行智能系统的规制，其中一个重要的步骤就是，政府应当参与到公私专家网络（öffentlich-privaten experten-netzwerken）和技术标准化机构的工作中去，通过以上这两种方式将智能系统的知识传递给国家机器。下一步，则是建立专门的机构，在能获得社会专业知识的情况下，这些机构本身也能获取相关的知识。随着专业能力的提高，这些机构本身也就可以自主制定技术标准，如内部行政标准，并在政府和私人的背景下对智能系统进行认证和审核（auditierung）[3]。可以想象的是，这种预防性监管制度可以以不同方式构建：一种可能是，用责任特权来奖励成功的认证；根据不同的应用领域和软件产品投放领域来设置不同的行为要素。例如，企业必须提供相应的证明，来证明自己的系统做到了无歧视，而证明无歧视的过程中，必须结合自己系统的应用领域和产品投放领域[4]。另外，还可以通过公权力推动审核（audits），专门用于事后对算法进行审查，整个程序的启动既可以依照职权启动，也可以依照行政相对人的申请启动。监管过程中的协助义务和信息披露义务促进了监管效率的提高。所有的这些都不能完全防止错误和权力滥用，就像现有的宪法监督制度不能完全消除人类决策者的错误和权力滥用一样，但是可以降低错误和权力滥用发生的概率，并限制损害的范围。

对于外部监管而言，有一个方面非常重要，就是如何刺激相对人启动监管程序，这方面可以采用渐进式分类的透明制度，要考虑到受到决

---

[1] See M. Scherer, Regulating Artificial Intelligence Systems, Harv. J. L. & Tech. 29 (2016), S. 393.

[2] 可参见 T. Wischmeyer, Informationssicherheitsrecht, Die Verwaltung 50 (2017), S. 168.

[3] 对此可参见 M. Scherer, Regulating Artificial Intelligence Systems, Harv. J. L. & Tech. 29 (2016), S. 353 ff.; A. Tutt, An FDA for Algorithms, Admin. L. Rev. 69 (2017), S. 83 ff.; M. Martini, Algorithmen als Herausforderung, JZ 72 (2017), S. 12.

[4] 关于不同的理论模型可参见 A. Tutt, An FDA for Algorithms, Admin. L. Rev. 69 (2017), S. 83 ff.，另一种模型可参见 M. Scherer, Regulating Artificial Intelligence Systems, Harv. J. L. & Tech. 29 (2016), S. 353 ff.

定影响的各方在知识背景等方面的不同之处：据此，对于直接受到决定影响的相对人，应当告知其系统的一般功能，和个案情况下与之特别相关的一些因素。但是，如果案涉相对人在此基础上要求进一步审查该决定，则必须确保他们或其指定的专家在程序进行期间能够获得所有的必要信息。这可能包括根据需要披露的数据库、算法和机器训练程序。决策系统的社会功能越重要，这种分析就必须越深入和透彻。从公权力机关和法院的角度来看，至关重要的是，这些程序原则上应当遵守程序法或行政法要求的既定形式和程序，以便于随着事件的深入，不具备专业知识的公权力机关，如监管部门和司法机构可以进入程序，并制定监管的标准。

关于透明度方面，对超越法律话语的新技术的发展可能性和风险进行社会和科学的审查，对于新技术被社会普遍接受是必不可少的。类似像"算法监控者"（algorithmwatch）这样的社会活动已经在这一方面发挥了重要的引领作用[1]。媒体也应当以监督和批评伴随智能系统的应用和发展[2]。最后，国家作为公共教育使命的肩负者，应当将适当的内容传播给公民。

但是，人们也不应当忽视，每一项对于透明度的要求，都有其局限性。智能系统与人类决策在这一方面并没有什么不同。然而，目前的法学理论会遇到新的挑战——这一观点是值得怀疑的。判例法和立法者迄今为止对智能系统用户的操作行为和商业秘密都表现出了相当的重视和灵敏度[3]。在此背景下，他们提出对于智能系统的监管进行限制的深层次理由是知识产权保护、数据保护、安全和其他公共利益[4]。作为一般规则，这些原则都必须要居于透明度原则之后，越是要求灵敏度的

---

〔1〕 参见 http：//algorithmwatch.org/de/.

〔2〕 新闻活动对于算法的监管机制可参见 N. Diakopoulos, Algorithmic accountability, Digital Journalism 3：3（2015），398 ff.

〔3〕 参见 BGHZ 200, 38, Rn. 10 ff 和 ErwGr 63 der DSGVO；BeckOK DatenschutzR/Schmidt-Wudy DSGVO Art. 15 Rn. 78. 3.

〔4〕 参见 B. Mittelstadt/P. Allo/M. Taddeo/S. Wachter/L. Floridi, The ethics of algorithms, Big Data & Society 3：2（2016），S. 6. 从安全的视角讨论的文献可参见 M. Leese, The New Profiling, Security Dialogue 45：5（2014），S. 495 ff. 从商业利益的角度讨论的可参见 F. Pasquale, Beyond Innovation and Competition, Nw. U. L. Rev. Rev. 104（2010），105 ff. 在后一种情况下，人们担心数据库和算法的特殊性将使得有能力的参与者能够玩弄系统，而缺乏技术和经验的用户将无法从透明度原则中受益。在这个意义上，前述提到的《税法通则》（AO）第88条第5款第4句明确排除了有关金融管理部门对于风险管理系统详细信息的披露义务，可参见 M. Martini/D. Nink, Wenn Maschinen entscheiden, NVwZ Extra 10/2017, S. 10.

领域，也越有可能应用智能系统。目前的做法过于僵化，在几乎所有的商业秘密的情境中，对于智能系统的决定，要求进行解释、监督和论证都是没有效果的，也就是说，在这个领域要求透明度和论证是不可行的[1]。无论如何，建立智能系统的监管制度必须还要包括平衡透明度和保密利益的措施。可以考虑引入"相机程序"（camera-verfahren）或是在保密义务下的专家监督员制度。

以上所有的措施的成功，都取决于在法律之下的政策倾向性，虽然这些措施会损害个别案例中的创新企业。关于这种情形的讨论，经常可以看出私人利益对于公共政策有着非常大的限制[2]。总被当作例子讨论的公司，如 Alphabet、Facebook 和亚马逊，现在是智能系统的最大投资者之一。然而，私人权力（private macht）是否真的是政府监管的障碍，或是否导致了对于少数、突出、影响巨大且易于识别的主体的监管不能集中，答案并不是绝对的[3]。这些问题的答案，很大程度上取决于跨国公司利用全球法律的差异化。无论如何，人们都会担心私人权力会成为国家无法行使职责的原因。

五、前景与展望

当人们意识到自己需要无条件接受智能系统的决定时，很自然地会感到难以接受。这应归因于人们在使用智能系统时的糟糕经历，但这客观上会破坏法律标准。如果系统缺乏透明度，或人类无法理解机器的决定过程，从而无法识别、理解决策的原因，也会导致人们难以接受机器所作出的决定。如果智能系统不能保持决策的透明度，相对人和利害关

---

〔1〕 在刑事司法等敏感领域，应当禁止使用这些专业智能决策系统，原因在于在法律层面上，国家机关难以对智能系统的决策进行理解，进而也难以监管这些系统。目前，在美国对这一紧迫问题的讨论仅见于下述文献：A. Roth, Machine Testimony, Yale L. J. 126（2017），1972 ff.；E. Imwinkelried, Computer Source Code, De-Paul L. Rev. 66（2017），97 ff.；R. Wexler, Life, Liberty, and Trade Secrets: Intellectual Property in the Criminal Justice System, 2017, http://dx. doi. org/10. 2139/ssrn. 2920.

〔2〕 See M. Fehling（Hrsg.），Neue Macht-und Verantwortungsstrukturen in der digitalen Welt, 2016；P. Radlanski, Das Konzept der Einwilligung, 2016, S. 78 ff.；W. Hoffmann-Riem, Verhaltenssteuerung durch Algorithmen, AöR 142（2017），S. 33.

〔3〕 See M. Scherer, Regulating Artificial Intelligence Systems, Harv. J. L. & Tech. 29（2016），S. 374 f. 该文对于此问题的观点是比较积极的，该文强调了云平台日益重要的作用，因为智能系统将其计算通常都外包给云平台，因此，云平台也应当是进一步监管的对象。

系人就无法有效地保护自己,难以救济自己的权利。从监管的角度,法律监管机构也难以识别决策过程,来预防机器决策带来的侵害。

本文概述了在智能系统中应当嵌入一个什么样的监管规范架构,进而能够确保智能系统的安全性,进而促进人们对于智能系统决策的可接受性和信赖感。同时,监管规则必须要适配不同系统的使用环境,且应当区分政府和个人,以确定不同的救济方案。这样的制度并不妨碍技术创新。相反,它鼓励人们开发真正有助于社会福祉的智能系统。

此外,有必要建立一个基于决策的理由和监管架构。该架构可以有效地监督、批评机器决策。如果在未来人们成功地将机器决策纳入宪法制度、程序,以及提出理由、反对理由的意见交换制度内,那么个人在智能系统面前就不再是弱小的客体,而可以成为真正的主体。这种参与机制会促进个人对技术的依赖,并且通过具体每个主体对技术和决策的批评,使个人真正成为数字化秩序的主体。

六、总结

过去人们事事亲力亲为,现在则越来越多地使用机器处理各种事务。具备学习能力的电脑能够掌握自动驾驶,并预测人类行为,还可以持续提高自己的语音识别能力。智能系统在公共和私人领域的应用对当前的法律有着广泛的影响,如宪法、反歧视法、隐私法和产品责任法。因此,问题并不在于是否应对人工智能进行监管,而是如何对人工智能进行监管,以及是否需要对现有法律进行调整。在此前提下,本文有两个目标:其一,聚焦了关于人工智能系统规制的核心议题,审视了新技术发展带来的法律挑战,并为未来的人工智能监管制定了一套完整的指导方针。其二,本文重点关注了人工智能监管最紧迫的问题之一:缺乏透明度。大多数智能系统都是黑盒子,因为人们几乎不可能理解哪些要素是特定决策的原因。由于缺乏透明度,许多人都在争论机器决策的解释权,甚至认为欧盟的《一般数据保护条例》已经承认了这种权利。然而,人类本身的决策过程也从来是模糊不清的,且从未得到过真正的解释,这一点与智能系统,在规范的面前,并无不同。

组织胡塞尔：论卢曼系统理论的现象学基础

阿克塞尔·T. 保罗* 著
翁壮壮 译

对于海因里希·波皮茨（Heinrich Popitz）

迪特·施瓦尼茨（Dieter Schwanitz）在其关于一个即将进入第三个千年的受过教育的欧洲人应该知道什么的书目中，将尼克拉斯·卢曼（Niklas Luhmann）的《社会系统》（1995）列为无需事先阅读的作品。因为它是一个解释世界的全新建议。对这本书或系统理论的这种描述，如果不是简单的胡说八道，那肯定是夸大其词和误导。大多数人在没有事先准备的情况下试图研究《社会系统》，很快就会把这本书当作无法理解的东西放在一边。对于那些很少或根本没有接触过系统理论的非德语公众来说，这就更有可能了。诚然，卢曼本人对他缺乏国际认可的待遇也不是完全没有责任的。他的风格既不像盎格鲁—撒克逊人的实用主

---

* 作者信息（发表文章时）：弗莱堡大学社会学系的助理教授。他的主要兴趣领域是一般社会理论、经济人类学和金融社会学。最近的出版物包括《外来词：结构人类学的阶段》（*FremdWorte: Etappen der strukturalen Anthropologie*）（Campus, 1996）和作为编辑的《经济学与人类学》（*Ökonomie und Anthropologie*）（Berlin Verlag, 1999）。本文原发于《古典社会学》（*Journal of Classical Sociology*）2001年第1卷第3期。Axel T. Paul 自2012年起担任巴塞尔大学社会学教授。他于1965年出生于阿豪森，并在哥廷根和弗莱堡学习社会学、历史、哲学和新闻学。从2009年起，他担任锡根大学的社会学教授。他的研究方向为经济社会学、货币和金融、暴力、权力和统治。他是众多科学出版物的作者，也是《利维坦》（*Leviathan*）和《世纪》（*Saeculum*）杂志的共同编辑。2017年，他出版了一本通俗易懂的《货币理论》（*Theorie des Geldes*），这也让他在国际上享有盛誉。

译者信息：翁壮壮，上海交通大学凯原法学院2022级博士研究生。本文中，涉及许多晦涩的专业哲学概念，译者会以特别标明"译者注"的形式提示读者。若无特别标明，则为作者注。

义，也不像法国人的优雅，他的复杂论点拒绝被编织成整齐的音节，也没有为了语言的优美而牺牲智力的严谨。然而，卢曼的语言和风格不应妨碍对系统理论的实质性参与，特别是他的工作为规范性社会理论和理性选择理论提供了一个替代方案，而后者正日益成为整个社会科学的主流。

因此，这篇文章主要是针对没有掌握德语的公众，目的是进入迄今为止封闭的系统理论领域。[1] 虽然这意味着我无法继续停留在卢曼所达到的理论抽象水平上，并声称这是他思想的唯一适当领域，但这也允许我与系统理论中的战壕战保持距离[2]，并只关注理论的基本支柱。因此，我不会和卢曼一样，一开始就断言"有系统"，即他第一部[3]重要作品《社会系统》中第一章的开头语。[4] 相反，我退一步问，为什么谈论系统是有意义的。

本文分三个部分进行。第一部分首先对该理论的历史背景以及卢曼工作的主张和内在一致性作了一些评论。在第二部分，我解释了系统理论的基本特征，以社会相互关系的正式组织（the formal organization of social interrelationships）为例。在不限制系统概念在组织以外的对象上的应用的情况下，我展示了他的思想如何以及在何种程度上归功于这一原型。最后，在第三部分中，我将卢曼对社会如何可能这一经典问题的回答分成几个主题，展示了他如何从双重偶联性的原始社会状况出发，发展出一个系统的概念，避免了（功利的、效益主义的，utilitarian）交换理论（barter theory）和社会领域的规范性构成的替代方案。

---

〔1〕 我在下面谈到系统理论时，完全指的是卢曼的理论变体。在最近的社会学中，其他"风格"的系统理论，或者至少是主要针对社会的，包括基于格雷戈里·贝特森（Gregory Bateson）的系统理论和埃德加·莫林（Edgar Morin）的工作。

〔2〕 自1995年创刊以来，《社会系统》（Soziale Systeme）杂志一直是一个主要论坛，在这里有时会有相当激烈的争论，如关于系统论的真实（real）或仅是假设的普遍性问题，或者系统论可能被（重新）作为政治规划和管理的工具。关于系统论内部问题的进一步贡献的互联网档案馆，参见 http://luhmann.culthea.de.

〔3〕 有人会说，卢曼的第二部主要作品是《社会的社会》（Die Gesellschaft der Gesellschaft）（1997）。但是，我把《社会系统》作为第一部主要作品，并不仅仅是出于时间上的考虑；因为在其他地方，卢曼都没有对概念给予如此多的关注。

〔4〕 在这里和以后，我引用和翻译的是德文原文。

1

在理解系统理论方面的困难，自然不是反对其原创性的理由。恰恰相反，如果社会系统真的像施瓦尼茨所说的那样，是一种全新的方法，那么正是因为其新颖性，才会引起很多人的反对。然而，当我们研究卢曼的早期著作时，迷雾似乎被揭开了，除了他对至少在社会学上相当边缘的作者如瓦雷拉（Varela）、马图拉纳（Maturana）、范·弗斯特（von Forster）或斯宾塞·布朗（Spencer Brown）的引用之外，我们还发现了与经典传统的关系，他在后来的著作中越来越多地引用这些作者。我很不愿意质疑卢曼的原创性，但我发现这种原创性与其说是在凭空创造，不如说是他将各种理论整合到一个单一范式中。几乎可以夸张地说，在德国理想主义失败之后，他再次试图将世界和其中的一切可能合并为一个体系。而且，与黑格尔类似，卢曼的作品因其一致性和系统连贯性而令人印象深刻。当然，在理论安排上也有中断、不一致和转变。如果在一个跨越40年、约50本书（迄今为止）和500篇文章的文学创作中没有这种情况，那就更了不起了。[1]

然而，卢曼的系统理论是从一个单一的模型里剪出来的；他仍然忠实于他的基本假设，即有经验的系统（empirical systems）必须在一个超复杂的环境中找到自己的位置，并通过建立内部或有序的复杂性找到它。在这个意义上，《社会系统》中所宣称的"自创生转向"（自我组织转向、自我再制转向，autopoietic turn），即系统本身产生并指涉它们所组成的元素，只与自己相关，无法接触到它们的环境，而不是依赖于任何信息输入。借用尤尔根·哈贝马斯（Jürgen Habermas）的术语，它是对系统理论整体上重要的、在早期作品中已经强调的洞察力的"元生物学"外衣和重估。社会情境本身，甚至特别是作为随机个体的偶然相遇或联合，发展出一种自身的规律或动力，将参与者联系在一起，也为他们提供了集中解决具体问题的机会。自创生（自我再制，autopoiesis，

---

[1] 卢曼的作品书目可以在期刊《社会系统》（*Soziale Systeme* 4, 1998: 233–63）中找到。同时，大约有10本英文书，其中大部分来自卢曼的后期作品。然而，首先，人们应该选择较早的出版物，如《法律的社会学理论》（*A Sociological Theory of Law*, 1985年；德文原版，1971年，汉译本为宾凯老师翻译的《法社会学》）。对于有哲学倾向的读者，他的《自我指涉论文集》（*Essays on Self-Reference*, 1990）会很有趣。对现代社会特定问题的分析，可以在他关于风险的书籍（1993）或媒体（2000a）中找到。

下同）是对"任何人参与游戏都必然要遵守游戏规则"这一观点的激进化。这种对社会自身秩序和强加组织的力量的洞察，为采用社会学之外的自创生组织概念提供了动机（Zeleny, 1981）。卢曼的中心问题不是，或者至少最初不是：社会秩序如何可能？相反，他问道：鉴于社会过程的复杂性或"负熵"的增加，如何可能保持并可能增加可变性？所谓自创生的新概念，只是将理论中一开始就隐含的东西激进化了。

不难看出，与塔尔科特·帕森斯（Talcott Patsons）的纯分析性概念相比，卢曼的经验性系统概念（empirical systems concept）在边界和识别方面产生了困难。虽然识别一个非正式的组织，如一群吸烟者，在午餐时间撤回到其通常的角落，是很简单的，但要识别如一个艺术作品，并不总是容易的。回顾一下著名的清洁女工，她拿着"博伊斯的脂肪块"（beuys' lumps of fat）[1] 就是为了这个，并履行了她的职责。卢曼意识到了边界的问题，但他认为，他通过以下方式解决了这个问题：将系统理论从行动转向沟通，或转向自创生的概念。

社会系统由沟通而不仅仅是行动组成，因为社会行动只有在与他人的互动中才能实现其统一性。换句话说，关于什么是行动的决策是基于沟通的。更确切地说，被他人解释为有意识的、以目标为导向的对世界侵入的东西才有资格成为行为。自创生的方面在于，对行为的这种交互式解释使得解释者方面可能出现某种积极或消极的反应，即使它并不强迫这种反应（Luhmann, 1984）。社会存在于有沟通的地方；它是沟通的制定（enactment）或自我再制（autopoiesis）。而一个社会系统不过是一个面向主题差异的自我调节的沟通网络。于是，艺术就成为通过适用美与丑的评价类别来描述或把握的一切。只要是关于支付或不支付的问题，都可以找到经济学。起初，这种说法听起来很有道理，但仔细观察，它就会产生复杂的问题。如果我们接受这样的说法，即构成一个系统后续的，或者更好的是追溯沟通识别，换句话说，是把它从环境中分离出来，那么给孩子支付津贴的父母将属于经济系统，但汽车制造商或煤矿则不属于经济系统。这个系统的概念，如果按照行动者对自己和自己的情况的理解来衡量，肯定是不现实的，但事实上并非没有经验上的理由。然而，卢曼将系统设想为独立于参与其中的人的定义和意图而实现的沟通网络，这种情况促使人们对系统理论提出了相当一部分批评。但是，自弗洛伊德以来，人们对"人类只在非常有限的程度上是自己的

---

〔1〕德国著名艺术家，喜欢用脂肪、铁丝和木料创作。

主人"这一想法的不安,是否足以拒绝一个试图理解他们与社会压力纠缠在一起的理论?

尽管卢曼说要重新开始,但他不仅坚定地站在古典社会学的传统中,而且最重要的是——令大多数系统理论新手惊讶——他还站在现代意识哲学(philosophy of consciousness)的传统中。我们可以举出许多作者,他们的概念、发现或论文都或多或少地直接流入了卢曼的思想。其中有一位哲学家特别突出,即埃德蒙·胡塞尔(Edmund Husserl)。即使其他谱系是可能的,我们也不能高估胡塞尔的现象学(Husserl's phenomenology)对卢曼(1996)的重要性。我可以区分两个层面的影响。首先,卢曼扩展了胡塞尔的研究项目(project),不仅将合法性赋予反思或有意识的行动,而且将合法性赋予了世界的体验。其次,他对社会的构成的分析直接遵循了胡塞尔提出的问题,即主体间性(intersubjectivity)是否可以被理解,如果可以的话,如何被理解。我将在后面的第三部分中回到这第二点。在这里,我想以一种更一般的方式回顾一下现象学所关注的东西。

19世纪末,在德国占主导地位的哲学流派是新康德主义(Kohnke, 1991)。无论在细节上有什么不同,新康德主义都试图将哲学作为对美好生活或存在的本体论问题的探究进行辩护,反对实用的、与技术相关的知识,尤其是自然科学的实验方法。人们认为,存在着一种不可逾越的本体论分裂,将世界分为事实领域(或存在)和价值领域(或道德)。自然科学的概念被系统化了,以便它们可以与一种旨在理解精神、文化或社会联系的方法并列。其目的是为社会科学提供康德的《纯粹理性批判》为自然科学完成的东西。然而,在这些努力中,从一开始就有一个明显的防御性时刻,即假设自然是一个不同于文化的本体论领域,以及承认社会科学永远无法达到自然科学解释所达到的严谨性和精确性。

胡塞尔试图克服哲学的这种自我限制,克服它对自然科学的消极依赖,尤其是克服它对"经验的事实"的退缩,这种退缩随着康德的继承者而加剧。胡塞尔的计划被称为"作为严格科学的哲学",他的战斗口号是"回到事物本身"(back to the things themselves)!他试图推翻存在与"应当"之间的新康德主义式的二分法,来揭示人类在世界中的根基,而这是所有科学所预设的基础。现象学是为了"揭示世界在所有哲学之前对我们所有人具有的意义,并且完全以我们的体验为基础"(Husserl, 1992,添加了重点)。胡塞尔最初退出了(自然)科学的主张，即通过将事物或事件置于必要条件与结果的关系中，来提供对世界是什么的因果解释，以寻求描述，或描述性地披露世界是如何被赋予人类的。现象学因此成为卡西尔（Cassirer, 1980）所描述的从实体（substance）概念到功能（function）概念的重新定位的参与者和承担者。因此，它代表了从"是什么"（what）到"如何做"（how）的现代转变。因此，胡塞尔的意图（意向，intention）[1]完全不是矛盾，更不是对现代技术和自然科学进入世界的方式的批判，而是它的恰当表达。

一方面，胡塞尔从更新勒内·笛卡尔（René Descartes）的怀疑开始：提供确定性的不是自我反思（self-reflection），而是自我感觉（self-perception），只有在此基础上世界才会向主体披露（呈现，展开，discloses）自己。因此，胡塞尔的"第一哲学"必须建立在感觉（perception）或对感觉的有意识追踪和追溯（a conscious tracking and retracing of perception）的基础上。第一哲学恢复并使我们意识到在意识中一直通过其自身发生的事情。它不是在精神分析的意义上使我们意识到被压抑的、无意识的欲望，而是通过不断地制定了世界作为意识的构成（constitution）。把感觉设定为绝对的，是对笛卡尔怀疑的激进化，因为它是在前反思的层面上开始的。另一方面，世界的存在丝毫没有被怀疑：相反，它是一个坚实的给定（solid given），并且仅仅为了人类自我启蒙的目的而被"悬置"（bracketed in）。换句话说，现象学只有在它坚定不移地相信世界是它本来的样子并且不受人类心血来潮的影响时，才能够承受它的怀疑。

在"真实"世界的近旁，在方法论的怀疑领域，意识没有找到区分作为真实的东西和作为表象的东西的基础。对于意识而言，不为意识而出现的现实（reality）与看似真实的现实一样不真实。现象构成了我们可以支配的唯一现实。对于我们作为有意识的人，即作为渴望、希望、思考或其他与世界相关的现象，现象总是存在的。没有空的欲望。我们总是想要一些明确的东西。每一个有意的行为，除了意识的"运

---

[1] 译者注：此处疑似是英语表达问题，更恰当的表达似乎是 intentionality，即意向性。意向性涉及这一观念：意识总是对某物的意识。从词源学上看，意向性指涉"伸展开"（"拉伸"，源自拉丁语 intendere），指意识向其对象"伸展开"。但现象学则存在不同理解，胡塞尔认为，并不是先有意识，进而伸展到其对象上；而是意识是作为意向性活动与其意向对象的同时性而发生的。意识对象并不必然是在知觉中领会的物理对象，也可能是幻想或记忆。知觉、记忆、幻想等意识"结构"，就被称为意向性。

动"之外，都是对现实的表达。尽管如此，胡塞尔相信他可以超越世界的私人在场（beyond the private presencing of the world）。一方面——"回到事物本身！"——人们可以通过追求"自由变化"（free variation）的过程来深入事物的本质，把玩事物可能是什么和它目前的样子的各种可能性。另一方面，更重要的是，原则上可以通过分析支持世界的意识结构来揭示世界的结构——主观视角事实上的还原为单一现实。胡塞尔未能将这一论证得出结论（Schutz, 1966）——事实上，由于意识的一元构成，几乎不可能成功——这一事实并没有改变这样一个事实，即在胡塞尔之后，它几乎不可能将现实揭示为除了建构物（constructed）之外的其他东西。

有人会问，这一切与卢曼有什么关系？有很大关系，因为在我对胡塞尔现象学粗略的概述中，可以发现，几乎每一个句子都被重新表述为系统理论中的一个陈述。像胡塞尔一样，卢曼声称具有普遍的适用性，因为他试图克服存在领域的分离，并通过追溯科学作为对已经在潜意识中和沟通中进行的现实构成的有意识和系统的重建，来重新建立科学，而不仅是社会学。像胡塞尔一样，他试图将体验（experience）和感觉（perception）恢复为人类与现实的基本联系，我们不能超越它。而且，具有讽刺意味的是，像现象学一样，系统理论以脱离了直接可感觉性的抽象而告终。对胡塞尔来说是这样，对卢曼来说也是如此，现实是一种建构或一个基质，其基本的对象相关度或有效性是由建构内部的一致性标准来衡量的，而不是由客观阻力来衡量的。这并不意味着现实只是容忍每一个强加在它身上的东西，但它确实意味着阻力似乎总是在沟通中产生的。如果人们不谈论极地冰盖的融化，这就不会是一个问题（Luhmann, 1989）。

真实的（real）或有实效的（effective）是现象（phenomena）或沟通（communications）。真实是社会认为是真实的东西，因为在某种程度上（because and to the extent that），社会谈论此种真实。像胡塞尔一样，卢曼拒绝了对"社会事实"（social facts）进行因果解释的要求，即使在今天，他也支持自由变化（free variation），支持从其他角度进行描述。不可否认，他这样做并不是为了深入了解它们的真正本质，而是——必须指出的是，在沟通产生的现实幻觉中——着眼于发现功能替代品或等价物。卢曼将胡塞尔对意识的偶联性（consciousness of contingency）的不由自主实施的放大——将它本来的样子，但也可能是"另外的"，转化为积极的效果，因为在实际生活里处于危险之中的不是对本质的把握，而是个人与群体的自我断言。个人和群体在不断变化的环境中，"存在与其他可能性相关的锚定"（Luhmann，1970）。他的功能主义（从系统的角度来看）的关系问题是世界（或环境）的高度复杂性，即感觉（perception）和行动（action）的选择的基本的过剩（fundamental superabundance），再次由意义媒介强制执行与其他类型的系统（如生物体或机器）不同的心理和社会系统。然而，我们所经历或处理的，始终只是世界的一部分。因此，形成一个系统，在意义的海洋中分离出一个体验岛和行动岛，就相当于"降低复杂性"。

我在卢曼的思想中追溯了一个现象学的逆转（a reversal of phenomenology），它具有重要的后果，但没有明确命名。卢曼谈到系统，而胡塞尔谈到意识。牢记这种概念转变是有帮助的，以便清楚地了解系统概念的起源。[1] 同时，利用意义的系统不一定是意识；它们也可以是一个像意识一样封闭在自身内部的自我指涉的沟通网络，如在场人员之间的互动，而不是正式组织。系统概念是如此广泛，以至于可以借助通用的理论语言来比较最不同的现象领域。尽管比较是所有理解的基本形式

---

〔1〕 同样，胡塞尔的意向性（intentionality）通过沟通概念反映在系统理论中，其自我指涉和对他人 noesis（意向性活动）和 noema（意向对象）的指涉（reference to others noesis and noema）隐藏在其背后。

译者注：noesis 和 noema 这对概念，出现在胡塞尔的《观念 I》（《纯粹现象学通论》，1913）中。其中，noesis 是我思的意向性活动，noema 则是 noesis 所指向、所构造的思想内容，主要成分是所思的意义（noematic sinn）。胡塞尔制造此结构是为了说明，虽然 noesis 可以是多种多样的，但是它们可以构造着同一个 noematic sinn。例如，一棵开着粉红色花的树（胡塞尔总喜欢用这个有点书呆气的例子），我们可以去想象它，去看它，后来回忆它，再描写它等，不管其 noesis 方式如何，其 noematic sinn 是一样的。但是，事实上，noema 不得不把 noesis 的活动方式反映在内，胡塞尔也承认这一点，但他认为反映 noesis 活动方式的这一方面（称为意向品性）是次要的，因此谈得很少，而 sinn 才被认为是根本性的。但是，如果在 noema 中郑重其事地考虑到 noesis 的活动方式对 noema 的实质性影响，就将会危及 noema 的纯粹性，这也是对此概念的解读始终存有争议的原因。noesis 和 noema 存在模糊地带，比如，如果 A 爱 B，则爱是 A 有意识活动的真实内容（noesis）。但其具有抽象或理想的含义，并不等同于个人对爱的语用，因此又具有了 noema 的特征。通过引入现象学的"直观"概念，可以更好地把握这对概念。直观指的是，意向对象（noema）直接呈现给意向性活动（noesis）。①如果意向通过对直接领会对象而被"充实"，一个人就具有了直观对象的真实内容。比如，面前有一杯咖啡（包括数学公式或数字等确定的语用），看到它、触摸它、领会它或是想象它，这些都是被充实的意向，同时对象也被直观到。②如果缺少直接指涉的对象，这对象就没有被直观到、但仍是被意向到的，只不过是空意向。比如幻想，其只能是暗指或相关于对象。事实上，noema 不仅仅是 noesis 的授予（bestowal）或构造（constitute）的结果，而且应该是对 noesis 的创造性"回赠"和"重构"。Rudolf Bernet 的《胡塞尔的 noema 概念》（*Husserls Begriff des Noema*）对此有详细解读。倪梁康先生曾翻译本文，但未发表。

(列维·施特劳斯，L'evi-Strauss，1966），但现象的可比性当然不能断言它们本质上的平等。如果可以命名所有各种形式的系统共有的关系问题，那么它们可以在解决问题的能力方面相互替代（当然在思想上，但有时也在实践中）。这个关系问题被称为"降低复杂性"。

对于社会系统，我们也可以说问题在于稳定和整合对行为的期望（预期，expectations regarding conduct）（译者注：此处更恰当的表述是"对期望的期望"。当然，也可做包容性解释，即 conduct 自身包含了 expectations）。消极地说，我们关心的不是避免社会矛盾，而是预测和缓和失望。正式组织为研究这种机制提供了绝佳的机会。

2

卢曼在1964年出版的第一本个人专著（1999a）和他的第一本遗著（2000b）都是关于正式组织的。除了这些作品之外，还有许多文章和作品的章节都在讨论同一主题。卢曼对组织，或者说对组织的成就非常着迷。《赞美常规》（*Praise of Routine*）是他早期作品之一的标题（1972a）。因此，把系统想象成组织或行政机构是合理的，以便初步了解系统到底是什么以及它是如何运作的。在某个政府机构排队等候数小时，却从公务员口中得知最重要的申请表格丢失，任何一个人都会毫不犹豫地同意系统倾向于与环境隔绝。如果我们想到政府机构的规定程序、文件的传阅和盖章、程序性错误的自我滋养权力（the self-nourishing power of procedural errors），或者如果我们读到卡夫卡（Kafka），就可以理解系统是自创生的，即自我生成（self-generating）和自我维持（self-sustaining），并且（能够）只处理自己和自己对环境的看法。当然，这些都只是帮助理解的拐杖。它们不能替代对卢曼的系统概念的认真参与，但应该有助于促进我们的方法。[1]

有助于我们理解的一件事是，一个组织不仅对观察者来说是一个系统，而且对在其中行动的人来说也是一个系统。同时，一个组织不是其成员的唯一系统（更不是生命世界）。这些成员也是公民，有家庭，是当地酒吧的常客，或属于一个体育俱乐部。组织只在非常具体的方面对其成员进行约束和提出要求。正式组织的突出特点是它使成员资格正规

---

[1] Vismann（2000）最近完成了一个杰出的文件和记录谱系，它也可以被理解为系统理论的谱系。

化。无论是在互动系统中还是在更大的社会系统中，都没有宣称的成员：一个人属于休息时一起站着的群体，或者属于他或她生活的社会。一个人可以通过走开而退出前一个群体，但根本不能退出后一个群体。与此相反，一个人加入了一个组织。由于成员自由选择加入，该组织在选择其目的和实现这些目的的方法方面，有一定程度的自由，这在互动和社会系统中都是无法实现的。对组织成员的要求比对朋友或合同伙伴的要求更多，正是因为成员承担了履行各种尚未详细说明的义务。成员资格的正式化也带来了双重好处：一方面，在加入时，成员知道他或她正在进入的承诺（即使具体细节仍未明确）；另一方面，从组织的角度来看，否则，对行为的分散期望可以被分解、表达并引导到特定的立场。在组织中，一种新的"文明"行为风格开始占据主导地位，不再需要对自己所做的每一件事承担全部个人责任，而是需要间接考虑在其他地方所做的事情。虽然这种转变导致责任被转嫁到他人身上，但它也允许客观而非个性化的决策。

一个成员的角色可以在时间维度（temporally）、社会维度（socially）和事物维度（materially）被一般化（generalization）。[1] 在时间维度上，这意味着与成员资格相关的期望仍然有效，即使这些期望事实上已经落空。在事物维度上，一般化（generalization）意味着成员作为成员，肩负着一揽子的期望，即使与模糊描述的职责有关的指示是不寻常的，只要它们来自一个授权的来源，就将被执行。[2] 最后，从社会维

---

〔1〕卢曼假设在时间、社会和事物维度有稳定期望的基本需要。在每个社会中，某些期望必须成为时间上的固定。人们必须能够依赖它们，尽管偶尔会有失望。例如，这个任务是由规范来完成的。社会稳定涉及在宣称期望和对特定人提出要求方面的一致性的可能性。例如，这是由角色（roles）来完成的。最后，关于一个人在这个世界上和对其他人类应该如何行事的某些习俗和决策必须得到保护，以防止可想而知的不确定性。这项任务可以由制度（institutions）来完成。根本的问题是，一方面，期望应该受到限制，另一方面，个人或系统的行动可以有一个自由度。

译者注："期望"与"预期"（expectation）可做等价性使用，对应"失望"（disappointment）。

〔2〕如果有人在这个表述中看到了对"指挥链"（chain of command）原则的辩护，并因此赦免了臭名昭著的"案头罪犯"（desk criminals），那就必须立即承认集中营也可以被理性地组织（be rationally organized）（Sofsky, 1997）。然而，组织对政治滥用的易感性并不表明组织本身的非理性。如果把卢曼想象成同情权威主义的人，那是根本错误的，即使，或许正是因为，他只有几处表达了对国家社会主义的看法。相反，作为一种社会分化的理论，系统理论有一个基本的反极权主义的主旨：阐明社会系统的内在逻辑意味着反对极权主义的政治主张，即它（译者注：政治系统）可以获得对每个系统的控制（Luhmann, 1999b, esp. 23, 45, 187, 196-7）。

度来说，一般化（generalization）意味着个别成员接受他们彼此之间的角色。一个成员从他或她的同事那里接管一个程序并进一步处理它，不是因为他或她是一个好人，而是因为他或她被公认为是一个职位的持有者。这样一来，一个职位的结构、一个活动的背景和一个沟通网络或一个分配秩序就产生了，它独立于特定的个人而存在，简而言之，就是一个系统。此外，当它成功的时候，关于成员行为的期望的一般化——这不会在一夜之间发生，正如埃利阿斯（Elias）或福柯（Foucault）关于文明进程的研究所显示的那样——带来了进一步的共同期望，即组织本身将会改变。它们有了自己的生命，不仅是在它们独立于个别成员存在的意义上，而且是在它们自身发展的意义上。

因此，组织完成了协调个人行为和期望的非凡任务，同时，保持对社会转型的导向。自马克斯·韦伯（Max Weber）以来，组织确实被认为是理性统治的最高体现，如果不是在实践中，肯定是在理想方面。它们是理性的，因为：①它们试图将对人的支配权转化为对任务的管理，因此，它们基本上是在寻求消除支配权，并以需要管理的事务所产生的必要性来取代它；②它们成功地分配了任务和职责，使每个职位都能为实现组织的目标作出明确的贡献。这两种动机都是卢曼所认同的。他也关注将相互关联的行动去政治化，并通过强制专业化提高效率。然而，他也看到，官僚机构的合理化不能用金钱来衡量，它引起了传统组织社会学解释为非理性抵抗的结构性问题（Luhmann, 1972b）。

一方面，古典组织理论认为，任何有矛盾的事情都是不合理的。例如，官员或部门之间对权力的争执，并认为这种矛盾应该被消除。合理化需要使权力链和程序更加顺畅，以便所有参与者在处理和解决特定问题时，都不会多于或少于他们的份额。这个秘密甚至是公开的，合理组织的典范是机器，其中没有齿轮或弹簧是多余的。其他一切都被视为技术错误，需要通过技术手段加以纠正。一个人不必是计划的批评者，也能看出这种模式不符合现实。另一方面，认为组织本身倾向于变得僵化和抵制变化，是一种没有历史支持的偏见。在过去的200年里，很少有社会像巨大的现代官僚机构那样，有如此多的变化和变化的试验。然而，有证据表明，组织内部存在着壕沟战，腐败不仅仅是第三世界的现象，目标上存在着冲突，预算浪费得比利用得更快。

因此，如果大领土的政治统一及其在法律下的正式统一是在高效官僚机构的帮助下实现的，那么组织是否可以仅仅被视为当今功能分化社会的先驱，或者更确切地说是其先决条件？这些官僚机构现在是否已经过时了,因为市场是一种优于组织的形式,可以将协调与变化结合起来?事实上,今天的问题是从激进的自由市场经济学——或欧洲意义上的经济自由主义——的角度提出的,为什么我们仍然应该将任何问题的解决委托给组织,而不是离开他们推向市场。在实践中,带有放松管制、权力下放和外包标签的流程也旨在消除组织。甚至国家也不能幸免于私有化的过程。在任何地方,以前属于主权者特权的任务都被移交给出价最高的人。铁路、关键行业和邮局都是以前由国家垄断的服务,但现在由私人竞争者经营。那么,问题不在于学校、社会保障体系、警察——为什么不呢?——将军队、国家铸币厂和法院委托给公开市场。

我们不能假设组织的合法性问题,在这种超自由主义的观点中是不存在的,实际上可以从世界上消除(Douglas, 1986)。然而,除此之外,毫无疑问的,自由主义忽视了组织存在的原因。当今占主导地位的新古典经济理论的答案是:因为永久或至少相对长期雇用人员,比推迟寻找和雇用他们直到需要他们更便宜(Coase, 1988)。与劳动力购买者不同,公司总是关注不断变化的环境。现在,似乎是对经济理性的批判实际上使它成为绝对的,严格来说,因为组织和市场的决策,对于追随科斯(Coase)的所谓交易成本经济学来说,无非是结果的成本收益计算。然而,我们必须认真对待科斯的直觉,即组织和不确定性之间存在相关性。卢曼正是在这个思想的基础上发展了他的组织和系统概念(Luhmann, 1960;本文可能是其创始人笔下对系统理论的最好介绍)。在为什么会有组织的问题的根源上,我们遇到了不确定性或无序复杂性的问题。从这里开始,与将交换计算提升为绝对规范的观点相比,可以问组织抵制其在市场过程中解体,可能有哪些更深层次的原因。

卢曼接管并激化了由赫伯特·西蒙(Herbert Simon)引入的行政科学的有限理性(1962年),但之前是由阿诺德·盖伦(Arnold Gehlen)提出来的,即程序理性(1952年)。要求个人和组织考虑他们的行动和决策的假设和后果,是对他们提出了过高的认知要求。从这个[1]认识论基础来看,没有最佳的问题解决方案,而只有有用的解决方案。一个

---

[1] 顺便说一句,卢曼与盖伦的哲学人类学的联系,远远超出了他对有限理性思想的接受。与胡塞尔的意识一样,盖伦的制度(institution)(1964: 7-120)产生了卢曼的组织(organizations),并由此产生了他的系统(system)概念(Luhmann, 1970b)。盖伦和卢曼之间的决定性区别在于,后者否定了哲学人类学对人体及其驱动力的发现,而重新专注于认知问题(cognitive problems)。与盖伦的人类学不同,系统理论不是一种行动(acts)的哲学,而是一种体验(experience)的理论。因此,导致了它的"寂静主义"基调(quietist tone)。

正确的决策是使后续行动成为可能。因此，改善有限理性计算结果的最好机会，是在引入和整合测量和测试程序，以及在为修订或新的预测规格留出空间的同时，让决策过程标准化。在这一点上，卢曼对西蒙的补充不多。然而，他坚持认为，不确定性不仅仅是一个认知问题，而且由于有意义的体验和行动披露和构成现实的力量，是一个本体论问题[1]，从而使后者的观点变得激进（Luhmann, 1988a）。对世界每一次侵入都会产生无法预见的后果，这也许还没有被发现。然而，无论如何，它改变了入侵发生的条件（Arendt, 1958）。这些"社会行动的无意后果"可以，但不需要保持"无足轻重"。这就是一个组织只能在有限程度上被合理化的原因。一个（组织的）目标不能毫无问题地被分解成一连串的手段。手段和目的并没有形成一个转折性的秩序，其中一个对另一个没有任何障碍，并且只为实现那个单一的目的服务。

组织主要关注的是将活动领域和决策标准相互隔离。这是他们能够采取行动和作出决策的唯一途径。试图了解一项行动的所有可能后果，其结果不是提高效率，而是停滞不前。因此，组织内部的等级结构的理由与组织本身存在的理由是一样的：它始终是一个排除替代方案和片面行动的问题。组织和一般系统的主要功能是降低复杂性，这意味着消除不确定性，同时构建一个环境中没有完成蓝图的秩序。而实现这一功能的主要行为是建立一个边界，为系统过滤环境，并使系统可为其环境（或更严格地说，为该系统环境中的其他系统）计算。当然，这种计算不能以可以理解系统中发生的事情的方式进行，而应该表明其成就的重要性和影响范围。有点愤世嫉俗地表示，解决问题的第一步是创建一个委员会，而与环境接触的理想工具是问卷和最终判断。

在卢曼看来，尽管如此，其他组织的分化和排斥本身导致了随后的问题，这些问题也许可以被认识到，但再也无法解决。首先，假设调节系统的猖獗增长并将它们带入任何形式的"理性"秩序曾经是可能的，如今变得越来越不可能。一个以处理部分问题为导向的官僚机构的前提

---

〔1〕尽管他对行政管理充满热情，但卢曼并没有忽视对官僚主义石化机制（petrified mechanisms）的批判。然而，对不灵活的行政程序问题的回答，不能是消除或取消官僚机构。这将意味着牺牲从整合行为预期中产生的秩序，而这正是组织的贡献所在。相反，行政管理在未来必须更加强调朝着"自我变化"（self-variation）的方向进行重组。1964 年，卢曼已经在谈论组织的自我导向（self-direction），"使用关于先前行动结果的信息，而不是"纯粹的"环境事件作为触发[行政活动]程序选择的信号"（Luhmann, 1999a: 232）。除了自创生（自我再制，autopoiesis）之外，这还能意味着什么呢？

是，每个独立的行政单位都做它应该做的事情，但由于这种自主性，更具体地说，由于这种自主性带来的优势，它变得越来越难以宣传任何形式的自愿产生，甚至是一个总体目标。其次，即使不再预设等级制度，专业化程度的提高也会引起各个部门之间的沟通障碍。因为如果一个部门不再使用相同的"语言"，如果正在决策的事情不再被相互接受为每个部门决策的前提，那么这个部门应该如何依赖其他部门的工作，也就是说，解除他们的决策？

  这两个问题在卢曼的社会理论中再次出现，导致了这样的论断：功能分化的社会，铰接成偏颇的系统（articulated into partial systems），如政治系统、法律系统和经济系统，不再有一个可以被调查的中心，更不用说控制了。因此，成熟的系统理论根本就不是一种社会技术（Habermas, 1971）。相反，它是一种工具，通过观察行政机构的优势和劣势而磨练，用于描述现代社会及其前身。正如组织的演变所表明的那样，系统的形成和分化没有特定的路径——也许除了它们总是与自我组织有关的事实。它们不会产生对环境力量的适应，相反，它们试图中断系统与环境之间的因果关系，因此，不会导致必然——如果有的话——达到平衡。卢曼通过声称社会系统只有在它们是自创生的情况下才是可能的，从而使这个想法变得激进。诸系统（systems）不再为了从专业化中获利而将自己与环境隔离开来，而都是封闭的构成（but are closed qua constitution）。那么，在系统之外发生的一切都只是噪音。这种升级可能需要通过引入诸如"结构耦合"或"相互渗透"[1]等辅助结构——

---

  [1] 这两个概念都描述了系统与环境一起处于一个单一的能量/物质连续体中的状况，并因此依赖于它们自己无法提供的服务（services）。卢曼谈到了这些服务的相互渗透，例如，在意识（consciousness）和沟通（communication）的情况下，是两个自创生操作系统（autopoietically operating systems）的互惠先决条件（reciprocal prerequisites）。此外，单方面的"依赖关系"被称为结构耦合。

  译者注：此处表明了"相互渗透"（interpenetration）与"结构耦合"（structural coupling）的区别，即依赖的双方和单方性。

或诉诸组织的奇妙力量[1]——来进行理论平衡,以便将诸系统明显的共同演化和持久的争斗、对彼此的需要以及它们功能失调的干扰纳入视野。另一方面,自创生的概念清楚地表明,系统演化适应不良的过程可能导致现代社会无法弥补的去分化。然而,我们在这里最感兴趣的不是系统形成的方向,而是它首先是如何产生的。对这一过程的深入了解,将在一定程度上使卢曼的忧郁诊断相对化。

3

系统理论声称是一种构成理论(a theory of constitution)。也就是说,它并不预设它的对象即社会,是已经知道的,所以社会学家"只"需要更仔细地检查它,即使它并不怀疑社会的纯粹存在。然而,在卢曼的思想中,社会并不对应于康德的物自体(thing in itself),我们不能说它有什么独立于我们的感觉形式的属性,但仍然必须被预设,以便认知有与之相关的事物。物自体在卢曼的思想中作为关于现实的假设出现。然而,他认为社会更像是使自身得以存在的超验的"我"(I),尽管有双重区分,即社会(作为一个整体)不能够意识到自身,而是一个经验性的对象(an empirical object)。严格来说,卢曼提出了一个关于如何将社会理解为自我赋能对象的提议,然后将其作为其提议可行性的"证明"——这显然不能包括社会大声疾呼:"我已经被认可了!"——系统理论(或社会学家观察社会)发生在其中(Luhmann, 1988b)。这当然是同义反复,但卢曼正是在通过意义解开心理和社会系统而产生的自我指涉中看到了社会运作的构成原则,而不是在避免逻辑矛盾中。

"社会秩序如何可能"这个问题本身就植根于历史。它是古典社会学的基本问题,如果不是基础的话,它对封建秩序的解体,新的阶级对

---

[1] "自创生的,即盲目运作的系统是如何从自身出来的(come out of themselves)?"卢曼回答说:"通过组织。"只有这些组织有机会"与他们环境中的系统进行沟通。它们是唯一拥有这种能力的社会系统,如果我们想利用它,我们就必须组织起来。"(Luhmann, 1997: 834,原文强调)一个公司可以购买合规(compliance),或者税收部门可以收集税收,这显然是不争的事实;我们也可以轻松地想象一个雇主协会和工厂检查部门进行谈判,但不是"经济"与"政治系统"。然而,在自创生表达上,在决策的基础上产生决策的组织,又如何能够通过这些决策与他们环境中的系统联系起来,仍然是无法解释的。要么我们坚持这个想法,将一个系统外发生的一切对该系统不重要的原则应用于组织;要么我们承认——在我看来,与卢曼相反,这是一个合适的选择——(不仅是组织)沟通可以在它们产生的系统边界之外被理解。

立、异化（alienation）、失范（anomie），对世界的祛魅（disenchantment）以及价值观和生活方式的多元化的回答，首先是社会学本身。尽管它对现有秩序进行了直接或间接的批评，但它的安抚功能在于它发现了危机和无法动摇的冲突背后的秩序。它发现了或在概念中制定了这样的想法：即使没有政治统治，社会也能保持团结。根据旧的政治秩序概念，无论是出于洞察力还是出于对自身的恐惧，臣民都要服从于一个主权者，而这个主权者必须确保和平、正义以及后来的福祉（well-being），并在"漫长的19世纪"的风暴中崩溃。自由主义者的希望，即秩序问题可以留给市场机制，即使在今天也没有完全熄灭，但由于市场过程本身所造成的社会动荡，并没有真正令人信服。与此相反，社会学发展了社会的规范性构成的思想（a normative constitution of society）。规范，或者说是一种价值观的有序体系（cosmos），如果不是绝对有效的，至少是集体共享的，将产生凝聚力并实现协调。

社会学的这一普遍论点从来没有被质疑过，尤其是在今天，理性选择理论下的功利主义（utilitarianism）已经征服了该领域的广泛范围。事实上，大多数涉及社会构成问题的社会理论都可以归入这两极，即规范（norm）和交换（barter）。选择理论家（如詹姆斯·科尔曼）并不否认存在规范，也不否认这些规范对于凝聚力是不可或缺的；规范论者（如尤尔根·哈贝马斯）也不否认由利益引导的行动在社会的一个重要部分占主导地位的说法。然而，一个人试图通过交换来解释规范，而另一个人则试图通过规范来解释交换，或者他们都试图把一个类别描绘成另一个类别的缺陷模式。系统理论为这些替代方案提供了一个选择。它试图从这样一个基本层面入手，即交换和规范都是作为一种基本发生（a basic occurrence）的已经发展的形式出现的，是为解决非常具体的问题而定制的。

对于系统理论来说，原始的社会状况是双重偶联性的状况（Luhmann, 1984a）。这意味着（至少）一个自我（ego）和（至少）一个他我（alter ego）在他们的行动中相互体验是自由的，但又相互容易受到对方的影响，因此，他我的行为取决于自我的行为，而自我则使其行动取决于他我的行动方式。例如，在一个没有既定价格范围的跳蚤市场上，提供商品的人和对商品感兴趣的人都对最初的价格建议犹豫不决。卖家犹豫是因为他们有可能因为要价太高而赶走潜在的顾客，但却给买家提供了一个比较的标准。潜在的买家犹豫是因为他们不知道他们的报价是否是唯一的报价，或者是卖家迄今为止收到的最高报价，因此，他们可能会过早地承诺他们的报价，而不是获得谈判的空间。这个问题的规范性解决方案（normative solution）是类似于"公平价格"的东西，它被认可或可以被解决。对这个问题的理性主义解决方案〔rationalistic solution，译者注：对应前述的"交换"。理性选择的理论家们都知道这个问题，并以"逆向选择"（adverse selection）、"道德风险"（moral hazard）或"囚徒困境"（prisoner's dilemma）等术语来讨论〕包括在市场条件方面欺骗对方，并说服他或她达成商业交易。人们也承认，由于信息不足，个人对利益的计算可能会产生次优的结果。现在，规范论者认为在几乎所有的情况下，都有模糊的价格指示，而理性主义者则认为，首先必须由双方中的一方承诺一个价格，这是正确的。然而，这些建议都没有真正满足社会构成理论的要求，因为不清楚规范（或价格范围）的起源是什么，也不清楚为什么有人要交换，而不是简单地偷窃。此外，交换理论回避了或淡化了关于第三方在什么条件下会被动地观察他们自己可能喜欢的商品交换的问题。

为了更清楚地划定双重偶联性的问题并避免过于仓促的解决方案，让我向后退一步，考虑之前的意义（meaning）问题。对卢曼（1971）来说，意义（meaning），而不是规范（norm）或交换（barter），是社会学的真正的基本概念。就意义（meaning）而言，即使是系统（system）、环境（environment）和复杂性化约（complexity reduction）也是作为次要的概念发挥作用。正如卢曼（1971：30）所承认的，"对许多人来说，这似乎是一种弊病（malady），而不是一种方法（method）"，通过现象学的还原（phenomenological reduction），他发现，意义总是意指（intends）或表明（indicates）某种或多或少确定的东西，但同时也需要对其他"事物"的参照。如果在反思我自己的体验时，我忽略了它目前充满的具体形象，我发现我的体验是极其不稳定的、不集中的和不安定的。意识（consciousness）首先不过是一种体验（experience）的流动，而不是一个除自身之外的事物被赋予的实体（instance）。逻辑轨迹意义上的意识（consciousness in the sense of a logical locus），尤其是自我意识（self-consciousness），是在我与他人打交道和与他人互动中进行复杂的构成（constitution）成就。对卢曼来说，意义并不仅仅是这种体验的另一个名称，而是一个分化出的系统，它根据这个系统来安排自己。尽管如此，充满意义的或预先分类的体验仍然可以获得超多的（superabundance）指涉可能性。没有一个系统能够容忍持续的偏差，除非事实上它根本就不是一个系统。与此同时，这也是卢曼的关键思想之一,体验(experience)通过对自身"过高要求"(demanding too much)来引导自己。意义中披露的可能性的多重性——或者应该说是无限性(infinitude)——迫使意识(或社会系统)去选择、确保、识别意义,从而构成意义(significance)。"复杂性在本质上意味着强制选择。"(Luhmann, 1971: 33)[1]

以这种方式产生的对世界的投射根本不能保证正确性,也不能保证在图像(image)和事物(thing)之间的对应关系意义上的真理。世界是在意义之中并通过意义产生的假设,因此容易失望,但正因为如此,世界也能够发展。我们只需考虑一下哲学的古老争论和大量的文化,就会意识到,物(thing)是什么,时间(time)是什么,人(human being)是什么——这些问题并没有也不可能得到一劳永逸的答案。然而,毫无疑问的是,随着人类的出现,世界的复杂性被提升到了一个新水平。自从人类认识到彼此的不可预测性,并在彼此交往中预设了这种不可预测性,秩序就被设想为一项任务。实际上,有必要区分通过人类化(hominization)(或意义的出现)产生的复杂性的压力和通过现代主体的发现或自我赋权而进一步增强的复杂性(布鲁门伯格,Blumenberg,1983,译者注:德国著名哲学家)。现在每个人都是一个潜在的他者(potential other),以及社会秩序如何可能的问题,如果它没有第一次呈现轮廓(contour),便肯定会变得紧迫。现在的问题是将双重偶然性的概念从僵局转变为社会系统的构建。

双重偶联性(double contingency)需要假定一个自我,即另一个人能够体验并能够像他自己那样行动,而且(自我假定)这个另一个人,

---

[1] 正如我所说(第154页脚注1),选择(Selection)发生在三个方向。这种区分也可以更抽象地表述。在事物维度上,任务是区分对象(和内容)或产生一致性;在时间维度上,有必要将过去、现在和未来彼此分开,创造(重复)体验的可能性;在社会维度上,我们必须掌握作为他我的改变(the alter as alter ego),作为促成共识的先决条件。为了区分"这个和那个""之前和之后"以及"你和我",并保持这种区分,我们必须在每一种情况下,只承认一个维度的区分,而牺牲其他两个维度的不变性。这意味着我(I)学会承认另一个我(another I)(如果一切顺利的话)是他我(other I)(而不是一个额外的对象),因为人们可以从永远不同的角度对相同的事物达成共同的理解。相反,主观性,或者更贴切地说,视角的非同一性,是一个共同的客观世界的前提。如果有像"客观体验"(objective experiencing)这样的东西,就不会有动力去假设自己之外的事物的存在。而只有在客观世界(objective world)和各种主体(the various subjects)受制于同一时间的情况下,时间才能被设想为变化。一个维度上的可感觉的差异(difference)预示着其他维度上的无差异(indifference)。主体间的构成(Intersubjective constitution)并不仅仅适用于社会,因为客观世界和时间本身就是主体间的构成,就像反过来说,主体间性只有在客观化的世界和同步化的时间的基础上才可能。

即他我，对自我有同样的想法。有了这种理解，卢曼（1976：509）确实在互动或社会发生之前预设了类似主体的东西，而不是允许主体和社会两者通过彼此产生。然而，使卢曼的理论区别于广泛的"主体间性理论"（intersubjectivity）的令人惊讶的转折在于，从胡塞尔未能超越将"主体间性"（intersubjectivity）思考为"客体间性"（interobjectivity），卢曼的结论是必须允许社会的产生，即使主体对彼此不透明。[1] 由于这个原因，卢曼所处理的不是完整意义上的主体（在相互承认中构成自己的主体），而是单纯的实体或"黑匣子"（black boxes），他们在与世界的交往中学会了将自己区分为能够行动（able to act）和能够体验（capable of experiencing）[2]，然后将这种区分也应用于其他对象，因为在一定程度上，它被证明是可靠的。一个人对一个环境事件（an environmental event）作出反应（用公开的行动或体验来描述），将其视为另一个人有意选择的行动或体验，就足以克服双重（实际上是单方面的，但被视为双重）偶联性的封锁了。这可能，但不需要，而且一般不会涉及达成共同理解。最初的礼物将是一种功能上的等同。一个人不需要接受礼物，但如果他接受了，那么送礼者的具体期望就会得到确认或失望。在任何一种情况下，社会的复杂性都会降低。

因此，"社会秩序如何可能"这个问题必须被重新表述为："在假设主体被锁定在其意义框架内的情况下，如何能将行动或体验联系在一起。"卢曼在这里的回答——就像之前关于意义是如何被处理的问题一样——是"过高要求"（by excessive demanding）：我（Ego）作为他我（alter ego）来体验（experiences）到这个他者（他人，the alter）。它体验到视角的非同一性，但也体验到这种体验对双方的同一性。对双方来说，这使情况变得不确定、不稳定和难以忍受。在这种体验中，视角趋于一致，使之有可能归结为对这种消极性的对立面的兴趣（an interest in the negation of this negativity），即对确定性的兴趣（an interest in determination）（Luhmann, 1984a；原文的"强调"被删除）。

人们可以把卢曼对社会零点（the social zero-point）的理解，解释为出于恐惧而愿意妥协，而不是共识。他将这一场景解释为，既不是借

---

〔1〕 译者注：布鲁诺·拉图尔将客体间性定义为一群人与客体共享的体验和意义的共同世界。

〔2〕 换句话说，体验和行动之间的内在主观区分并不是自古以来就有的，它本身就是历史性的；例如，这可以从宗教奉献中看出，它被认为是一种讨好上帝的行为。

助人类必不可少的原始互惠,也不是基于利益的交换。第一种方法预设了一种过度的相互信任,此外,也没有公正地对待任何系统指涉的大多数人,也就是说,一个群体不仅仅是由双人组成的事实。此外,即使每个行动都可以被描述为目标导向,这种观点也不能说明主体可以行动和体验的事实。因此,互惠原则本身是一种条件形式,或解决双重偶联性这一基本问题的一种方法。另一方面,交换是一种极其有效的互动形式,但在演化的时间轴上发生得相对较晚。显然,任何决策、任何被解释为对自己行为的反应的另一个人的行为(a reaction to one's own conduct)——据此,该行为在一方或另一方可能只是相当于被动——将被视为对基于另一方自由的不确定性的缓解,因此,是一种收获。

从心理系统的角度——这是最终理解社会系统结构的轨迹,也在卢曼的思想中——信任是降低社会复杂性的基础机制。根据西美尔(Simmel, 1992: 393)的观点,信任是"介于知道和不知道之间的一种中间状态"。信任是一种有意识的行为,是一种立足于对方行为各个方面的决策,但它仍然无法事先计算出是否会得到回报。信任总是一种"充满风险的预演"(risk-laden advance performance)(Luhmann, 1989b)[1],即使可能的损失大于预期的收益,人们也会参与其中。信任不可能被成本效益分析(cost-benefit analysis)或合同(contracts)一劳永逸地取代,因为收益和损失通常无法在交易前计算出来,而合同总是以法律形式的信任为前提,甚至要求信任。尽管遭受自我伤害的风险始终存在,但人们仍然信任——根本没有信任,而不是各方不信任——源于这样一种情况,即只有信任的人才能为行动(for acting)开辟新的选择,否则将处于休耕状态(fallow)。信任是人冒着风险的"向着冷漠的飞跃"(leap towards indifference)(Luhmann, 1989b),因为另一种选择是自我隔离(self-isolation):如果社会系统的形成是为了克服一个永远存在的恐惧门槛,那么相应的"无视"(in-spite-of)策略是必要的……以便在对方作出相应承诺之前作出承诺。在这种程度上,信任是一个普遍的社会事实(Luhmann 1984a,添加了"强调")。

此外,一旦信任被证明是合理的,它就会越来越强大。它的运作是自创生的。一个系统,让我说一个以最初的信任行为开始的互动——例如,一个友好的手势、一个微笑、一个成功的自我介绍——在它开始的

---

[1] 卢曼关于信任的重要且易懂的书,以及关于权力的文字,已经被翻译成英文(Luhmann, 1979),但不幸的是,已经绝版很长时间了。

时候都会增加这个过程以某种方式继续下去的机会。我可以看到，这是对莫斯（Mauss）的礼物交换定理的重新表述或修改。然后，给予（giving）、接受（receiving）和回报（reciprocating）的三重义务的理论（Mauss，1967）成为事实上高复制概率的道德负载表达（the morally laden expression of the de facto high probability of reproduction），通过基于信任的系统中的再生产进一步增加。它们的起源确实是一种纯粹的礼物，然而有些人希望否认这种可能性。

因此，作为我们可以自由选择的行为类型，信任和不信任的表面对称性，只能在形式上被维持。只有信任的人才能进步（并且仍然可以选择不信任）；然而，不信任的人则从一开始就被自我束缚。做必要的修正之后，同样的情况也适用于对环境数据作出认知或规范反应的与心理系统差不多同样的基本替代方案（the scarcely less fundamental alternative）。它可以因为一个它以前认为不可能发生的意外事件而改变其预期，并试图系统地考虑这一体验；也就是说，它可以试图学习。或者，尽管某些体验导致了这些预期的有效性崩溃，但它仍然可以忠实于其旧的预期：也就是说，它可以使其预期正常化（Luhmann，1969）。如果这个系统的名字是哈姆雷特，它就会宣称："学习或不学习，这是一个问题！"规范性预期的逻辑替代方案将是知识的不间断积累和重组，并适应一切可以改变的概念。然而，从遗传学上看，规范先于学习，因为预期的形成等同于固定的预期，只有在此基础上，一个系统才能决策学习。

这难道不是给系统理论蒙上了"规范的阴影"（normative shadow）吗？在决定信任某人的基础上，难道没有规范吗？难道不存在"反事实的稳定的期望的期望"（counterfactually stabilized expectations of expectation）？是的，有这样的阴影。但也许规范是一个太强的概念。卢曼（1988c）自己把这个原规范领域（proto-normative sphere）称为熟悉的领域（the realm of familiarity）。熟悉是对事物、人或事件重复指定的结果〔实际上是对"某物"的重复指定；因为区分为三个维度本身就是"分化的否定"（differentiated negation）的结果〕。其余的——没有明确指定，但总是消极暗示的——是外来的、未知的、威胁性的，以及现在和从这里可见的地平线之外的一切，但仍然允许被指定和披露为外来的、未知的或有威胁的，尽管从未以这样一种方式落入被重新划定的每一个新指定的地平线之内。因此,"生活世界[1]的殖民化"(Habermas)是不可避免的,但也像西西弗斯的任务,因为它永远不会达到它的终点。因为生活世界不是一个共同的资源,也不是一个可穷尽的或可解释的群体共享的背景信念库;它是思想的"裂变产品",特别是所有的沟通(Luhmann, 1986)。卢曼认为,宗教的功能不是让人类自己在熟悉和不熟悉之间划出原始的界限。宗教是第一个社会系统,在人类诞生之初就存在,并且与群体相同,它将一个不确定的东西转变成一个确定的复杂性。所有进一步复杂性化约(reductions)都与此有关;在某种程度上,这些复杂性化约都只是由神话和仪式的完善所促成的(Luhmann, 1984b)。在社会分化的过程中,确实发生了变化,那就是生命世界成倍增加,即使通过宗教也不能再使之和谐。在最好的情况下,可能会借助于系统理论来重建它们的不协调性。这就产生了系统理论中是否可能有宗教特征的问题:如果不再可能把世界作为一个整体来思考,人们至少会想知道为什么。

卢曼的确是被一种对世界的几乎不可动摇的信念所支撑着,或者像赫尔穆特·普莱斯纳(Hellmuth Plessner, 1985)在谈到胡塞尔时写的那样,被一种"相信一切都在某种程度上是正确的"的信念所支撑着。但是,我们应该如何理解卢曼对"与其他可能性相关的存在物的锚定"(anchoring of beings in relation to other possibilities)的关注?卢曼关于复杂性泛滥必须被限制在其岸边甚至被驯服的警告是什么?卢曼是不是更像一个"决断主义者"(decisionist,译者注:此处并非是 determinist,即"决定论者"),而不是一个浪漫主义者(romanticist)?就"早期的卢曼"而言,也许可以通过对历史的呼吁来缓和反对意见,因为在德意志联邦共和国成立之后,他对稳定局势有着真诚的政治兴趣;然而,在后来,在政治平衡得到维持、西方的极权主义成为过去的情况下,他能够以讽刺的态度来面对现实。但浪漫主义和决策论并不需要对立。毕竟,浪漫主义的可能性意识不能排除有限决策的可能性,而在另一面,

---

[1] 译者注:生活世界(德语 Lebenswelt)指的是我们生活于其中的这个"世界"。我们也可以称之为一切经验的"背景"或"视域",在其中每一对象作为其自身、作为独特的东西凸显出来,它们连带其意义只能被我们所把握。生活世界既是个人的,又是主体间的(因而被称作"家园"),所以它不是在唯我论意义上封闭在每个个体中的。这也是胡塞尔与哈贝马斯分享的共识。胡塞尔后来的生活世界理论,似乎也有了某种克服 noema 困境的非纯粹现象学尝试,但胡塞尔并没有放弃纯粹现象学的决心,他不太可能走向海德格尔等人的那种另类现象学。

决策的意愿往往（如果不是一直）是由对放松的渴望所驱使的。也许我们不需要为传记（biography）或辩证法（dialectic）而烦恼。卢曼所珍视的冲击效应（shock effect）一直具有某种方法论的特征：他建议，人们应该想象，如果世界不是现在这个样子，那将会是怎样的？通过这种方式，他产生或恢复了标志着所有哲学开端的亚里士多德式的奇迹（Aristotelian wonder）。

书 评

双面雅努斯：传统与实证之间的实践性法律
——评《边沁与普通法传统》及波斯特玛的法律思想

王永祥[*]

自17世纪起，普通法开始从传统主义转向实证主义，法律的实践性迫切要求在古代与现代之间寻求新的理论。英国法学家约翰·塞尔登（John Selden）曾将当时的英格兰普通法比作古罗马的双面神"雅努斯"（Janus），它的头前后有两副面孔，一副面孔面向未来，一副面孔面向过去，它是掌管起始的门神。塞尔登指出，普通法就像这种守护神，它既回顾了古老的过去，也展望了王国和平繁荣的未来，在过去和未来之间赋予了普通法保护神的角色。[1] 波斯特玛（Gerald J. Postema）教授认为这种比喻指出了："普通法坚定地锚定在过去，它的规范性要求为当下的行为和未来行为作出指导。"[2] 这也是波斯特玛在《边沁与普通法传统》一书中想要揭示的观点———一种通过传统与理论协同而产生的宏大哲学理论，其将法律归于实践，将法律存在的命题（of law）与关于法（about law）的特征结合起来，形成一种超越二者的共识性法律实践。[3] 他试图指出正义与法律之间紧张关系的缓和方式，并揭示在社会实践中如何表达共同体价值，为现代的道德与法律之争，提供一种解决方案，在保守的共同价值与自由的个体权利之间进行协调，使法律回归到其实践性目标中。

---

[*] 作者单位：首都师范大学法学院。

[1] 塞尔登将其普通法史的著作命名为"Jani Anglorym facies altera"和"Reverse or Back-Face of the English Janus"。这一比喻也被同时代的马修·黑尔法官广为引用。

[2] Gerald J. Postema, "Classical Common Law Jurisprudence (part I)", *Oxford University Commonwealth Law Journal*, 2002, winter, p. 155.

[3] See A. W. B. Simpson, "The Common Law and Legal Theory", in A. W. B. Simpson (ed.), *Legal Theory and Legal History Essays on Common Law*, Hambledon Press, p. 372. 波斯特玛曾在《边沁与普通法传统》中提到辛普森教授这篇文章对自己在认知普通法整体传统上的重要影响，这也是功用实证主义的趣旨。

一、本书的背景与整体趣旨

《边沁与普通法传统》一书成书于20世纪80年代，但波斯特玛教授早在70年代就参与到边沁项目组的工作中。由于60~70年代，英美法律哲学处于自然法与实证主义的论战期，波斯特玛承接这种论战基调，进一步分析了法权背后的认知基础。因此，波斯特玛在书中更加强调对思想者原貌的品读，以阐述为主，评论为辅。通过融合了现象学、社会法学以及语言哲学等分析方法，波斯特玛对英格兰普通法世界下的法理学进行了探讨。也正是因为如此，波斯特玛笔下的边沁（Bentham）与学术通说的观点有一定的不同，作者试图证明实证主义存在的问题，并提出其可能性出路，试图为现代性提供一种新的解释。波斯特玛侧重展示功用主义和实证主义的调和过程，而不是照本宣科地阐述边沁的"功利主义"立法思想。[1] 同时，作者试图对自由主义宪政体系给出一个更加圆融的解释，而不是停留在对立法现象的描述上，以类似德沃金（Dworkin）的融贯性理论，试图拓展实证主义的边界。

在波斯特玛看来，边沁在对待法律本体论上的态度是强版本的实证主义，但并不意味着他以实证主义为追求目标，他更加关注司法裁判的实践性。在时代交替之时，边沁将当时社会的各种智识成果整合到一起，进行独立思考。边沁的学术角色被界定在普通法律师和霍布斯之间，他是立足于社会的改革者。边沁想要对普通法进行革新，然而他在普通法之中看不到能够使得裁判灵活性和法律稳定性兼顾的方法，其方法的基础乃是一种基于现代的"安全"理念对制度的描绘———一种能够清晰界定法律含义的外在框架。在这里，边沁很显然希望以一种整合的方式提出历史回顾性和理论展望性的统一。尽管在这种意义上，边沁的理论存在对于社会价值的忽视，但他提出了全新的功用主义的模式，这是一种认识世界的创举。与实证主义有异，边沁的目标是还原真实的裁判实践，而避免将法律与其他权威性内容混同，他开始关注如何建立一种现代分类学意义上的纯法律科学。这就使得边沁的思想形成了前承普通法传统，后续实证主义的双面视角。

正是由于边沁思想的历史语境性，其思想有着历史演进的脉络。波

---

[1] See Michael Lobban, "Review: Bentham and the Common Law Tradition", *The Cambridge Law Journal*, 1987, Vol. 46, p. 522.

斯特玛按照历史发展将本书划分为三部分：古典普通法的惯习传统、边沁对普通法的批判以及法典化下现代法律的融贯性问题。其中，第二部分是边沁的主体思想，主要阐述了边沁在功用主义和实证主义之间的协调过程。边沁早期主张修正普通法，晚期批判普通法，从而形成了功用实证主义。然而，不止于边沁自身的思想，要想其理论能够反思现代性，就需要继续沿着雅努斯的前后两个历史维度进行拓展。《边沁与普通法传统》一书的第一部分和第三部分展示了这种拓展过程。波斯特玛在第一大部分阐述了普通法传统的惯习主义，普通法的历史传统形成了保守性进路，它的目的是讲述现代性思想的背景，希望阐述共同体传统内部的共识性价值；而在第三部分的后半部分，波斯特玛对实证主义进行了批判，他希望通过社会连带破除实证主义在概念上对现象世界描摹的局限，挖掘一种立足于实践性的社会法。因此，这两个维度的视角分别延伸了边沁思想的理论意涵，它们集中于一点——如何在现代社会中塑造一种真正基于生活实践的法，既能调和社会正义与法律之间的紧张关系，同时又防止走向边沁末期的法典化思想，即实证主义制度化对生活语言表达的禁锢。在这种意义上，第二部分的边沁思想其实是波斯特玛观察现代性的一个窗口，通过边沁思想的演变过程，以此作为范例，考察如何展示真实裁判的实践性，实现法律从自然法传统向制度性实证法律转化的过程，以期实现一种适宜或平衡。因此，第二部分是全书的重点，它以边沁为例指出了功用主义与实证主义相结合的过程。

全书用这种三分结构表达了正义与法律之间的冲突关系，同时也引申出一个现代政治哲学的命题：如何调和现代社会在方法论与价值观上的错置。在西方法律中，法律体系的结构与价值往往存在着悖论。在这种双面结构中，历史的向度意味着保守性，但却弘扬至上的共同体价值；发展的向度意味着进步性，但却以个体原子化的保障性价值为主。其中，保守一般意味着道德和传统的至上，共同体将道德视为一个和谐整体，依据既有意见做出集体判断；而在实证主义中，个体自由乃是一种社会实在中提炼出的抽象权利，这种权利与主权相互依附，而以抽象契约的结构形成现代社会。因此，共同体道德真实地反映社会，但其表现形式是思想的抽象性，具有批判现实的批判道德性；主权与权利在结构形式上是抽象的，但却可以直接运用在现代社会实践中，从而形成人们眼中的实在道德。这二者之间产生了极大的悖论。这就导致现代自然法是保守主义的代表，而实证主义代表了自由主义的现代形式，如德弗林（Devlin）与哈特（Hart）关于同性恋的论战。普通法及其法理学需要将二者融合起来，使得既能保证社会共通感的价值导引，又能维护个体权利在社会中的实现方式。波斯特玛之所以要阐述古典普通法传统与边沁现代理论之争，正是希望实现正义与法律之间的协调，本质上也就是传统共同体与现代自然权利之间的调和：如何将传统转化为一种可以灵活运用的现代实践，在社会连带中创造交往，使得实践不再是保守主义与现代权利论者之间争论的方法性内容；令价值面向事实本身，使得实践真正回归到社会之中；在社会中表现价值冲突，而非将法律价值作为一种方法论的论战手段。这既可以满足个体性特殊权利的实现形式，也可以满足普世主义下整体价值的融贯性。

二、普通法传统的历史向度：惯习主义的演进

如果说存在着一种以西方为中心的法律智识，那么这种法律智识的基础是否来自于其自身的文化传统呢？那些不断出现的新法律理论，又是否建立在既存法律思想之上呢？在本书第一大部分中，波斯特玛教授对此作出了肯定性回答：现代英美法理学产生的智识性思想乃是立足于其传统实践的产物，但同时并不意味着受到传统的历史决定论的影响。它在这种实践传统上进行批判反思，使得法理学成为一种新的平台，从更高的视角来看待实在道德与自然法之间的争论。而且波斯特玛教授希望用一种新的社会理论来刺激法律实践，使其与思想智识碰撞，产生良性互动。正如波斯特玛教授在第一部分末尾中所展现的那样，现代英美所言的法观念，乃是将法律（law）定位在社会规则与批判道德之间的某个地方，这很难对二者结合的整体及其产生的动力做出反思。这同样适用于边沁的理论，因为他们都将社会习惯与法律整体的存在结合起来，并不存在着一种现代实证主义在实证法之外的前置结构——"先于法律而存在的社会规则"。

（一）古典普通法的习惯性司法

在本书的开篇，波斯特玛首先指出了普通法惯习传统在凝聚社会共同思想价值上的重要性，并阐述了其产生的进路。波斯特玛教授将16~17世纪英国向现代国家转型时期的普通法称为古典普通法，它承接早期地方习惯，形成了一种经过法官专业化后的共同习惯（common custom），它既具有法律的程序性，不以特定的原则为法律裁判依据，而是以普通法律师职业实践为主，他们积累了实践性经验知识"共同博学"

(common erudition)[1]。这种知识通过实践的合理性,使得法律成为一种在共同体集体智慧中存在的共识性内容,法在来源于历史的同时,也表现出权威。在古典普通法理论乃至现代普通法理论中依然会认为,法律的权威性、有效性、合理性与其历史适当性高度相似。[2] 正如普通法史学家辛普森(Simpson)对普通法的基础作出的概括:"普通法具体问题的特定解决方案是符合法律的,与说它是合理的、公平的或公正的解决方案之间,没有非常明显的区别。"[3]

在这种传统法观念的指导下,法体系的界定不同于实证主义。现代实证主义要求对法律概念进行要素化分析,即满足法律概念与社会实在的同一性,而古典普通法则关注法与过去存在稳定的连续性。通过这种连续性,古典普通法理论表现为社会进程中逐渐积累的智识,即便是普通法法官也只能是法的代言人,他们不享有自由裁量权,他们只是对既有社会规则和社会价值进行公开阐述和"宣示"(jus dicere),而非制定法。[4] 在这种意义上,法并不是霍布斯(Hobbes)所言的主权法体系,霍布斯通过抽象让渡的个体权利,防止共同体分崩离析;古典普通法认为,法是维系共同体的主要手段,成员通过法律生活参加共同体,在共同体的社会交往中获得与共同体中他人相同的感受、愿望和行动。[5] 波斯特玛运用伯克(Burke)和伽达默尔(Gadamer)的理论,分析了诠释学传统下的反理性主义,强调共同体传统和生活而习得的实践性感知。人们身处生活之中,必然会受到前见和前理解的影响,人们不应该去摧毁既有生活的前见,而是要试图通过实践性的审慎态度(prudence),去发现其中的智慧。正因为如此,普通法传统是历史性的

---

[1] See Gerald J. Postema, "Classical Common Law Jurisprudence (part I)", *Oxford University Commonwealth Law Journal*, 2002, winter, p. 160.

[2] 参见 [美] 杰拉德·波斯特玛:《边沁与普通法传统》,徐同远译,法律出版社2014年版,第6页。

[3] A. W. B. Simpson, "The Common Law and Legal Theory", in A. W. B. Simpson ed., *Legal Theory and Legal History Essays on Common Law*, Hambledon Press, 1987, p. 362.

[4] 参见 [美] 杰拉德·波斯特玛:《边沁与普通法传统》,徐同远译,法律出版社2014年版,第10页。

[5] 参见 [美] 杰拉德·波斯特玛:《边沁与普通法传统》,徐同远译,法律出版社2014年版,第74、129页。

而非历史主义的。[1] 并不存在一种历史主义的普遍性来制约人的行为，而是努力通过实践的特殊性在历史特征中反复验证，进而不断创设合理性，通过重现传统的模式，赋予传统以延续至今的实践性意义。这就使得普通法的传统为后来法律与道德之争提供了一个良好的实验场域，普通法关注法律实践，不是从广泛的一般原则的角度来考虑，"普通法本身也没有提供某一法律规则或学说的合法性的有内容的检验"。[2] 这使得"法"这一概念始终在实践性之上保持了一种游离的状态，而没有定型化和概念化，它具有一种政治传统的背景，才能出现边沁和休谟（Hume）在传统上的创新。

（二）休谟和边沁思想中的惯习主义

对于古典普通法的非唯理主义，其核心是以习惯和意见为主导的传统理论，波斯特玛紧接着阐述了在普通法惯习基础上演化出的休谟的惯性（habits）思想，这是面向实证主义之前最后的理论论证。休谟进一步改进了普通法的惯习理论，他将关注点集中到财产权上，认为社会性的财产权以制度固定下来，并且通过一个接一个制度的不断连续演进，形成一种社会工程的连续发展，古老性和社会正义的价值依然是休谟为惯习主义辩护的核心。休谟将惯习传统转向个体财产权的现代形式，为其共同社会基础辩护。他寻找的是通过历史路径生成的具体制度，有别于哈特对于初级规则和承认规则的二分，这是一种将社会规则与正式法律统一起来的解释，并不区分前法律世界和现代正式法律世界。这种意义上的实证主义，实际上是霍布斯为现代开创的全新理性思考方式，从假想的自然状态中对社会的道德性初级规范进行反思，通过外在于社会实践的角度，提供了社会习惯之外现代社会治理的抽象规则。

不同于霍布斯和边沁的实证主义，休谟始终相信社会价值与法律的紧密关系，休谟更加坚持法律与正义在社会惯习下的一体性。与哈特将社会分为初级规则与次级规则有别，在休谟那里并没区分，它们是以一个社会习惯整体的方式呈现。休谟反对通过次级规则对社会进行描述的

---

[1] See Harold J. Berman, Charles J. Jr. Reid, "Roman Law in Europe and the Jus Commune: A Historical Overview with Emphasis on the New Legal Science of the Sixteenth Century", *Syracuse Journal of International Law and Commerce*, Vol. 20, 1994, p. 31.

[2] Gerald J. Postema, "Philosophy of the Common Law", in J. Coleman, J. Shapiro (ed.), *The Oxford Handbook of Jurisprudence and Philosophy of Law*, Oxford University Press, 2002, p. 593.

方式。休谟始终阐述了一种普通法的怀疑主义——对于法律原则进行社会制约性管理的不信任。尽管自然状态的唯理主义精彩地分析了现代社会的问题，但休谟试图在另一种抽象的理性结构中寻找现代性的解决方案，这种自然状态并不是霍布斯所述的野蛮事实，而是抽象地通过个体想象能力建构的共同体，令个体在创造现代性的想象共同体和个体生活的确定性之间实现和解，换言之，一个人的现代日常生活看似是自然理性原则指导的产物，但其本质并非源于理性化的自由主义哲学理论。休谟像普通法律师一样，在持有保守的态度之上，认为解决这种个体理智的悖论方法是"让个人理智判断力从属于共同意见和既有实践的集体理智"。[1]

边沁在这方面也受到了休谟的影响，他的实证主义的前提是道德上的功用和预期，不同于奥斯丁（Austin）的法律具有道德的中立性。边沁思想乃是"心智自由地驰骋于政治学的、社会学的、经济的和道德考量的各种领域"。[2] 通过这种历史惯习性溯源，波斯特玛想要为我们解释隐藏在早期边沁乃至休谟思想下，一种最初生成的历史进路：任何思想，包括实证主义思想在内，其受到来自于实践传统中人的"前理解"的限制。实证主义是早期现代思想萌芽中逐步演化的产物，而不是从一个节点一蹴而就形成的实证主义。从这种意义上来讲，实证主义产生的社会权威乃是一种权力的表象，而实质内容则是蕴含在传统中不断延续的实践性力量，并以这种力量对社会进行整体性理解。正因为如此，至休谟时期，英格兰的法理学思想依然保留对于普通法传统的惯习主义的辩护。尽管边沁使用了人性痛苦与快乐相区别的机械性方法，然而这是现代科学分类体系的方法，恰恰是希望从个体出发，个体理性可以摆脱掉来自于外在权威对"精神的奴役和个体思考的压制"。[3] 这就需要一种从个体向现代共同体转变的媒介，保持现代社会的一致性。边沁找的媒介是安全，在波斯特玛看来，边沁的主权和命令在其理论中占有中心地位，但主权只是其理论的立论点，它的基础更加深厚，边沁要建立一个保障个体自由的一般法理论。正是这种法对于肆意自由的限制，使

---

〔1〕 [美] 杰拉德·波斯特玛：《边沁与普通法传统》，徐同远译，法律出版社2014年版，第148页。

〔2〕 [美] 杰拉德·波斯特玛：《边沁与普通法传统》，徐同远译，法律出版社2014年版，第6页。

〔3〕 [美] 杰拉德·波斯特玛：《边沁与普通法传统》，徐同远译，法律出版社2014年版，第183、186页。

得有法保障的自由更加安全。在建构社会理论的过程中，边沁意识到了不能再走休谟和斯密的财产权安排的惯习路线，必须用"安全取代正义"，而完全通过民法典，将人类的各种非财产属性的内容纳入到财产中。例如，将人的名誉、人身、地位等都化约为可操作性的财产权形式。这并不意味着他要对社会进行控制管理，而是要建立一种能够于公共空间中保证安全的理论，形成人与社会的"互动式"观念，以促成公共安全。

三、边沁的现代向度：功用性的实证主义

英美早期边沁研究倾向于将边沁的立法科学视为"霍布斯道德理论背景下或对于布莱克斯通（Blackstone）《英国法释义》一书的回应"，而波斯特玛则有别于这种进路，他倾向于在一种传统语境中关注边沁与普通法理论之间的哲学性命题。[1] 波斯特玛将边沁的理论放置在了一个包括现代自然法与实证主义相交错的背景下考察，他想要通过边沁的考察间接地进入哈特与德沃金争论的战场中。他考察了边沁思想的真实语境性，正如他自己所说的那样，这本书的评论部分很少，大多数只不过是还原边沁的思想，对其进行阐述。但实际上，波斯特玛是要想将边沁的纯粹法理学和立法学思想放置到一个更大的政治领域，论证法律进入道德的论据，这也就丰富了现代实证主义法理学的外延，尝试去理解现代法律与道德正义之间的关系。正如剑桥大学法学教授西蒙兹（Simmonds）指出了功用与实证主义结合，乃是本书的核心议题："边沁作为一个行为功利主义者，是如何同时也是一个法典化的倡导者呢？"[2]

（一）功用主义对司法的协调

边沁认为，正义（justice）与社会通过普遍规则结合在一起，而难以以传统的形式实现。他的实证主义视角直接显示出官员、律师和法官的司法过程，其司法过程不可能只通过普通法传统的惯习性的解释，而不运用普遍规则。通过诉求个体的期待意愿，法官内心都会希望借用普

---

[1] See P. J. Kelly, "Review: Bentham and the Common Law Tradition", *History of Political Thought*, Summer 1989, Vol. 10, No. 2 (Summer 1989), pp. 366–370.

[2] N. Simmonds, "Review: Bentham and the Common Law Tradition", *Legal Studies*, Vol. 8, No. 2, p. 238.

遍性原则来解决法律问题，使得心灵与外物的广延性相一致。正因为如此，边沁反对法官的宣示理论。其会导致法官对法律原则的需求与外界社会之间的互动关系消失，并导致二者分裂：法官要么消极怠工，放弃主动思考；要么在传统之下，利用私人想法隐秘地适用法律原则。这两种结果就会导致边沁所说的"个人怠惰和邪恶社会势力"产生。[1] 因此，要想消除这二者之间的问题，就必须以功用来协调正义与法律（law）之间的紧张关系，在这一点上，功用和正义之间完全是可以协调的，"被恰当理解的正义就可以化约为功用"。

在功用主义方面，边沁继承了休谟财产权的社会惯习基础，认为财产的重要作用在于凝聚民族成员的预期。有别于传统共同体观念，边沁的预期中个体性受到强调，主张通过"预期"这种个体性的手段，使得人既能保证个体性行动受到尊重，又保持一种全部生活的连续瞬间，让善在历史中发展。个体性得到尊重，历史传统得到摆脱，边沁试图用启蒙运动的理性主义，避免个体在判断上屈从一种法律政治的传统性权威，能够运用自己的理解力对社会生活（social life）进行辨别。[2] 因此，边沁势必扩大法与社会的联系，使得法在个人和社会的一致性上有着新的理论模型。从共同体这个家庭中出走的现代个体性权利，最终要选择继续消灭役使其判断的力量，而走向一个更加社会性（society）的"安全"结构中。在这一结构中，法律起源的基本理论有了全新含义，它从历史维度中走出，寻求一种"分析性"或"假设性"的手段，将自然状态视为工具，而不是本质，用法的技艺满足人的个体需求和社会需求。[3] 边沁以预期为中心构造的财产权分配体系，将预期视为一种谨慎的调节器，是面向实证主义转化的报警器，小心谨慎地建造一种以人性为基础的法律体系，使得社会在稳定和安全的法律框架内发展。

正是由于通过预期功用对于习惯传统与实在主义的串联，边沁开始了阐述其实证主义理念，并通过功用主义对普通法进行修正。在这里，边沁关注的乃是法和裁判实践本质的思考。由于普通法传统并不存在权威概念，普通法传统强调法的合理性的共同感觉。但是，边沁则将遵循

---

[1] 参见[美]杰拉德·波斯特玛：《边沁与普通法传统》，徐同远译，法律出版社2014年版，第172页。

[2] See Gerald J. Postema. *Bentham and the Common Law Tradition*, Oxford University Press, 2019, p. 161.

[3] 参见[美]杰拉德·波斯特玛：《边沁与普通法传统》，徐同远译，法律出版社2014年版，第210页。

先例从合理的智慧型的服从传统,转为展示法律本身的权威性。正因如此,边沁始终关注司法裁判,不想让法官将疑难案件视为"例外",例外案件是一种立法性的行为,偏离了预测性司法的目标,这不是司法的行为。因此,边沁为遵循先例找到了一种区别度,区别了法官意见的宣告和法官适用的规则,前者是立法性的,后者是裁判性的,后者可以维护共同体的预期和法的稳定性之间的紧密关系,并且不会使得法官僭越成为立法者,保证法官在一种制度之下进行裁判。他的目的乃是将遵循先例纳入功用,并做一种平衡判断,即以功用来统治遵循先例规则,也就是将功用作为法官自由裁量权的一种保证,并将制度激励作为动因,而不是将传统的权威作为一种裁判的支持,边沁的目的是避免法官的个体独断论。

(二)功用实证主义对普通法的批判

然而,边沁很快地转向了对普通法传统的彻底批判。在其早期尝试对普通法进行修正时,边沁认为,功用主义要求法官站在当事人主观方面考量双方当事人幸福与痛苦的多寡,这与普通法以法官意见为出发点的观点大相径庭。反倒是遵循先例凭借着稳定的安全性,与功用有着一定的相似性。为了对真实司法实践进行描述,与其在共同体正义与个体功用之间修修补补,不如直接否定普通法传统,建立一个新的以功用为核心的理论体系,而不是寻求功用与司法裁判的交集。[1] 至此,边沁彻底地抛弃了普通法传统,他要直接用语言描绘法官的真实实践。这就使得边沁的观点发生了变化,从功用主义对普通法进行调和,转向了以功用对实证主义进行描绘。正是对普通法传统的放弃,使得他进一步去建设一种抽象的理论结构,这就使得边沁将关注点从共同体的正义和功用之间的协调,转移到了在功用主义和实证主义之间的协调。对边沁而言,这就是建立一个新的法律体系,以实现一般道德政治理论和法律一般观念之间的协调。

从功用出发,边沁逐渐指出了一种在共同体视角下的主权理论,这为其实证主义的登场奠定了基础。这样做的理由在于力求以一个通过功用建立的公开民主社会,只有这一基础上,主权才有一种现代共同体的意义,而不是一种君主性权威,边沁是在为现代社会的蓝图进行尝试性

---

[1] 参见 [美] 杰拉德·波斯特玛:《边沁与普通法传统》,徐同远译,法律出版社2014年版,第239页。

的创造。因此，理解边沁的主权是一种继承并批判了传统惯习主义基础上的现代国家新模式。边沁认为的习惯是一种融合了规则和格言，对于一般行动方式进行归纳和概括得出的，它具有一定规则性，特别是在普通法规则范围之内。这就指出了边沁最终要走向的道路，以现代法治公开和开放性的抽象的思想实验———一种一般性的法律理论的解释。边沁主权理论不是说凭借某种习惯的惯性，主权者和国民之间并不是构成一对一的服从关系。[1] 他们更多的是如同边沁对真实裁判为中心展现出的社会交互性——法官必须凝聚民众与其余法官的预期，"个体的服从倾向取决于全体庶民的倾向"。[2] 这就使得边沁的理论走向了一个将主权进行权力限制，或者主张权力公开的情形。边沁对于主权的观点已经彻底从休谟怀疑主义惯性的历史固定化形态，转向了更加复杂的交互式理论，来使得共同体达成一种政治服从的一致性，而不是仅凭天然的权威感觉。这是一种通过"预期"来实现的主权服从：共同体中其他大多数人的认可，就可以使我们"预料"到一个人会如何认可法律。这种直接的结果就是使得边沁的主权学说直接走向了一个典型实证主义结构：其需要一个范围约束实定法的范畴，这些实定法是主权者的命令和人民认可，而宪法性法律则不是这一实定法范畴，因为一方面，其没有一种预期性法律；另一方面，宪法在边沁看来带有了某种模糊的有效性判断，这属于"与众不同的法"或"法律背后的法"。[3] 强版本实证主义的边沁，最终将一直以普通法所坚持的惯习基础转化为另一种惯习。

在这种主权理论的基础上，边沁通过批判普通法转向了他的实证主义。边沁抨击了英国普通法在18世纪中期由令状传统导致的复杂程序，这使得各种单独诉因各成一体，每个诉因都有其司法知识和习惯模型，极为复杂。并且经过传统进路，普通法以技术性的拟制适应变化，其拟制的复杂语言使得外行人难以理解。在这种情况下，法官随时制定规则，法律具有事后溯及力，当事人只能像狗一样被法官规训，对人的教育只是利用恐惧进行的支配，而失去人的主动理性能力。边沁认为，普

---

[1] 参见［美］杰拉德·波斯特玛：《边沁与普通法传统》，徐同远译，法律出版社2014年版，第266页。

[2] 参见［美］杰拉德·波斯特玛：《边沁与普通法传统》，徐同远译，法律出版社2014年版，第267，268页。

[3] 参见［美］杰拉德·波斯特玛：《边沁与普通法传统》，徐同远译，法律出版社2014年版，第282页。

通法并没有稳定性和安全性，法官制定法乃是自由创制，毫无权威和安全可言。好的法律应该是"法律必须呈现为其创造和维护的结构或秩序适合人容身，尤其是在秩序得到维护的同时为个体理智的判断力留出足够空间的形态"。[1] 这就使得法律在普遍安全的预期需求和裁判的灵活性之间存在争议，为了避免法官的任意性，就要引入遵循先例，但是引入先例制度则会导致专断，普通法注定无法实现边沁在僵化和专断两极之间的完美平衡，因此，在探讨与此相关的自由主义者与严格主义者的争论的时候，边沁认为其争论毫无意义，因为英国需要一个新的宪法或法律体系，法不再是阐述政治理念的内容，而是直接利用政治理论进行的建构，法是从功用的起点延伸到实证主义的运用。西方传统中保守与自由的悖论又一次出现在普通法司法中，普通法以案例为主，如果以保守路线认为个案具有权威，那么它只能是个别特殊性案例，而不是一种现代法的抽象形式；而如果认为个案代表了对于普遍规则的陈述，那么它在本质上又缺少了现代主权国家基本的特征——权威性的表达。这使得法律只是停留在一种对于个案的描述上，不满足一个作为整体联系在一起的规则系统。所以，边沁看来，要想开创一种新的协调理论，在老旧的传统道路上，依然无效，他要转向他自己的功用实证主义。

边沁借助法典强调了实证主义的作用，边沁希望对普通法传统的不成文进行改变，用语言的明确性对法进行表述。尽管边沁提出的强实证主义是彻底的经验主义，确立了法的本体论，剔除了过多唯名论所主张的无必要赘物，但边沁的本体论的强版本是为了"精确划定合理应用概念的范围"。[2] 换言之，只要符合基本的本体论范围内的核心要求，边沁容忍个体对于意见进行表达和交流，在一种偶然性的角度适用主体间性规则，当然它是指在非普通法传统进路上实现主体间交往。基于此，法典就可以实现这种稳定性和明确性，还能最低限度地容忍个体主体间性在法律框架外部的延伸。这二者的协调包括了五点内容：法律制定的权威一定是立法机构，产品乃是综合法典；法官的义务是在法典下解决纠纷，作出裁决的；法庭裁决不具有先例效力，严格限定在案例本身；减少法官自由裁量权；法官造法的解释或修改法典是允许的，但与裁判

---

[1] 参见［美］杰拉德·波斯特玛：《边沁与普通法传统》，徐同远译，法律出版社2014年版，第305页。

[2] 参见［美］杰拉德·波斯特玛：《边沁与普通法传统》，徐同远译，法律出版社2014年版，第326、329页。

活动必须分离。[1] 在这种情况下,系统的安排和理智的方法在法典中展现得淋漓尽致。法律得到了走向现代性的最后一步。

四、波斯特玛与 21 世纪的法理学

如果本书仅仅要阐述边沁的立法学和功用主义思想,那么本书就不用在标题处附加上"普通法传统"的赘语。很显然,波斯特玛教授意不在此,他乃是强调扩展法理学的内在意涵,使其成为一种与普通法实践息息相关的理论。如何做到像边沁一样能够不被历史既有的惯习所拘束,大胆提出一种新的理论?同时,也避免边沁在探索新的法理学过程中对于实证主义的偏执,使其理论与普通法既有历史事实相关?边沁只是波斯特玛观察法理学的一个窗口,他希望通过边沁思想的发展,找出能够走出现代法理学困局的方法。

(一)波斯特玛的基本学术观点

波斯特玛教授是一位具有世界影响力的法哲学家与普通法理论的研究者,其在年龄上虽小于德沃金和哈特,但其与这两位 20 世纪法理学大师有着深刻的学术交流和友谊;同时,他又在同时代的研究者中享有重要的话语权,其与大卫·利伯曼(David Lieberman)、迈克尔·洛本(Michael Lobban)、伯恩斯(J. H. Burns)、威廉·唐宁(W. Twining)以及其他更年轻的英美普通法理论研究者为代表,构成了一个以宪政研究为目标,但是以法学理论为研究对象的学术共同体。其以实证主义为改进对象,对法治的定义提出了更加丰富的道德价值论。在普通法传统的基础上,融合历史上的普通法法政思想于法理学,考察普通法产生的政治思想的多元化范围,以营造一个符合现代的社会性的普通法理论。其扩展了法律与道德二元对立的传统法理学进路,围绕共同体内部的深厚传统,以期从更加基础的视角解决现代法理学的问题,完成对于传统立法与司法三权分立的新认识。波斯特玛想要在 20 世纪一种怀疑论的状态下,分析法律究竟应该走向何方,以霍姆斯(Holmes)开创的社会科学性的法律现实主义为开端,反思哈特的英国经验论,使二者在实践哲学中产生交集路线,寻找现代不同理论进路之间一种共同的制度性

---

[1] 参见[美]杰拉德·波斯特玛:《边沁与普通法传统》,徐同远译,法律出版社 2014 年版,第 445 页。

背景。这一制度性背景在波斯特玛看来，就是源自于从科克（Coke）、黑尔（Hale）、布莱克斯通，再到霍布斯、边沁和奥斯丁的思想演变过程，20世纪70年代之后法理学的争论与早年普通法传统有着密不可分的关系。

21世纪之前，世界是一个法学理论和法哲学极其繁荣的时代，相较于20世纪前期比较法的蓬勃发展及其立法主义的狂热，20世纪后半叶法理学更加冷静客观，它经历了两次世界大战的反思，实证主义与自然法的争论迄今仍然是十分重要的议题。正如《边沁与普通法传统》一书想要传达的理念，通过还原司法裁判的真实性，实现在现代法律框架下，功用主义与实证主义相融合，使得法律能够在表达概念的同时，实现社会中人的意愿，兼顾历史惯习所造成的外在于现代规则的法律道德性。波斯特玛支持边沁的法学事业观，也希望区分边沁的不同理论层次：边沁的实证主义对社会惯习彻底颠覆，波斯特玛对此坚决持批判态度；但是对待边沁的法学事业观，也就是边沁希望反对权威性服从，以真实司法裁判为出发点的理论层次，波斯特玛则是极其支持这种胆大的创新。这种代表现代思想的功用主义，展现了其对于现代社会新的理解方式，这种方式将社会习惯内部理论化，并将其中人的相互交往作用进行发挥，这恰恰是波斯特玛欲求的理论与现实之间的呼应。

《边沁与普通法传统》一书正是20世纪法律思想的一面镜子，其按照思想史发展脉络写作而成，展现了边沁前后期思想的变化，揭示了普通法传统产生的影响。正如传统与现代的对立，法律诠释学认为前理解受到传统主题的影响，而法律实证论则想要说明一种稳定行为的期待功能，用经验分析将传统贬斥为偏见。[1] 面对历史和现代的双面雅努斯，司法实践在其中的定位显得尤为重要，现代法理学已经逐渐呈现出一种占位符号，以实证主义为代表，其以符号的表现形式，法权威的本质进行论证。这就导致法律权威与社会实践相分离。波斯特玛教授在书中不止一次告诫我们，理解法律永远不能只从概念入手，借用查尔斯·泰勒（Charles Taylor）之语，现代实证主义是一种对于社会现象的不完整描绘。[2] 研究者应该深入到思想智识与社会之间的互动中去理解法

---

〔1〕 参见 [德] 哈贝马斯：《在事实与规范之间：关于法律和民主法治国的商谈理论》，童世骏译，生活·读书·新知三联书店2003年版，第248页。

〔2〕 参见 [德] 哈贝马斯：《在事实与规范之间：关于法律和民主法治国的商谈理论》，童世骏译，生活·读书·新知三联书店2003年版，第368页。

理学。传统尽管经历了启蒙运动理性的洗礼，但是依然有着塑造实践基础的作用，它阐述着一种正义价值对于实践的刺激，理解法律不能背离其产生的传统语境。

当然，在批判符号化的实证主义的同时，我们也要看到现代实证主义在建构现代社会中的努力。普通法传统代表了传统的内源性阐释者，而边沁则代表了实证主义外源性的审查者。如何才能协调这两种视角，边沁试图为真实裁判提供一种一般法律形式。他的尝试在方法上具有启迪性，但是他也忽视了社会价值在交往中的弥散性，这乃是实践特殊性凝聚共同体的方式，与人权的抽象权利模式相反。从边沁思想的演变中可以看到，传统的价值与现代的实证是两个紧密相连的维度，它们在社会实践性这一点上产生交集。古典普通法从惯习出发逐渐汇集到实践上，而边沁也正是凭借寻找真实裁判的功用，才生发出了实证主义。不论如何，我们都不应该忘记法律乃是一种实践性的人类事物，它是一个发展的整体，来自于历史，也在实践中不断超越着自身，其整体性蕴含着价值、实践与抽象概念等内容。正如波斯特玛教授在文中所言："当代的法学思想，是它试图描绘的实践固有的一部分，是它的历史和实践的历史的产物。我们，正如尼采提醒我们的那样，'依然崇尚那些起源于过去几个世纪的激情和爱的事物。'"[1]

(二) 波斯特玛思想的来源与发展

波斯特玛的思想在 20 世纪的法理学中尽管已经处于晚期，但他融合现代自然法理论，对哈特实证主义进行改进与扩展。波斯特玛前承德沃金的法律价值的实践融贯性理论，其深受普通法传统及其惯习主义影响，理论上呈现出以社会道德价值为重点的保守主义，他支持德沃金超越法律文本概念而在社会中寻找共识的方法。法律原则体现出的道德性结论，不仅仅是道德上单纯的一种古代正确性，而是其具有强大的社会惯性力量："社会在其过去的决定中所代表的原则承诺。"[2] 这超越了单纯道德判断，而提升为一种道德性吸引力的适应性制度，法律就是这种整体法律渊源的集合体。这实际上提供了一种"包容性"（inclu-

---

［1］ 参见［美］杰拉德·波斯特玛：《边沁与普通法传统》，徐同远译，法律出版社 2014 年版，第 370 页。

［2］ Gerald J. Postema, *Legal Philosophy in the Twentieth Century: The Common Law World*, Springer, 2007, p. 443.

sive），而非强化的实证主义"排他性"（exclusive）的理论架构。尽管价值被限制在了一种保守主义的进路中，但是其通过实践对法律的诸多渊源进行丰富的包容，从这一点上看，保守主义审慎对待价值的传统，展示了法律作为社会整体的一种"强健性"（robust）。[1] 同时，波斯特玛也后续拉兹（Raz）的理论，吸收了其新分析实证法学的合理性——一种承认法律价值下实证主义的法律本质理论，规范不应该是有别于道德的二元对立，法律应该具有其"自称合法性论点"（claimed legitimacy thesis）：主张将现代自然法的道德性与适度的形式主义结合起来，并从法律自身的实践中发现与社会的契合度，从而形成一种社会自由的自洽性。[2] 波斯特玛教授是现代英美法理学中的重要人物，他的主要思想观点依托于一种传统的习惯社会自治观点，并在这种观点上论述社会规范性的法律实践，通过法律实践推理形成社会交往，在一种具有创造性的规范之中，不断推进个体道德性在社会规范中进一步发展。最终保证法律的目的是求真性的司法裁判。

纵观波斯特玛的大多数著述，他对于"法"作了一个非命题式、非具体法律家思想的定义，理解波斯特玛的思想关键是在其自治性法律规范的基础上，理解其实践性法律的事业观。将法律定义为一种实践性的"事业"（enterprise）或"任务"（task），一种法律的概念应该与其"生活的实践和状态的事业"息息相关，并从中"获得生命"，这是一种关于"法律感受的结构性信念和态度的事业"。[3] 这带有一种强烈的现代法律实践理性特征，与传统实践理性一样，都指出了人发挥主体自我意识，对世界作出能动性认识。但其与传统实践理性不同，它更强调社会性实践应该处在一个规范性的公共政治框架下，同时，不否认法律具有的正义性和激情，但将法律的道德性纳入这一框架，能使其保持在社会中实践的目的。法律的规范性具有社会基础，它的核心就是个体

---

[1] See Richard Bronaugh, "Review: Legal Philosophy in the Twentieth Century: The Common Law World by Gerald J. Postema", *Canadian Journal of Law and Jurisprudence*, Vol. 27, Issue 2, p. 541.

[2] See Richard Bronaugh, "Review: Legal Philosophy in the Twentieth Century: The Common Law World by Gerald J. Postema", *Canadian Journal of Law and Jurisprudence*, Vol. 27, Issue 2, p. 539.

[3]"我不接受边沁的法律理论，但是我在很大程度上赞同他的法学事业观……我希望指明为我们可能称为'规范性法学'的思想进行辩护的方向。"[美] 杰拉德·波斯特玛：《边沁与普通法传统》，徐同远译，法律出版社2014年版，第365~367页。

或个案进行道德判断的特殊性,放置在社会场域中,对其进行理解。普遍的正义道德价值并没有被悬置,它被置于一个可以协商的政治认同框架内,并在其中进行理解。波斯特玛和拉兹将这一框架比喻为伞形保护任务:"法律的直接目标和定义的任务是提供一个实用的推理框架,旨在统一大众的政治判断和协调社会互动。"[1]

法律确实存在某些任务,但波斯特玛的任务并不是说将法律的任务视为一个固定的整体,它更多地展现了法律整体的融贯性,以此将普遍道德性融入特殊性中,抽象的社会统一性的价值判断并不能完全实现个体的解放,个体的解放需要通过实践,将个体的道德判断与普遍性结合起来。拉兹在肯定了波斯特玛法律与道德之间密切联系之后,也批判了波斯特玛过于强调法律的社会性的法律事业观:法律在本质上存在一种"任务",这种任务并不是确保社会在政治判断上的统一,"判断的统一只是真判断的副产品",在这种意义上法律实践是极其重要的。[2] 拉兹认可了波斯特玛的法律道德性,但拉兹并不赞同通过一种彻底社会自治性的消极自由实现法律,他更加倾向于积极自由学说。这种批判有一定论据,正如施特劳斯(Strauss)对于哈贝马斯公共领域概念的剖析。波斯特玛在后期的论文中,也对这种事业观做了修正,挖掘了个体性权力意志对于整体结构的颠覆,在法律的整体结构之上再造。比如,波斯特玛在其晚期巨作《二十一世纪的法律哲学》一书中,就回应了拉兹对《边沁与普通法传统》一书的批评,赞同了拉兹的论断,并升华了这一主题。[3] 波斯特玛寻找了一种新的理论——超越在比较框架下的法律推理,他认为其超越了在"自主性实践道德下的一种反思判断部

---

[1] Gerald J. Postema, "Law's Autonomy and Public Practical Reason", in Robert P. George (ed.), *The Autonomy of Law*, Clarendon Press, 1996, p. 80.

[2] See Joseph Raz, "Postema on Law's Autonomy and Public Practical Reasons: A Critical Comment", *Legal Theory*, Vol. 4, No. 1, 1998, p. 3.

[3] 波斯特玛赞同了拉兹对于哈特的批判,肯定了拉兹"自称合法性论点"并提出了自己独特的观点,他认为,拉兹的法律权威论是十分广泛的雄健的理论,为现代法律权威提供了至上性。当然,波斯特玛也在注释中指出了新哈特学派的代表人对于拉兹将"自称性合法论点"视为一种法律概念,会导致恶民相聚、自发自治的问题。很显然,波斯特玛在法律价值论的层次上,倾向于一种比拉兹更弱的实证主义版本。Gerald J. Postema. *Legal Philosophy in the Twentieth Century: The Common Law World*, Springer, 2007, pp. 353-355.

分"。[1] 这相当于试图创造一种在主体间的更高程度的审美判断，并以这样的方式，超越拉兹所提出的实证主义规范性批判，超越了实证主义的普遍性，从法律的特殊判断延续到特殊判断中，在保证个体的判断力的同时实现法律与社会道德的接轨，用审美的个体道德判断对现实世界作出宣言与澄清。

波斯特玛的意思其实就是指理解法律的过程中要理解法律的道德合法性，这一点与富勒（Fuller）的道德合法性有关。杰瑞米·韦伯（Jeremy Webb）在谈论到一个社会的基础习惯应该如何辨别和建立的时候，着重提到了富勒和波斯特玛，因为"富勒和波斯特玛的工作没有拒绝实用主义的解释；相反，他们补充了这一说法，建立了实质性规范思考（substantive normative deliberation）的重要维度"。[2] 就如同边沁将功用主义与实证主义的结合，波斯特玛也试图将实证主义与社会道德相结合，他比富勒走得更远，具体展示了一种普通法传统及其推理形式，这种推理形式如何在实践中保证法律的自洽性和至上性，使得法律正义价值得到彰显，而不为现代性大背景所吞噬。这并不是一种抽象的理解，法律的未来"更多的是修辞和态度，而不是教条和论点"。[3] 这其实是波斯特玛面对现代性的审慎态度，特别是面对在美国逐渐兴起的法律现实主义的重构，这是对霍姆斯法官法律思想进行了升华，并试图提炼出法律现实主义者对于司法决策求真的努力探索。[4] 这就完全是《边沁与普通法传统》一书中，边沁对于真实司法裁判的追求的一种现代延续。

波斯特玛还希望将这种现代延续扩展到历史整体中进行反思。从波斯特玛引用尼采（Nietzsche）和查尔斯·泰勒的观点，我们可以发现，波斯特玛还是在隐晦地传达一种超越西方自由主义的论点，只不过他将其论点隐含在了其稍加烹调的现代自然法、公共领域以及法律现实主义

---

[1] See Gerald J. Postema, "Philosophy of the Common Law", in J. Coleman, J. Shapiro (ed.), *The Oxford Handbook of Jurisprudence and Philosophy of Law*, Oxford University Press, 2002, p. 604, 608.

[2] See Jeremy Webber, "The Grammar of Customary Law", *McGill Law Journal*, Vol. 54, No. 4 (2009): pp. 579-626, 581.

[3] See Gerald J. Postema. *Legal Philosophy in the Twentieth Century: The Common Law World*, Springer, 2007, p. 44.

[4] See Richard Bronaugh, "Legal Philosophy in the Twentieth Century: The Common Law World by Gerald J. Postema", *Canadian Journal of Law and Jurisprudence*, Vol. 27, No. 2, p. 536.

的元素之中，并希望通过宏大的历史背景将这些元素内在的刺激性动力激发出来，而不是仅仅沦为一种现代抽象理论模型，在"社会科学学科"之外，寻找法律自身的生命力。他还是希望不要将法律局限在一种英美法语境下传统的正义与道德二分的局限，而是要破除一个元伦理学的魔咒，甚至要超越后设伦理学对正义论的基础性反思，如边沁一样勇敢地开创一种能够真正服务社会，并且具有全新理论趣旨的新法理学。当然，这种新法理学要有如双面雅努斯一般，在看向未来的同时，也要关注过去传统的发展。